ՀԱՅԵՐ
ERMENİLER
ARMENIANS
ARMÉNIENS

ՆՈՒՐԱՆ ԱՔՔԱՅԱ
NURAN AKKAYA

ՀԱՅԵՐ
ERMENİLER
ARMENIANS
ARMÉNIENS

ՆՈՒՐԱՆ ԱՔՔԱՅԱ
NURAN AKKAYA

Proje Koordinatör ve Editörü / Project Coordinator & Editor
Haluk Çobanoğlu

Kitap Tasarım / Book Design
Dilek Türkmen - Deniz Çorbacıoğlu / Açıkofis
Maçka Talimyeri Sokak 8/2 Beşiktaş – İSTANBUL
T: +90 (212) 327 07 77
acikofis.com.tr

Çeviri / Translation
Haldun Bayrı (Fransızca - French)
Hardy Griffin (İngilizce - English)
Sevan Değirmenciyan (Ermenice - Armenian)

Baskı / Printing
Bilnet Matbaacılık ve Ambalaj San. A.Ş.
Dudullu Organize Sanayi Bölgesi 1. Cadde No:16
Ümraniye – İSTANBUL
Matbaa sertifika no: 31345

Alef Yayınevi
Cemal Nadir Sokak Büyük Milas Han 24/17 Cağaloğlu – İSTANBUL
T: +90 (212) 245 56 27
info@alefyayinevi.com

Mayıs / May 2015

ISBN 978-9944-494-83-0
Yayıncılık sertifika no / Publishing certificate number: 24965

ՀԱՅԵՐ
ERMENİLER
ARMENIANS
ARMÉNIENS

ՆՈՒՐԱՆ ԱՔՔԱՅԱ
NURAN AKKAYA

alef

Ձօ՛ն սիրելի կնոջս՝ Չաղլային եւ զաւկիս՝ Չաղան Արիին, զորս կեանքը նուիրած է ինծի...

Yaşamın bana armağanı olan, sevgili eşim Çağla ve oğlum Çağan Ari'ye...

This is dedicated to my lovely wife Çağla and my son Çağan Ari, gifts of the life to me...

A ma chère épouse Çağla et mon fils Çağan Ari, les cadeaux de ma vie...

ՇՆՈՐՀԱԿԱԼԻՔ...

Հարկ է, կարծեմ, քանի մը խօսք ըսել այս պատկերագրքին մասին, որու նիւթն է Անատոլուի տարածքին իր գոյութիւնը շարունակող հայ հաւաքականութիւնը: Ինչպէս գիտէք, այս տարածքին վրայ դարերէ ի վեր, պատմութեան բոլոր փուլերուն ալ, ազգերը հետզհետէ օտարացած են մէկզմէկու, նոյնիսկ անտեսած են զիրար եւ թշնամացած են իրարու: Որպէս մէկ անհատը այս բոլոր ցաւերէն իր բաժինը ստացած հայ հաւաքականութեան, ի սկզբանէ կը հաւատամ, որ «Հայեր» պատկերագիրքը ունի համեստ նպատակ մը:

Լուսանկարչական այս փաստագրութիւնը իր նպատակին հասած կարելի պիտի ըլլայ համարել, եթէ կարողանայ փոքր նպաստ մը բերել ի վեր հանելու համար հայոց կեանքը, որ այս հողերուն վրայ ունի հնաւանդ մշակոյթ մը: Որովհետեւ անցեալին բազմաթիւ հայեր ուղղակի գաղտնի պահած են իրենց ինքնութիւնը, ինչպէս օրինակ, յիշենք Եշիլչամէ քանի մը սիրելի «հերոսներ»՝ Սամուէլ Յակոբ Ուլուչեան դարձած էր Սամի Հազինսես, Գրիգոր Ճեզվեճեան՝ Քենան Փարս, Վահէ Էօզինեան՝ Վահի Էօզ:

«Հայեր» պատկերագիրքը կ’ամփոփէ հայ հաւաքականութեան տարբեր խաւերէն դէմքեր, ինչպէս նաեւ Անատոլուի հնագոյն տարածքին անոնց թողուցած հետքերը՝ Վանի Աղթամար կղզիի եկեղեցիէն մինչեւ Հաթայի միակ հայկական գիւղը հանդիսացող Վաքըֆլըն, Կարսէն մինչեւ Կեսարիա:

Այս աշխատանքին իրենց նպաստը բերած անձերուն հասարակաց փափաքն է, որ հատորը նպաստէ այն բոլոր ջանքերուն եւ մաքառումներուն, որոնք կը ծրարեն գեղեցիկ ապագայի մը հանդէպ մեր յոյսերը:

Խորին շնորհակալութիւն ուսուցչիս՝ Հալուք Չօպանօղլուին, որ ոչ միայն գիրքը խմբագրեց, այլ նաեւ առանց բացառութեան աշխատանքի բոլոր փուլերուն բերաւ իր նեցուկը, Թանըլ Պորային ու Արսէն Եարմանին, որոնք իրենց գրութիւններով մասնակից դարձան, Նեճմիյէ Իշկէօրէնին եւ «Աչըքօֆիս»ի բոլոր աշխատակիցներուն, որոնք իրականացուցին գիրքին էջադրութիւնը, Ումութ Սիլլինին, որ աջակցութիւն ցուցաբերեց տպագրական աշխատանքներուն եւ իր միջոցով արագ կապ կրցայ հաստատել քրոջս՝ Նուարդ Քուշին հետ, Սեւան Տէյիրմենճեանին, Հրանդ Մարուքեանին, Հալտուն Պայրըին ու Հարտի Կրիֆֆին, որոնք կատարեցին թարգմանութիւնները, «Լէյլեք» սրճարանին, որ տրամադրեց աշխատանքի խաղաղ միջավայր մը, ընտանիքիս, որու հետ թէեւ չկրցի երկար ժամանակ անցընել, սակայն միշտ կողքիս զգացի իր նեցուկը, հուսկ նաեւ Ճօշքուն Աշարին ու բոլոր անոնց, որոնք նպաստեցին, աշխատեցան եւ որոնց անունները, ակամայ, դժբախտաբար, կը վրիպին յիշողութենէս:

Նուրան Աքքայա
Իսթանպուլ, 2015

TEŞEKKÜR...

Anadolu coğrafyasında varlığını sürdürmekte olan Ermeni toplumunu konu alan bu albüme dair kalben bir şeyler söylemem gerekirse; hepimizin malumu, bu coğrafyada yüzyıllardır, halkların birbirlerine giderek yabancılaşmaları hatta birbirlerini yok saymaları ve düşmanca tavırları tarihin sahnesinden hiç eksik olmamıştır. Bu acılardan nasibini fazlasıyla alan Ermeni toplumunun bir bireyi olarak, başından beri "Ermeniler" albümünün mütevazı bir amacı olduğuna inanıyorum.

Bu fotoğraf belgeseli, yaşadığımız topraklarda kadim bir kültüre sahip olan Ermenilerin hayatlarını görünür kılmak adına küçük bir katkı sağlayabilirse, o zaman amacına ulaşmış sayılabilir. Zira geçmişte ülke halklarının kalbinde yer eden bazı Yeşilçam "kahramanları" gibi; Samuel Agop Uluçyan'ın Sami Hazinses, Kirkor Cezveciyan'ın Kenan Pars, Vahe Özinyan'ın Vahi Öz olduğunu hatırlayarak, birçok Ermeni de kimliklerini adeta görünmez kılarak yaşamlarını sürdürmüşlerdir.

"Ermeniler" fotoğraf albümünde; Ermeni toplumunun her kesiminden portreler ile İstanbul ve Anadolu'nun kadim coğrafyasından, Van'daki Ahtamar Kilisesi'nden Hatay'daki tek Ermeni köyü olan Vakıflı Köy'e, Kars'tan Kayseri'ye onlara dair izler yer almaktadır.

Bu kitabın, güzel bir geleceğe dair umudumuzu taşıyan tüm çabalara ve mücadeleye kendince bir katkıda bulunabilmesi, bu çalışmaya emek veren herkesin en büyük dileğidir.

Kitabın editörlüğünü gerçekleştirmekle yetinmeyip, istisnasız her aşamada destek olan "Hocam" Haluk Çobanoğlu'na, yazıları ile katkıda bulunan değerli Tanıl Bora ve Arsen Yarman'a, kitap tasarımını gerçekleştiren Necmiye İşgören ve tüm Açıkofis çalışanlarına, baskı ve matbaa aşamasında yakın alaka gösteren Umut Sülün'e, onun sayesinde hızlı iletişim ağı kurabildiğim ablam Nıvart Kuş'a, metin çevirilerini gerçekleştiren Hrant Marukyan, Sevan Değirmenciyan, Haldun Bayrı ve Hardy Griffin'e, huzurlu bir ortamda çalışabilme imkanı sunan Leylek Cafe'ye, zamanımın büyük bir kısmını onlarla geçiremediğim halde, her zaman destekleriyle yanımda olan aileme ve son olarak Coşkun Aşar ile emeği geçen ve anmayı unuttuğum herkese teşekkürü borç bilirim.

Nuran Akkaya
İstanbul, 2015

THANK YOU...

If I must say something sincere about the Armenian community which continues to be an important presence in the geography of Anatolia, it would be this: As we all know, over the centuries, the people of this geography have become increasingly alienated from one another, even to the extent of ignoring one another more and more while, at the same time, hostile attitudes have never been absent from the stage. The Armenian community as a group having suffered more than their fair share of this pain, I have always believed the goal of simply having an "Armenian" album to be a humble one.

If this photographic documentary is able to make even a small contribution to the ancient culture underlying the hidden Armenian lives in this land we are living on, then it will have served its purpose. In the same way that some Yeşilçam cinema "heroes" have a place in the hearts of the public of Turkey, like Samuel Agop Uluçyan's Sami Hazinses, Kirkor Cezveciyan's Kenan Pars, and Vahe Özinyan's Vahi Öz, so many Armenians have continued their lives while hiding their identities.

The impressions found in the "Armenians" photograph album are portraits concerning every facet of the Armenian community in the ancient geography of Istanbul and Anatolia, from the Ahtamar Church in Van to the only Armenian village, Vakıflıköy, in Hatay; from Kars to Kayseri.

The greatest wish of everyone involved in the making of this book is that all of our work and personal effort will have led to a beautiful future full of hope.

I am deeply indebted to my "mentor" Haluk Çobanoğlu not only for his editing, without which this book would not have been realized, but for his exceptional support every step of the way; to Tanıl Bora and Arsen Yarman for the contribution of their invaluable writing; to Necmiye İşgören and everyone working at Açıkofis for the book's design; to Umut Sülün for taking particular care during the preparation and printing; to Nıvart Kuş, whose aid allowed me to quickly make connections; to Hrant Marukyan, Sevan Değirmenciyan, Haldun Bayrı and Hardy Griffin for the translation; to Leylek Café for offering a peaceful atmosphere in which to work; and to my family for the time I was unable to spend with them, as well as finally to Coşkun Aşar and everyone who helped and whom I have forgotten to honor here.

Nuran Akkaya
İstanbul, 2015

REMERCIEMENTS...

Si je dois m'exprimer sur la motivation affective m'ayant poussé à réaliser cet album de la communauté Arménienne qui continue à vivre sur le territoire Anatolien, j'insisterai sur un fait connu de tous : à toutes les périodes de l'Histoire et sur ces terres, certains peuples se sont progressivement isolés les uns des autres, jusqu'à se rejeter avec hostilité. Étant un individu de la communauté Arménienne qui a largement connu son lot de ces souffrances, je veux affirmer dès le début que l'album "Arméniens" n'a qu'un objectif modeste:

On pourra considérer ce documentaire photographique comme réussi s'il apporte une petite contribution à la mise en évidence de la vie des Arméniens d'aujourd'hui, dépositaires d'une culture ancienne sur les terres où nous vivons. On se rend compte alors que plusieurs personnages de cinéma, qui ont été aimés dans le passé par les peuples de ce pays, n'ont pu continuer leurs vies qu'à condition de se rendre quasi invisibles, comme Samuel Agop Uluçyan, devenu Sami Hazinses, Kirkor Cezveciyan, devenu Kenan Pars, ou Vahe Özinyan, devenu Vahi Öz.

Dans cet album de photographies d"Arméniens", on retrouvera des portraits de membres divers de la communauté Arménienne, et des traces d'Istanbul, de la géographie antique de l'Anatolie, de l'Église de la Sainte Croix sur l'île d'Aght'amar à l'unique village Arménien de Vakıflı, de Kars à Césarée.

Que ce livre puisse contribuer à tous les efforts et à la lutte pour transmettre notre espoir d'un avenir meilleur: c'est le plus grand souhait de tous les participants de ce projet.

Je remercie mon "prof" Haluk Çobanoğlu qui m'a soutenu à toutes les étapes de ce projet, et qui a en outre édité ce livre; Tanıl Bora et Arsen Yarman, pour leur contribution et leurs textes; Necmiye İşgören et toute l'équipe d'Açıkofis qui ont accompagné la conception du livre; Umut Sülün qui n'a pas épargné son attention pendant l'impression de l'ouvrage; ma sœur Nıvart Kuş, grâce à qui j'ai profité d'un réseau de communication rapide; Hrant Marukyan, Sevan Değirmenciyan, Haldun Bayrı et Hardy Griffin qui ont traduit les textes; Leylek Café qui m'a permis de travailler dans une ambiance paisible; ma famille qui a toujours été à côté de moi malgré mon absence, à Coşkun Aşar et à tous ceux qui ont participé à ce projet, dont j'ai oublié d'évoquer les noms.

Nuran Akkaya
İstanbul, 2015

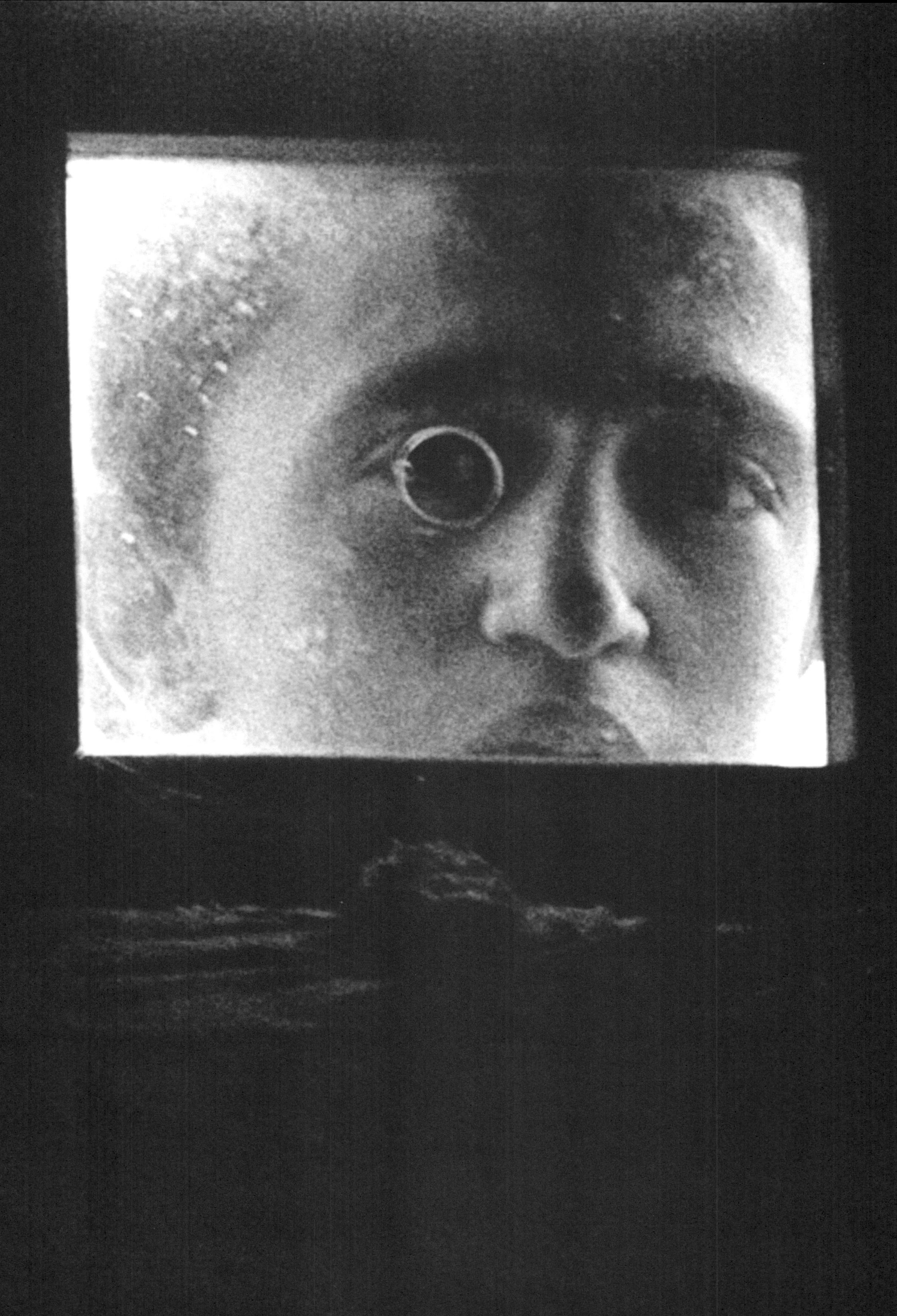

Նախաբան

ՃԱՆՉՆԱԼ ՀԱՅ ՄԸ

ԹԱՆԸԼ ՊՈՐԱ

«Չափազանցած չենք ըլլար եթէ ըսենք, որ թրքական զբօսաշրջութիւնը վերջին եօթը տարիներուն կը կացինահարեն հայերը, որոնք կազմակերպուած են ու թշնամաբար տրամադրուած թուրքերուն դէմ: Անոնք իրենց մտքին մէջ ունին հայկական հէքիաթ մը, որ դուրս է ամէն տեսակ երեւակայութենէ: Իբր թէ կը փափաքին Անատոլուի տարածքին հիմնել հայկական պետութիւն մը եւ բնակիլ երազներու մէջ... Հայկական ծագում ունեցող մեր տեղացի թշնամիներն ալ անոնց այս խելագար ծրագիրներուն առիթ կու տան, նեցուկ կը կանգնին իրենց լռութեամբ: Թէ՛ սակաւաթիւ հայ փոքրամասնութիւնը եւ թէ անոնք, որոնք իրենք զիրենք այդ ցեղէն ծագում առած հայկական փշրանքներ կը դաւանին՝ չեն մտածեր, որ թուրք ազգի պատմութիւնը ո՛չ թէ հարիւր, երկու հարիւր տարիներու, այլ դարերու անցեալ մը ունի»:

Լեզու մը, որ չի խնայեր թրքահայերը՝ ո՛չ իսկ պատշաճութիւնները յարգելու համար, ո՛չ իսկ ձեւականօրէն ու կ'ըսէ՝ «հայկական ծագում ունեցող մեր տեղացի թշնամիները»: Ո՛չ միայն հայերը «փշրանք» կը նկատէ (ամենանուրբ ակնարկով՝ սուրի աւելցուկ), այլեւ կը խօսի անոնց մասին, «որոնք իրենք զիրենք հայկական փշրանք կը դաւանին» - այսինքն, նաեւ անգիտակից են:

Ատելութեամբ ու վարկաբեկումով ախտաւոր այս տողերը տեղ գտած են Kemalist Ülkü հանդէսի Ապրիլ 1981-ի համարին ներածականին մէջ: Ազգայնական վէճի մէջ մասնագիտացած հրատարակութիւն մը չէ, այլ համեմատաբար հանդարտաբարոյ հանդէս մը... Սակայն այդ շրջանի մթնոլորտին մէջ «բնական» էին այս արտայայտութիւնները: Շրջան մը, ուր Սեպտեմբեր 12-ի յեղաշրջումը՝ թրքական ազգայնականութիւնը -«քեմալական ազգնայնականութիւն» անունով- կը պարտադրէր որպէս օրինական եւ կարելի միակ «գաղափարական համակարգը»: ԱՍԱԼԱ-ի ոճրագործութիւնները, ազգայնական այս մթնոլորտին մէջ, հայը վերածած էր Վատի, Թշնամիի կատարեալ դիմանկարի մը: Ներքին-եւ-արտաքին թշնամիի կատարեալ ուրուագիծն էր Հայը:

Գիտենք, որ բազմաթիւ հայեր, չդիմանալով այս ճնշումներուն, այդ օրերուն լքած են երկիրը, իրե՛նց երկիրը: Միշտ ալ դժուար էր Թուրքիոյ մէջ գոյատեւել հայկական ինքնութեամբ, սակայն 1980-ականներու առաջին կիսուն դարձած էր ալ աւելի անտանելի:

Ռաֆայէլ Տեմիրճեան մէկն էր այն հայերէն, որոնք այդ տարիներուն մեկնեցան Թուրքիայէ: Իր նախահայրերն ու նախամայրերը, 1600-ականներուն, Կիլիկիայէն գաղթեր են Սթանոս (հիմա կ'ըսեն Ենիքենթ). այսինքն երեք դարէ ի վեր անքարացի է Ռաֆայէլ Տեմիրճի: 1915-ի Անքարայի հայութեան մնացորդացէն մէկն էր ան: Արհեստաւոր մը՝ իր հօր նման: Կեանքը ապրած է Անքարայի մէջ: Անքարացի՛ այն աստիճան, որ երբ ձայնասփիւռը Անքարայի պարեր նուագել սկսի, յաճախորդը թողլով խանութէն դուրս կ'ելլէ եւ կը պարէ դրան առջեւ: «Կենճլերպիրլիյի»ի համակիր մըն է՝ Մեճնունի նման: 1970-ական թուականներուն, երբ «Կենճլերպիրլիյի» ցած լիկերու մէջ հոգեվարք կ'ապրէր, չունեցած դրամով եւ ունեցած բոլոր ժամանակով եղաւ այն քանի մը «ֆիտայի»ներէն մէկը, որոնք կը ջանային ոտքի պահել ակումբը: Իր այս զոհողութեամբ յարգելի դիրք մը ունեցած է ակումբէն ներս, սիրուած է: Զինքը ճանչցած են Ռաֆեթ կամ Ըըֆաթ անուններով: Գրեթէ չկար մէկը, որ գիտնար անոր բուն անունը՝ Ռաֆայէլը: Անոնք, որոնք գիտէին իր հայ ըլլալը, երբեմն կը փսփսային չգիտցողներու ականջին: Աւելի մտերիմներու շրջանակին մէջ կը կոչուէր՝ հայ Ռաֆեթ:

Այս աստիճան անքարացի, տեղացի, հասարակութեան մէջ «հալած» ըլլալու պարագաները, 80-ականներու թունալից մթնոլորտին մէջ հանգստութիւն չեն պարգեւած հայ Ռաֆեթին։ Ինչպէս ըսած է հարցազրոյցի մը մէջ[1], այդ տարիները շրջան մըն էին, երբ հայ ըլլալուն պատճառով «բոլորէն հինգ անգամ աւելի լաւ ըլլալն» ալ այլեւս բաւարար չէր։ Կնոջն ու զաւակներուն հետ կը գաղթէ Աւստրալիա։

Ռաֆայէլ Տեմիրճանի մասին լսեցի, երբ «Կենճլերպիրլիյի» ակումբին պատմութիւնը գրելու ատեն հանդիպումներ կ'ունենայի։ 1970-ականները պատմողներ զինքը կը յիշէին. «Հայ Ռաֆեթ մըն ալ կար, ան ալ շատ ծառայութիւններ բերաւ ակումբին»։ Ակումբի պատմագիրքը հրատարակուեցաւ 2003-ին։ Պասքըն Օրանի միջոցով հասեր է իրեն։ Ողջոյն յղեց Աւստրալիայէն։

13 Մայիս 2012 թուակիր Ակօսին մէջ հարցազրոյց մը հրատարակուեցաւ Ռաֆայէլ Տեմիրճանի հետ։ Կը պատմէր իր կեանքի պատմութիւնն ու «Կենճլերպիրլիյի»ի հանդէպ ունեցած սէրը, որ զինքը չէր լքած նաեւ Աւստրալիոյ մէջ։ Հարցազրոյցը վարած Ռոպեր Քոփթաշէն առի անոր ել-մակի հասցէն։ Իրեն գրեցի յարգանքի ու բարեկամութեան զգացումներս։ Ողջունող բառերով պատասխանեց։ Արդէն իրեն գրեր էին նաեւ «Կենճլերպիրլիյի»ի համակիր երիտասարդները։ Թղթակցութիւնը շարունակուեցաւ, եւ իր ու մեր մօտ յառաջացաւ զիրար տեսնելու, ողջագուրելու փափաք մը։ Ռաֆայէլ Տեմիրճանը հրաւիրեցինք Անքարա՝ ըսելով, թէ «քու հայրենիքդ է, եկո՛ւր, մնա՛ ինչքան ուզես»։ Կը պայքարէր ծանր հիւանդութեան մը դէմ։ Տատամսեցաւ, սակայն դիմանալ չկրցաւ եւ ամրան աւարտին եկաւ։

«Էսենպողա» օդակայանը ոտք դնելէն սկսեալ՝ Ռաֆայէլ Տեմիրճան բոլորիս համար դարձաւ «Րաֆֆի ապի»։ 70-ականներէ յամեցող սովորութեամբ մը, կը կարծեմ, ծխախոտին տուփը կը պահէր գուլպային մէջ։ Կը խօսէր Անքարայի բարբառով։ Կ'ըսէր, որ Պեհզաթ Չ.-ի «լա»երը (Անքարայի «ծո»ն) համացանցի վրայ տեւապէս ունկնդրելով կարօտը յագեցուցած է։ Մտքի պարկէն դուրս կը հանէր քսանէն յիսուն տարի վաղեմութեամբ Անքարայի ամէն մէկ մանրամասնութիւնը։ Անշուշտ, անոնք մեծամասնութեամբ կը վերաբերէին «Կենճլերպիրլիյի»ին։

Փոքր անակնկալ մը պատրաստեցինք իր համար՝ ակումբի վարչութենէն մտերիմ բարեկամի մը մասնակցութեամբ։ «Եկո՛ւր, «Կենճլերպիրլիյի»ի ֆութպոլի մարզադպրոցին բացման հանդիսութեան երթանք», ըսինք օր մը իրեն, թեւը մտնելով։ Երկրէն հեռանալու ժամանակ, 80-ականներու մթնոլորտը շնչած էր նաեւ ակումբէն ներս եւ հիմա մտահոգ էր՝ մտածելով, թէ ինչպէս պիտի դիմաւորեն զինքը։ Ողջագուրուեցաւ հին մարզիկներուն, վարչականներուն հետ, հանգստացաւ քիչ մը։ Մասնակցեցանք բացման արարողութեան։ Անակնկա՛լ։ Յանկարծ լսուեցաւ հետեւեալ յայտարարութիւնը. «Ահա՛ մէկը այն անանուն հերոսներէն, որոնք ակումբին տէր կանգնեցան իր դժուարին ժամանակներուն՝ Ռաֆայէլ Տեմիրճան»։ Զարմացաւ, յուզուեցաւ։ «Հայտէ՛, աղբարիկ», ըսինք։ Ակումբի նախագահ Իլհան Ճավճավ գրկեց զինքը եւ նուիրեց «Կենճլերպիրլիյի»ի մարզաշապիկը՝ վրան գրուած «06 Րաֆֆի ապի»։ Շատ փոքր քայլ մըն էր, սակայն կրցած էր Րաֆֆի ապին երջանկացնել՝ լալու աստիճան... Յաջորդող օրերուն, երջանկութեան այս տեսարանը պատմելու ժամանակ, որպէս գագաթնակէտ պիտի յիշէր այն պահը, երբ իր անունը յայտարարուեցաւ որպէս «Ռաֆայէլ»։ Որովհետեւ, ակումբի տարածքին, ուր անցած էին երիտասարդական ու հասունութեան իր տարիները, «հայ Ռաֆեթ»ը առաջին անգամ կոչուած էր «Ռաֆայէլ»։ Ռաֆայէլ Տեմիրճան երկար ժամանակ անց շահած էր իր անունը։

Րաֆֆի ապին, Անքարա մնացած շուրջ երեք ամսուան ընթացքին, այցելեց իր բարեկամներուն, հարազատներուն՝ անշուշտ «Կենճերպիրլիյի»ի մրցումներուն, արտագնայ խաղերուն եւ մարզումներուն մասնակցելէ մնացեալ ժամանակին: Իր նոր բարեկամներուն, յաճախ «Կենճլերպիրլիյի»ի երիտասարդ սերունդէ համակիրներուն հետ երկարօրէն զրուցեց: Անգամ մը, երիտասարդ համակիրներէ կազմուած խումբով մը, այցելեց Սթանոս, պտտեցան այդ կողմերը, 1915-էն մնացած հաւանական գերեզմաննոցներ որոնեցին, շրջեցան յիշատակի քանի մը մութ վայրեր: Րաֆֆի ապի իր կեանքի պատմութեան ընդմէջէն պատմեց կոտորածի յամեցող հետքերը, այդ վէրքը, այդ սարսուռը: Այն սարսուռով, զոր կ'ունենար «Կենճլերպիրլիյի»ի ցած լիկ մը իյնալու պատմութիւնը պատմելու ատեն, նոյն պարզութեամբ, նոյն բնականութեամբ: Շատեր 1915-ին պատահածներուն իսկութիւնը առաջին անգամ հասկցան Րաֆֆի ապիի պատմածներով: Րաֆֆի ապիի թախծալի հայեացքով, ինքնամոռացութեան պահով, խօսքի մէջ անդրադարձած մէկ մանրամասնութեամբ... հասկցան:

Րաֆֆի ապին երեք ամիս անց արտասուախառն գիրկընդխառնումով ճանապարհեցինք Աւստրալիա: Այն փոքր խումբը, որ 2012-ի ամրան աւարտն ու աշունը Ռաֆֆի ապիին հետ անցուցած էր, բաժանումի այդ պահէն ի վեր կը շարունակէ հաղորդակցիլ անոր հետ: Մեր մէջ կային անձեր, ովքեր «Հայկական հարցը» գիտէին զայն պատմաբաններու յանձնելէ առաջ ալ, ովքեր ճանչցած էին Հրանդ Տինքը: Սակայն ամէնքս, կարծես, բոլոր «հարցը» դարձեալ սորված էինք՝ Ռաֆֆի ապին ճանչնալով:

Թուրքիոյ հայերէն ամէն մէկը (գիտէք, որ իրենց թիւը շատ չէ) առանձին պատմութիւն մըն է անկասկած: Ինչպէս ամէն մարդ: Բայց անոնցմէ իւրաքանչիւրի աչքին կրնաք տեսնել հասարակաց պատմութեան մը հետքերը: Այդ աչքերը հայելին են անկատար մնացած փափաքի մը: Աքիֆ Քուրթուլմուշ 2015-ին ամիս մը մնացած հրատարակեց վէպ մը՝ Ուքտէ, որու հերոսներէն մին կը պատմէ, թէ յանցաւորութեան զգացումի աղբիւրը «միայն մեր գործողութիւնները, մեր սիրելիներու կողմէ գործուած յանցանքները, իրականացուցած չարագործութիւնները» չեն: Հերոսը կ'ըսէ, թէ լաւ մարդիկը գիտեն ամչնալ եւ կ'ամբողջացնէ՝ «գիտնալ ապրիլ ամօթով». «Գիտնալ ապրիլ ամօթով, կը նշանակէ ապրիլ այն խոստումիդ հետ, որ տուած ես կեանքէդ դուրս հանելու համար այն բոլորը, որոնցմէ կ'ամչնաս»:

Խաղաղ ամօթի զգացումի մը առիթ թող հանդիսանան այս ալպոմին լուսանկարները:

1 Ֆունտա Ճանթեք - Քիւպրա Ճեվիզ: "Ռաֆայէլ Տեմիրճի. «Հայեր պարտաւոր են բոլորէն հինգ անգամ աւելի լաւ ըլլալու» (թրքերէն), Ֆունտա Շենօլ Ճանթեք (համադրող), «Անկիւնին գիրքը», «Իլեթիշիմ» հրատ., Իսթանպուլ, 2014, էջ 261-283:

ԺԹ ԴԱՐԷՆ ԱՍԴԻՆ՝ ԼՈՒՍԱՆԿԱՐԻ ԼԵԶՈՒՈՎ

ԱՐՍԷՆ ԵԱՐՄԱՆ

«Պատմաբաններ աւելի նուազ չեն ներշնչուած, երբ կը սնանէին փաստաթուղթերու անվերջանալի, անսպառ աղբիւրէն՝ ըմբռնելու համար կեանքին լուսանկարներուն եւ լուսանկարներուն կեանքին վրայ ունեցած ազդեցութիւնը»:

Ժան Լարան «Ժանտագրութիւն», Բ հատոր, ՓՈՒՖ., Փարիզ, 1959

Ցարդ գրառած գործերուս մէջ կարեւորած եմ լուսանկարի գործածութիւնը, քանի որ ան կ'ամրացնէ բնագրին հետ առկայ կապը: Բնագրին մէջ գտնուող լուսանկարը իւրայատուկ կերպով իրարու կրնայ կապել ընթերցողն ու նիւթը: Լուսանկարիչ մը որոշ նպատակով կը նկարահանէ, սակայն իր աշխատանքները իւրաքանչիւր գրողի ձեռքին կրնան գործածուիլ տարբեր առումներով: Լուսանկարին էութիւնն է որ կ'ընձեռէ այս կարելիութիւնը. լուսանկարը, թերեւս աւելի քան գրութիւնը, կը մատնէ այլոց զգացումները, արժէքները: Բաւարար գնահատում մը կատարելու պարագային, լուսանկարներուն մէջ կրնանք տեսնել բազմաթիւ բաներ, զորս պիտի չկարենայինք գտնել գրաւոր փաստաթուղթերու մէջ:

Գրողները, որոնք մարդոց պատմածներուն յենլով կը փորձեն պատկեր մը ստեղծել իրենց ընթերցողներու միտքերուն մէջ, կրնան լուսանկարներով նեցուկ կանգնել պատմուածներուն եւ կենդանացնել յիշատակները: Երբ կը փորձէք ձեր պտտած վայրերուն վերաբերեալ գործ մը մէջտեղ բերել՝ լուսանկարը կը դառնայ ձեր աշխատանքին անբաժանելի մէկ մասնիկը:

Երբ քննենք Նուրան Աքքայի լուսանկարները, բնաւ դժուար չէ նշմարել այն թախիծը, որ կը յայտնուի խոնարհած եկեղեցւոյ մը պատին կամ ծեր հայու մը դէմքին: Մարդիկ ալ, ինչպէս շէնքերը, քայքայուած են ու վիրաւոր: Այս լուսանկարներուն մէջ մերթ կը մտածենք անոնց, որոնք կրնային ըլլալ, սակայն ոչնչացած են. այնպէս, ինչպէս կը զգանք դիտելով Կեսարիոյ նախկին հայկական եկեղեցւոյ դատարկ տարածքը: Յակառակ պատմական հնութեան եւ ժամանակի մաշեցնող ազդեցութեան դէմ իրենց տուած յաջող պայքարին՝ շէնքերը միայնակ են եւ առանձին թողուած:

Նուրան Աքքայի լուսանկարները մեզի կը պատմեն կորուստը, թախիծը, սակայն միաժամանակ ցոյց կու տան, հակառակ բոլոր փորձանքներուն, անցեալէն ցայսօր գոյութիւն ունեցող շարունակականութիւն մը: Կարսի հազարամեայ եկեղեցին, այո՛, կանգուն է, սակայն առանձին է եւ շուրջը՝ դատարկ: Յազարամեակներէ ի վեր կը բնակինք Անատոլուի մէջ, մեր արմատներուն կարելի է հետեւիլ մինչեւ հնագոյն դարերը, սակայն այս լուսանկարներուն միջոցով կրնանք տեսնել մեր նուազիլը այս հողերուն վրայ: Երբ կը դիտենք շուրջ բոլորը ամայացած եւ լուռ առանձնութեան մը դիմաց ծանրախոհութեամբ կանգուն Կարսի Չենկիլլիի եկեղեցին՝ կը զգանք, որ մեր ապագան այնքան ալ հզօր պիտի չըլլայ այս հողերուն վրայ, հակառակ մեր կարծածին:

Նուրան Աքքայա, որ աշխարհագրութեան եւ մարդոց առօրեայ տեսարաններու ընդարձակ դիտանկիւնէ մը կը լուսանկարէ, վաւերագրած է այն հետքերը, զորս այս հողերուն վրայ թողուցած ենք հազարամեակներէ ի վեր: Սակայն մենք, ներկայի հայերս, ո՛չ թէ հարիւրամեակներ, այլ հարիւրամեակ մը վերջ իսկ հետք մը պիտի կարենա՞նք թողուլ այս հողերուն վրայ:

Անսպասելի վայրերու մէջ մեր դէմ ցցուող Անատոլուի անկործանելի մեր անցեալը լուսանկարել ներկայ կեանքին զուգընթաց՝ ահա այս պատկերագիրքը ա՛լ աւելի արժէքաւոր դարձնող պարագան:

Նուրան Աքքայա, որ այս աշխատանքին մէջ լուսանկարած է տարբեր շրջանակներէ հայեր, տարբեր շրջաններէ շէնքեր, իրեր, մարդիկը լուսանկարած է իրենց հին լուսանկարներով միասին եւ ներկայի հայերը մեզի մատուցած է կենդանի եւ տարբեր միջոցներով: Լուսանկարի մը մէջ կը տեսնենք Ալեքսան Տատեանը, որ ի ձեռին ունի հին լուսանկար մը՝ յամեցող ֆութպոլի մրցումի մը ժամանակ դարպասապահ եղած շրջանէն: Այսպէսով Աքքայա կ'ընդարձակէ լուսանկարին պատմութիւնը եւ կ'ամրացնէ անցեալի ու ներկայի կապը: Երբ դիտենք Արա Գօչունեանին լուսանկարը, կը տեսնենք, որ մեր արուեստագէտը դարձեալ դիմած է նոյն միջոցին. այն տարբերութեամբ սակայն, որ Գօչունեան կարծէք ի՛նք որոշած ըլլար իր դիրքը այլ լուսանկարներու առջեւ: Առանց ուշադրութիւն հրաւիրելու խորքին յայտնուող լուսանկարներուն՝ կը նայի այլ ուղղութեամբ:

Իւրաքանչիւր լուսանկար կ'երեւի այնքան, որքան դիտողը կը տեսնէ, եւ երբեմն լուսանկարի մը մէջ կրնայ ամփոփուած ըլլալ խոշոր գիրքի մը նիւթը: Նուրան Աքքայա իւրաքանչիւր լուսանկարի համար փորձած է կիրարկել տարբեր միջոցներ: Արհեստաւոր մը, Յովհաննէս Սեհերլըըտըզըն, լուսանկարած է վերջինիս աշխատանքին յարմար կերպով մը՝ շարժուն, եւ այնպէս մը, որ կարենանք զգալ անոր այդ պահու զգացումները: Իսկ յախճապակեգործ Արամ Եոլտաշը լուսանկարած է աւելի կայուն միջավայրի մը մէջ: Լուսանկարներուն սեւ-սպիտակ ըլլալու հանգամանքը աւելի ընդգծուն դարձուցած է անոնց թախիծն ու տխրութիւնը:

Շնորհիւ նման աշխատանքներուն մեզի մատուցած մանրամասնութիւններուն՝ կը տեսնենք, թէ Թուրքիոյ հայերը առհասարակ ինչպէս եւ ուր կը բնակին, ինչ կերպով կ'աշխատին, ինչպէս կը զուարճանան: Զանազան տեղեր բնակող հայերէ փոքր պատմութիւններ կը մատուցուի մեզի եւ այս փոքր պատմութիւնները կը կազմեն մեծ լուսանկար մը:

Աքքայա վառ կերպով մեզի ցոյց կու տայ կեանքին տարբեր կողմերը: Լուսանկարները ծայր աստիճան արտակարգ են՝ հասարակ մարդոց կեանքին վկայ դառնալու առումով: Նման լուսանկարներուն վրայ հանդիպող մանրամասնութիւնները շատ անգամ մեզի աւելի շատ տեղեկութիւններ կը փոխանցեն, քան մանրամասնօրէն գրի առնուած որեւէ զեկոյց: Եթէ գիտէք ինչպէս նայիլ՝ ապա ասոնց մէջ կրնաք տեսնել շատ մը բաներ, զորս կարելի չէ գտնել գրաւոր փաստաթուղթերուն մէջ: Հետեւաբար կողմնակից եմ, որ պատմութեան ընկալեալ աղբիւրներու շարքին տեղ տրուի նաեւ տեսողական վաւերագրերուն:

Նուրան Աքքայա, իր լուսանկարներով, բաւական տարբեր հարթութեան մը վրայ, աչքերու առջեւ կը պարզէ Թուրքիոյ հայկական իրականութիւնը: Տեսնելով հայերը, որոնք այսօր ցրուած կերպով կը շարունակեն իրենց գոյութիւնը, թէ՛ կը զարմանամ, թէ կը տխրիմ: Պատմական դեր մը ունին այս լուսանկարները, որոնք հայոց պատմութեան եւ մշակոյթին կարեւորագոյն մասերու կարգին են եւ հզօր գործիք մը՝ հայոց ինքնութեան պահպանումին, յաջորդ սերունդներուն փոխանցումին համար: Մեր մշակութային հարստութիւնները արհեստագիտութեան նոր միջոցներով վերստին պէտք է արժեւորուին եւ պէտք է ստեղծենք զանոնք դէպի ապագայ փոխանդրելիք նիւթերը: Մեր օրերուն թափ ստացած է պատմական ու մշակութային արժէքներուն ոչնչացումը եւ հետզհետէ կ'ընդլային մշակութային ոչնչացման չափերը:

Նուրան Աքքայի լուսանկարները ազդարարն են այս ոչնչացումին եւ միաժամանակ՝ այս հողերուն վրայ հնամենի մեր գոյութեան:

Այս աշխատանքը կ՚ապահովէ, որպէսզի թէ՛ անցեալի հետ կապ հաստատենք եւ թէ անդրադառնանք ներկայի մշակութային կացութեան:

Իր ջանադրութեան համար կը շնորհաւորեմ մեր երիտասարդ բարեկամը՝ Նուրանը, որ սիրով ստեղծած է մերթ զիս տխրեցնելու աստիճան կենդանացող եւ Անատոլուի պատմութիւնը հարստացնելիք այս գործը:

Յուսկ, խորհուրդ կու տամ այս լուսանկարները քննել եւ անցեալի հետ համեմատելով գնահատել՝ ըստ Ֆերնանտ Պրոտելի հետեւեալ խօսքին.

«Եթէ մէկը չի գիտեր ազգի մը հնագոյն պատմութիւնը՝ ուրեմն չի կրնար վճիռ արձակել անոր ներկայի կացութեան շուրջ»:

ÖNSÖZ

BİR ERMENİ TANIMAK

Tanıl Bora

"Türk turizmini son yedi yıl içinde örgütlenmiş, Türk düşmanlığı güden, çağdışı Ermeniler baltalıyorlar desek hiç abartmamış oluruz. Onların kafasında hiç akla, mantığa uymayan bir Ermeni masalı var. Akıllarınca Anadolu toprakları üstünde bir Ermeni devleti kurmak ve düşler içinde yaşamak istiyorlar! Bizim Ermeni kökenli yerli düşmanlarımız da onların bu çılgınlıklarına üstü kapalı çanak tutuyor, sessiz kalarak onları destekliyorlar. Hem küçücük Ermeni azınlığı, hem de kendilerini o soydan gelen Ermeni artığı sanan kimseler düşünmüyorlar ki Türk Ulusunun tarihi öyle yüz, iki yüz yıllık değil çağlara dayanır."

Türkiye Ermenilerini, resmiyet icabı bile, lâf olsun diye bile sakınmayan bir dil: "Ermeni kökenli yerli düşmanlarımız" diyor. Ermenileri "artık" (akla gelen en kibar imayla: kılıç artığı) saymakla yetinmiyor, "kendilerini... Ermeni artığı sanan"lardan bahsediyor - bir de şuursuzlar yani.

Nefret ve aşağılamayla başı dönmüş bu satırlar, Kemalist Ülkü Dergisinin Nisan 1981 sayısının sunuş yazısında yer almış. Milliyetçi ajitasyonda uzmanlaşmış bir yayın değil, nispeten sakin bir dergi... Fakat o dönemin atmosferinde, böylesi "normal"di. 12 Eylül darbesinin Türk milliyetçiliğini –"Atatürk milliyetçiliği" adıyla– meşru ve mümkün tek "fikir sistemi" olarak emrettiği dönemdi bu. ASALA cinayetleri, bu milliyetçi atmosferde Ermeni'yi, Kötü'nün, Düşman'ın mükemmel portresine dönüştürdü. İç-ve-dış-düşmanın ideal tertibiydi, Ermeni.

Birçok Ermeni'nin, bu basınca dayanamayarak o günlerde memleketi, memleketini terk ettiğini biliyoruz. Türkiye'de Ermeni kimliğiyle var olmak her zaman zordu, lakin 1980'lerin ilk yarısında, daha dayanılmaz olmuştu.

Rafael Demirci, işte o yıllarda Türkiye'den giden Ermenilerden biri. Büyük büyük dedeleri nineleri 1600'lerde Kilikya'dan Stanos'a (şimdi Yenikent deniyor) göçmüş, yani üç asırdır Ankaralı, Rafael Demirci. 1915'ten artakalan Ankara Ermenilerinden biri. Babası gibi esnaflık etmiş. Hayatını Ankara'da yaşamış. Dükkânında müşterisiyle ilgilenirken radyoda Ankara havaları çalmaya başlayınca dayanamayıp kapının önüne çıkıp oynayacak kadar, "Ankaralı". Mecnunluk derecesinde Gençlerbirliği taraftarı. 1970'li yıllarda Gençlerbirliği alt kümelerde can çekişirken, olmayan parasıyla ve bütün vaktiyle kulübünü yaşatmaya çalışan bir avuç "fedai"den biri. Bu fedakârlığıyla, kulüp muhitinde saygın bir yeri olmuş, sevilmiş. Rafet veya Rıfat olarak bilmişler hep onu. Gerçek adının Rafael olduğunu bilen, hemen hemen yokmuş. Ermeni olduğunu bilenler, bilmeyenlerin kulağına fısıldarmış bazen. Daha yakın ahbap çevresinde bilinen adı: "Ermeni Rafet".

Bu kadar Ankaralı, bu kadar yerli, bu kadar halk arasında "erimiş" olmak da, 80'lerin o zehirli ikliminde rahat ettirememiş Ermeni Rafet'i. Bir söyleşisinde söylediği gibi.[1] Ermeni olduğu için mecburen "herkesten beş defa daha iyi olmasının" da, artık kâfi gelmediği bir dönem, o. Eşiyle, çocuklarıyla beraber, Avustralya'ya göçmüşler.

Ben Rafael Demircan'ı, Gençlerbirliği kulüp tarihini yazmak için görüşmeler yaparken öğrendim. 1970'leri anlatanlar, "bir de Ermeni Rafet vardı, onun da kulübe çok emeği geçti" diye anıyorlardı kendisini. Kulüp tarihi kitabı 2003 yılında yayımlandı, Baskın Oran vasıtasıyla eline ulaşmış, Avustralya'dan selam gönderdi.

13 Mayıs 2012'de, Agos'un orta sayfalarında bir Rafael Demircan röportajı yayımlandı. Hayat hikâyesini ve onu Avustralya'da da terk etmeyen Gençlerbirliği aşkını anlatıyordu. Röportajı yazan Rober Koptaş'tan e-mail adresini aldım, hürmet ve muhabbetlerimi yazdım kendisine, öpen, kucaklayan kelimelerle cevap verdi. Meğer, Gençlerbirliği tribününün müdavimlerinden genç arkadaşlar da e-mailler yazmışlar kendisine. Bu yazışmalar sürdü, onda da bizde de bir görüşme, kavuşma muhabbeti kabardı. Rafael Demircan'ı Ankara'ya davet ettik, kendi memleketin, gel, istediğin kadar kal, diye. Ağır bir hastalıkla boğuşuyordu, tereddüt etti ama dayanamadı, atladı geldi bir yaz sonu.

Esenboğa'ya ayak bastığından itibaren, Rafael Demircan hepimiz için "Rafi Abi" oldu. Tipik, mahallenin güzel abisiydi. 70'lere kaldığını sandığım bir alışkanlıkla sigara paketini çorabında saklıyordu. Angara ağzıyla konuşuyor, Behzat Ç.'nin "la'"larını (Ankara "ulan"ı) internetten döndüre döndüre izleyerek hasret giderdiğini söylüyordu. Yirmi ila elli sene öncenin Ankara'sının her teferruatı çıkıyordu hafızasının tombalasından. Tabii en çok da Gençlerbirliği hikâyesi çıkıyordu.

Kulüp yönetimindeki bir can arkadaşımızın katılımıyla, ona bir küçük sürpriz hazırladık. Gel, Gençlerbirliği'nin futbol okulunun açılış törenine gidelim, diye girdik bir gün koluna. Ayrılırken, o 80'lerin havasını kulüp ortamında da tatmıştı, nasıl karşılanacağından endişe ediyordu. Eski futbolcularla, yöneticilerle kocaman kucaklaştılar, rahatladı biraz. Açılış törenine geçtik. Sürpriz! "Kulübümüze zor zamanlarında sahip çıkan isimsiz kahramanlardan Rafael Demircan" diye ismi anons edildi birden. Şaşırdı, heyecanlandı. "Hadi abi" dedik. Kulüp Başkanı İlhan Cavcav kucakladı onu, sırtında "06 Rafi Abi" yazan Gençlerbirliği formasını verdi. Küçücük bir jestti ama o gün Rafi Abi'yi ağlayasıya mutlu etmeye yetmişti... İzleyen günlerde bu mutluluk sahnesini anlatırken, doruk noktası olarak, hep isminin "Rafael" diye anons edildiğini tekrarlayacaktı. Gençliğini ve orta yaşlılığını vakfettiği kulüp muhitinde Ermeni Rafet'e ilk defa gerçek ismiyle hitap edilmiş, "Rafael" denmişti çünkü. Rafael Demircan, nice zaman sonra, ismini kazanmıştı.

Rafi Abi, Ankara'da kaldığı üç aya yakın süre boyunca Gençlerbirliği'nin maçlarına, deplasmanlarına ve antrenmanlarına gitmekten artan zamanında kalan akrabalarını, dostlarını ziyaret etti. Yeni arkadaşlarıyla, çoğu genç kuşaktan Gençlerbirliği taraftarlarıyla uzun sohbetlere oturdu. Bir defasında genç taraftarlardan bir grupla beraber Stanos'a gitti, oralarda dolaştılar, 1915'ten kalan olası mezar yerlerini aradılar, birkaç karanlık hatıra kalıntısında gezindiler. Rafi Abi onlara kendi hayat hikâyesi içinden o kırımın uzayıp giden izlerini, o yarayı, o ürpertiyi anlattı. Gençlerbirliği'nin küme düşme hikâyesini anlatışındaki ürpertiyle, aynı yalınlık, aynı doğallıkla. Birçokları, 1915'te gerçekten neler olduğunu, ilk defa Rafi Abi'nin anlattıklarından anladılar. Rafi Abi'nin bir hüzünlü bakışından, bir dalıp gidişinden, laf arasında değindiği bir teferruattan... anladılar.

Rafi Abi'yi, üç ay sonra gözyaşlı kucaklaşmalarla Avustralya'ya uğurladık. O zamandan beri, 2012'nin yaz sonunu ve güzünü onla geçiren o küçük topluluk, kendisiyle haberleşmeyi sürdürüyor. Aramızda "Ermeni meselesini" tarihçilere bırakmadan bilenler de vardı aslında, Hrant Dink'i tanımış olanlar da vardı. Ama hepimiz, Rafi Abi'yi tanımakla, sanki bütün "meseleyi" yeni baştan öğrenmiştik.

Türkiye'nin Ermenilerinden her biri (sayıları çok fazla değil, biliyorsunuz), ayrı bir hikâyedir kuşkusuz. Her bir insan gibi. Fakat onların her birinin gözlerinde, aynı ortak hikâyenin izlerini de görebilirsiniz. O gözler, bir ukdeye aynadır. Akif Kurtuluş'un 2015'e bir ay kala çıkan romanı Ukde'nin kahramanlarından biri, suçluluk duygusunun kaynağının "sadece kendi eylemlerimiz, sevdiklerimizin işledikleri suçlar, yaptıkları kötülükler" olmadığını anlatır. "İyi insanlar", "utanmasını bilir", der Ukde'nin kahramanı, "utançla yaşamasını bilmek" diye tamamlar bunu: "Utançla yaşamasını bilmek utandığın şeyleri hayatının dışına atmak için verdiğin sözle yaşamak, o söze sahip çıkmaktır."

Bu albümdeki fotoğraflar, salim bir utanca vesile olsun.

1 Funda Şenol Cantek – Kübra Ceviz: "Rafael Demirci: 'Ermeniler herkesten beş kere daha iyi olmaya mecburdular." Funda Şenol Çantek (der.), Kenarın Kitabı, İletişim Yayınları, İstanbul 2014, s. 261-283.

19. YÜZYILDAN BUGÜNE FOTOĞRAFIN DİLİYLE

Arsen Yarman

"Tarihçiler, hayatın resimlere ve resimlerin hayata etkisini kavramak için belgelerin bu bitmez, tükenmez kaynağından beslenirlerken, daha az esinlenmiş değillerdir".

Jean Laran, "L'Estampe-Oymabaskı-", 2 cilt, PUF Paris, 1959

Bugüne kadar kaleme aldığım eserlerde, metinle aramızdaki bağı güçlendirdiği için fotoğraf kullanımına önem verdim. Metinler arasında yer alan bir resim, okuyucu ile anlatılan konuyu özgün bir şekilde birbirine bağlayabilmektedir. Bir fotoğrafçı belli amaçlarla çekimler gerçekleştirir ama çalışmaları her yazarın elinde bambaşka bağlamlarda ele alınabilir. Fotoğrafın yapısı buna uygundur; başkalarının duygularını, değerlerini metinden çok belki de bir fotoğraf ele vermektedir. Yeterli bir değerlendirme yapabildiğimiz durumlarda yazılı belgelerde bulamayacağımız pek çok şeyi fotoğraflarda görebiliriz.

İnsanların anlattıklarına dayanarak okurlarının zihinlerinde bir imge oluşturmaya çalışan yazarlar, fotoğraflarla anlatılarını destekleyebilmekte ve anıları canlandırabilmektedir. Eğer gezdiğiniz yerlerle ilgili bir eser ortaya koymaya çalışıyorsanız fotoğraf çalışmanızın ayrılmaz bir parçası haline dönüşüyor. Nuran Akkaya'nın çektiği fotoğrafları incelediğimizde, yıkık bir kilise duvarında veya yaşlı bir Ermeni'nin yüzünde beliren kederi okumak hiç de zor değildir; insanlar da binalar gibi hırpalanmış ve yaralanmıştır. Bazen bu fotoğrafların arasında olabilecekken yok olup gitmişleri düşünüyoruz, tıpkı Kayseri'de eski Ermeni Kilisesi'nin boş arsasına baktığımızda hissettiklerimiz gibi. Tarihleri ne kadar eski olsa ve zamanın tüm aşındırıcı etkileriyle başarılı bir şekilde savaşsalar da bu binalar yalnızdır ve yalnız bırakılmışlardır.

Nuran Akkaya'nın çektiği fotoğraflar bize bir kaybı, bir kederi anlatıyor ama aynı zamanda tarihten bu yana tüm badirelere rağmen var olan bir sürekliliği de gösteriyor. Kars'ta bin yıldır ayakta duran kilise, evet, ayaktadır ama yalnızdır ve etrafı boştur. Binlerce yıldır Anadolu'da yaşıyoruz, köklerimiz kadim dönemlere kadar takip ediliyor ama bu topraklarda gittikçe azaldığımızı da yine bu fotoğraflardan görebiliyoruz. Giderek etrafı boşalmış olan ve sessiz bir yalnızlığa karşı vakurca duran Kars Çengilli'deki kiliseye baktığımızda bu topraklardaki geleceğimizin sandığımız kadar güçlü olamayacağını hissediyoruz.

Günümüzden coğrafya ve insan manzaralarıyla geniş bir perspektifle fotoğraflar çeken Nuran Akkaya, bizim bu topraklarda binlerce yıldır bıraktığımız izleri belgelemiştir ama biz bugünün Ermenileri, bırakalım yüzyılları, yüz yıl sonrasına dahi bir iz bırakabilecek miyiz bu topraklarda?

Hiç beklenmedik yerlerde karşımıza çıkan ve yok edilemeyen Anadolu'daki geçmişimizi günümüzde yaşadıklarımızla beraber fotoğraflaması, bu çalışmayı daha da önemli hale getirmektedir. Çalışmasında çok farklı kesimden Ermenileri, değişik bölgelerdeki binaları, objeleri fotoğraflayan Nuran Akkaya insanları eski fotoğraflarıyla beraber de çekmiş ve günümüz Ermenilerini çeşitli yönleriyle bize son derece canlı ve farklı yöntemlerle sunmuştur. Fotoğraflardan birinde

Aleksan Dadyan'ı, elinde bir futbol maçında kalecilik yaptığı yıllardan kalma bir fotoğrafla görmekteyiz. Böylece Akkaya, fotoğrafın hikâyesini genişletmekte ve geçmiş ile günümüz arasında bağı güçlendirmektedir. Ara Koçunyan'ın fotoğrafına baktığımızda da sanatçımızın benzeri bir yöntemi kullandığını görürüz ama bir farkla, Koçunyan başka fotoğrafların önünde yerini belirlemiş gibi fotoğraflanmıştır. Arka planda beliren fotoğraflara dikkat çekmeden başka bir yöne bakmaktadır.

Her fotoğraf ona bakanın gördüğü kadardır ve bazen koca bir kitabın konusu tek bir fotoğrafta yatıyor olabilir. Nuran Akkaya farklı fotoğraflarda farklı teknikler uygulamaya çalışmıştır. Bir zanaatkârı, Ohannes Seheryıldızı'nı mesleğine uygun bir şekilde hareket halinde ve o anki duygularını fark edebildiğimiz şekilde fotoğraflamıştır. Çini üreten Aram Yoldaş'ı ise daha durağan bir ortamda fotoğraflamıştır. Fotoğrafların siyah-beyaz olması, üzerlerine sinen keder ve hüznü daha belirgin hale getirmiş gibi görünmektedir.

Bu tür çalışmaların bize sunduğu ayrıntılar sayesinde Türkiye'de bugün Ermenilerin genel olarak nasıl ve nerelerde yaşadıklarını, ne şekilde çalıştıklarını, nasıl eğlendiklerini ayrıntılı olarak görüyoruz. Bize çok çeşitli yerlerde yaşayan Ermenilerden küçük hikâyeler sunulmakta ve bu küçük hikâyelerden büyük bir fotoğraf ortaya çıkmaktadır.

Akkaya hayatın çeşitli yönlerini bize son derece canlı bir şekilde göstermektedir. Sıradan insanların hayatlarına şahit olmamız açısından fotoğrafların bazıları gerçekten son derece sıra dışıdır. Bu gibi fotoğraflarda görülen ayrıntılar çoğu zaman bizlere en dikkatli, en teferruatlı yazılmış raporlardan bile daha fazla bilgi verebilmektedir. Nasıl bakacağınız hakkında bir fikriniz varsa bunlarda yazılı belgelerde bulunamayacak pek çok şeyi görebilirsiniz. Dolayısıyla ben, tarihin genelgeçer kaynakları arasına görsel belgelerin de alınmasını şiddetle savunuyorum.

Nuran Akkaya'nın çektiği fotoğraflar Türkiye'de Ermeni gerçekliğini çok farklı boyutlarda gözler önüne sermektedir. Günümüzde bu kadar dağılmış bir şekilde varlığını sürdüren Ermenileri gördükçe hem şaşırmakta hem de üzüntü duymaktayım. Ermeni tarihinin ve kültürünün en değerli parçaları arasında yer alan ve Ermeni kimliğinin korunmasının, sonraki kuşaklara aktarılmasının en güçlü aracı olan bu fotoğraflar tarihi bir rol oynamaktadır. Kültürel zenginliklerimizi yeni teknolojik imkânları değerlendirerek yeniden üretmeli ve geleceğe taşıyacak materyalleri oluşturmalıyız. Tarihi ve kültürel varlıkların yok olması günümüzde hız kazanmıştır ve yıllar içerisinde kültürel yok oluşun boyutları genişlemektedir.

Nuran Akkaya'nın fotoğrafları bu yok oluşun yanı sıra bu topraklardaki kadim varlığımızın da bir göstergesi gibidir. Elimizdeki çalışma, hem geçmişle bağ kurmamızı hem de bugünkü kültürel durumun farkına varmamızı sağlamaktadır.

Zaman zaman içimi burkacak derecede canlılık kazanan ve Anadolu tarihine zenginlik katacak bu eseri sevgiyle meydana getiren genç arkadaşımız Nuran'ı çabasından dolayı tebrik ediyorum.

Son olarak bu fotoğrafları, Fernand Braudel'in şu özlü sözü doğrultusunda incelemenizi ve hep geçmişle mukayese içinde değerlendirmenizi tavsiye ederim:

"Eğer bir kimse, bir milletin kadim tarihini bilmiyorsa, onun şimdiki durumu hakkında hüküm veremez."

FOREWORD

GETTING TO KNOW AN ARMENIAN

Tanıl Bora

"If we said that, over the last seven years, backward-looking Armenians who see themselves as the enemies of Turks have cut the legs out from under Turkish tourism, we wouldn't be exaggerating in the slightest. In their minds is an Armenian fairy tale that isn't logical or even understandable. In their minds, they want to found an Armenian State on the soil of Anatolia and live out their dreams. Our native enemies of Armenian origin are also encouraging and silently supporting this madness. Neither the small Armenian minority nor those who assume they are the remnants of that race think of how the Turkish Nation has continued to endure not for one century or two but for ages."

This is language concerning Turkish Armenians to be avoided even in an accidental slip or a joke: "Our native enemies of Armenian origin". Armenian "remnants" (even the nicest connotation that comes to mind: those who were conquered and had their lives spared) are not enough, he speaks of "those who assume they are the remnants" of Armenians—as if they are not conscious of who they are.

These lines, filled with a dizzying hate and offensiveness, are from a feature in the April 1981 issue of The Kemalist Cause magazine. This was not a publication expert at whipping up nationalist sentiment, but rather a comparatively steady magazine... Yet, in the atmosphere of that era, this was "normal". It was the era after the September 12 military coup, when Turkish nationalism - "nationalism in the name of Atatürk" - was the only legitimate and possible "ideological system." In this atmosphere, the ASALA (Armenian Secret Army for the Liberation of Armenia) murders had turned the Armenian into the perfect portrait of Evil and The Enemy. The Armenian was the ideal type to play the internal-cum-external enemy.

We know that many Armenians, unable to stand the pressure, abandoned the country—their country—in those days. It had always been difficult to have an Armenian identity card, but it became unbearable in the first half of the 1980s.

Rafael Demirci was one of the Armenians who left Turkey at that time. His ancestors immigrated from Kilikya to Stanos (now called Yenikent) in the 1600s; in other words, Rafael Demirci's family had been in the Ankara area for three hundred years. He was one of the remaining Ankara Armenians after 1915. Like his father, he was a tradesman. He had lived his whole life in Ankara. If he heard an "Ankara" Turkish folk song come on the radio while waiting on a customer, he wasn't able to stop himself, he would start dancing right out the front door, that's how much of an "Ankaran" he was. He was also a legendary supporter of the Ankara Gençlerbirliği football team. In the 1970s, when Gençlerbirliği's farm teams were in their death throes, he was one of a handful of "die hards" who gave money they didn't have and devoted all their time to keeping the team alive. This loyalty won him a place of respect in the club's community - he was loved. Everyone always knew him as Rafet or Rıfat. Basically no one knew his real name was Rafael. Those who knew he was Armenian would sometimes whisper in the ears of those who did not yet know. Amongst his friends at the club, his nickname was "Armenian Rafet."

In the poisoned climate of the 1980s, being this Ankara, this local, and having become one with those around him was not enough for Armenian Rafet to feel comfortable. As it came to be said, because he was Armenian, he “had to be five times better than everyone else,”[1] and it no longer seemed worth it. With his wife and children, he immigrated to Australia.

I learned about Rafael Demircan while conducting interviews in order to write about the history of the Gençlerbirliği club. Those who spoke about the 1970s recalled how “there was Ermeni Rafet, he spared no effort for the club.” The book on the club was published in 2003, and when Baskın Oran went there, he took Rafael a copy and brought back greetings from Australia.

On May 13, 2012, an interview with Rafael Demircan appeared in the middle pages of Agos. He told his life story and of how he still hadn't lost his passion for Gençlerbirliği in Australia. I got his email address from Rober Koptaş, and I wrote him of my respect and admiration, and his answer was full of warmth. It turns out that young supporters of the Gençlerbirliği Club had also written him emails. This correspondence continued and on all sides of the conversation, talk of a face-to-face meeting started. We invited Rafael Demircan to Ankara – come to your homeland and stay as long as you would like, we said. He was struggling with illness, and he hesitated, but he couldn't hold out and he came at the end of one summer.

From the moment he stepped into Esenboğa airport, he became “Rafi Abi”[2] for all of us. He was a typical, neighborhood Abi. In what I assumed was a habit left over from the '70s, he kept a pack of cigarettes hidden in his sock. He spoke with an 'Angara' accent, and he said he really liked watching the Ankara-based TV police show “Behzat Ç.” on the internet. All the details of Ankara from twenty to fifty years ago came out of his memory like lottery balls. Of course, Gençlerbirliği stories were the most common.

With the help of a close friend in the club's administration, we prepared a little surprise for him. Come on, we said one day, let's go to the opening ceremony for Gençlerbirliği's football training camp. He had felt uncomfortable in the midst of the '80s in the club, and he worried now about what it would be like. The old players and managers all came and embraced him, and that put him a little more at ease. Then we went to the opening ceremony. Surprise! His name was suddenly announced on the loudspeaker as “Rafael Demircan, one of the nameless heroes who stepped in and saved our club in its darkest hour.” He was surprised and excited. “Come on, Abi,” we said. The Club President İlhan Cavcav embraced him and gave him a Gençlerbirliği uniform with “06 Rafi Abi” written on the back.[3] It was a small gesture, but on that day it was enough to make Rafi Abi cry with happiness... As those who watched this happy scene recounted in the following days, the apex was how they repeated his name “Rafael” in the announcement. Armenian Rafet, who devoted his youth and middle age to the support of the club was, for the first time, being addressed as “Rafael.” Rafael Demircan, after all this time, had earned his name.

In an echo of his own support, over the three months that Rafi Abi stayed in Ankara his remaining family and friends came to Gençlerbirliği's home and away matches and their practices. He would sit for long chats with his new friends, most of them from the younger generation of Gençlerbirliği supporters. Once, he and a group of young supporters went to Stanos and toured around, looking for grave sites left after 1915 and seeing some other dark remnants. Rafi Abi told them the story of how scars from his life extended back to that decimation – he told them of that wound, that horror. He told of the horror of Gençlerbirliği's fall to the second-tier league in the same simple, natural way. Many understood what really happened in 1915 for the first time when Rafi Abi spoke of it. Rafi Abi's sad look, the way he would lose himself in the telling, and the level of detail that he went into... They understood.

After three months, we embraced Rafi Abi and sent him back to Australia with tears in our eyes. Since the end of the summer/beginning of autumn 2012, he and that small community have kept in touch. Among us there have actually been those who haven't left the "Armenian issue" to the historians, and there were those who knew Hrank Dink. But it was as if all of us, by meeting Rafi Abi, learned about the "issue" all over again.

Every one of Turkey's Armenians (the numbers are not high, as you know) certainly has their own story. Like every person. Yet in each of their eyes, you can see the traces of the same shared story. Those eyes are a mirror onto a frustration at being thwarted. In Akif Kurtuluş's novel Ukde (Thwarted),[4] released one month before 2015, one of the heroes states the emotional source of guilt does not "only come from the wrongs perpetrated by ourselves or our loved ones." Ukde's hero says, "good people... know how to be embarrassed... know how to live with shame" and he completes the sentiment thus: "Knowing how to live with shame is living by your word, owning your word in order to expel what you are ashamed of from your life."

May this photographic collection be a healthy means of shame.

1 Funda Şenol Cantek and Kübra Ceviz: "Rafael Demirci: 'Armenians have to be five times better than everyone else.'" Funda Şenol Çantek (der.), Kenarın Kitabı, İletişim Yayınları, İstanbul 2014, s. 261-283.

2 'Abi' literally means 'older brother' but is often used as a sign of intimacy and respect.

3 '06' is the first number on all Ankara license plates and so is a symbol for Gençlerbirliği.

4 'Ukde' literally means the sense of frustration arising from not being able to accomplish something you have set your mind to.

FROM THE 19th CENTURY TO TODAY IN THE LANGUAGE OF PHOTOGRAPHS

Arsen Yarman

"Historians, while being nourished by permanent sources, have been no less inspired by the fact that their documents do not put an end to the comprehension of pictures of life and the effect of pictures on life."

Jean Laran, "Engraving", 2 volumes, PUF Paris, 1959

In the articles I have penned to date, I have given importance to the use of photographs in strengthening the bond between ourselves and the text. A photo in the midst of text is able to connect the reader and the subject being discussed in a unique way. A photographer realizes shootings for certain purposes, but in the hands of the writer, these works can convey completely different connections. The medium of photography is suitable for this; others emotions and values can be affected by a photograph perhaps more than an article. In situations where we are able to accomplish a sufficient evaluation, many things we are not able to find in written documents we can see in photographs.

Writers, depending as they do on their descriptive abilities, try to form an image in readers minds which can be supported and brought to life for an instant with photos. If you are trying to produce a piece on the places you have travelled to, the photograph takes on the status of an indispensable component.

In analyzing the photographs Nuran Akkaya has taken, of a broken church wall or an elderly Armenian's face, reading the fate written there is not at all difficult; people, like buildings, have been hurt and treated roughly. Sometimes, as we find ourselves existing in these photographs, such as how we feel in looking at the empty lot of the old Armenian Church in Kayseri, we become those who have vanished, who are gone. No matter how old their histories or how successful they have staved off the corrosive effects of time, these buildings are alone and have been left all alone.

Nuran Akkaya's photographs tell us of a loss, a fate, but at the same time, despite all past and present calamities, they show us a persistence that remains. A church in Kars that has stood there for a thousand years—yes, it is standing but it is alone and all around it is empty. We have been living in Anatolia for thousands of years, our roots can be traced back to antiquity but we can still see that as time passes, our presence on these lands is waning. As we look at the church in Çengilli in Kars, standing dignified against the emptying surroundings and a silent loneliness, we feel that our future in these lands is not as strong as we thought it was.

Nuran Akkaya, taking photographs of today's geography and people from a wide variety of perspectives, documents the traces we have left on these lands for thousands of years, but will we Armenians be able to leave our mark in one hundred years, let along hundreds of years.

Photographing both what we are living through today as well as our uneradicated past in completely unexpected locations in Anatolia has taken this work to a more important level. In his work, Nuran Akkaya has captured Armenians from very different sections of society, buildings from varied areas, photographed objects in which he has captured people together with old photos of themselves, and in so doing, he has presented us with the Armenians of today in a multitude of aspects and with immense vitality. In one of these photographs, we see Aleksan Dadyan with a past picture of himself as a goal keeper at a football match in his hands. This is how Akkaya expands the story of the photograph and strengthens the connection between the past and the present. In examining the photo of Ara Koçunyan, we see an approach similar to that of our artist with one difference: Koçunyan has been photographed as if his place in front of other photos has been set. He looks in another direction, unaware of the evidence the pictures in the background present.

Every photograph is as complex as the gaze at it, and at times it seems the subject of an enormous book may be lying in a single photo. Nuran Akkaya has worked to apply different techniques in different pictures. An artisan, Ohannes Seheryıldızı, is moving in a way consistent with his occupation, and he has been captured in the instant we become aware of our emotions. Aram Yoldaş the tile ceramic artisan has been photographed in a more relaxed ambiance. The fact that the photograph is black and white seems to bring out the pervasive sorrow and melancholy about him.

On account of the details presented to us in this type of study, we can observe how and where Armenians live in Turkey today, the manner in which they work, and how they unwind. We are shown the small stories of Armenians living in very different places, and out of these small stories emerges an opulent photograph.

Akkaya demonstrates life's many aspects to us in extremely vivid manner. Some of the photos that allow us to witness ordinary people's lives truly are extraordinary. Akin to this, in the details seen in the photographs, often there is even more information than in the most carefully, detailed written reportage. If you have an idea of how to look at them, you will see many things here that cannot be found in written documents. For this reason, I forcefully defend the position that visual documents should be included among historical documents of everyday life.

The photographs Nuran Akkaya has taken reveal before our eyes the reality of Armenians in Turkey in very different dimensions. Seeing the scattered presence in our time of those Armenians who nonetheless perpetuate their heritage in some way both surprised and saddened me. These photographs play a historic role in passing on to future generations one of the most important pieces of Armenian history and culture, and act as a powerful medium for preserving Armenian identity. Our cultural riches must be re-produced and we should forge materials to carry them into the future utilizing new technological possibilities. The destruction of our historical and cultural heritage has accelerated in our time, and in a matter of years, the dimensions of cultural annihilation have broadened.

Nuran Akkaya's photographs act like an indicator of this annihilation, not to mention our ancient heritage in these lands. The work in our hands ensures both that we make a connection with the past and that we recognize the current cultural situation.

I congratulate the efforts of our young friend Nuran in lovingly bringing into existence this work whose vivacity at times twists my insides, and one which will contribute to the richness of Anatolian history.

Finally, I advise you to use the following succinct quotation by Fernand Braudel to give direction to your analysis, and to always make a comparative assessment with the past:

"If anyone does not know the ancient history of a nation, they cannot pass judgement on the current state of affairs of that same nation."

AVANT-PROPOS

CONNAÎTRE UN ARMÉNİEN

Tanıl Bora

"Nous n'exagérerions rien si on dit que le tourisme en Turquie est saboté depuis sept ans par des Arméniens anachroniques, organisés, et anti-Turcs. Ils ont en tête une fable Arménienne irraisonnable et illogique. Ils voudraient fonder un État Arménien sur les terres Anatoliennes et vivre dans des rêves ! Et nos ennemis autochtones d'origine Arménienne leur offrent une opportunité en les soutenant par leur silence. La minuscule minorité Arménienne et certaines personnes qui se croient des descendants de cette lignée ne savent pas que l'histoire de la Nation Turque ne remonte pas à un siècle ou deux, mais à la nuit des temps."

Ce langage qui, au sujet des Arméniens de Turquie, ne se préoccupe même pas des apparences, évoque donc : "nos ennemis autochtones d'origine Arménienne". Il ne se contente pas de considérer les Arméniens comme des "vestiges" (avec une allusion des plus polies : "de l'épée"), il parle aussi de ceux "qui se croient des descendants da cette lignée Arménienne": ils seraient donc, de surcroît, des inconscients.

Ces lignes pleines de haine et de mépris se trouvaient dans le texte de présentation de la revue Kemalist Ülkü ("L'Idéal kémaliste") publié en Avril 1981. Cette revue relativement tranquille n'est pourtant pas une publication spécialisée dans l'agitation nationaliste... Mais dans l'ambiance de cette époque, cette tonalité paraissait "normale". C'était l'époque où les acteurs du Coup d'État du 12 Septembre imposaient le nationalisme Turc –sous le nom de "nationalisme d'Atatürk"– comme seul système de pensée légitime et possible. Les assassinats de l'ASALA (Armée secrète Arménienne de libération de l'Arménie) avaient, dans cette ambiance nationaliste, amené à dresser de l'Arménien le portrait parfait du Méchant et de l'Ennemi. L'Arménien était la composition idéale de l'ennemi intérieur-et-extérieur.

Nous savons que beaucoup d'Arméniens quittèrent le pays, leur pays, pendant cette époque en ne pouvant plus supporter cette pression. Il avait toujours été difficile d'exister avec une identité Arménienne en Turquie, mais dans la première moitié des années 1980, cette pression est devenue insupportable.

Rafael Demirci est l'un de ces Arméniens qui s'en allèrent pendant ces années-là. Ses arrière-grand-mères et arrière-grand-pères avaient émigré vers 1600 de la Cilicie à Stanos (on dit Yenikent de nos jours). La famille de Rafael Demirci était donc d'Ankara depuis trois siècles, et elle était l'une de ces familles d'Arméniens qui sont restés après 1915. Il était boutiquier comme son père. Il a passé toute sa vie à Ankara. Il était un "habitant d'Ankara", jusqu'au point d'interrompre sa conversation avec un client lorsqu'il entendait un air de danse populaire de la région, pour sortir danser devant sa boutique. Il était un supporter de l'équipe de Gençlerbirliği, à en devenir fou. Pendant que son équipe Gençlerbirliği agonisait au cours des années 1970 dans les divisions subalternes du championnat, il avait fait partie de cette poignée de "volontaires" qui se battirent pour faire vivre leur club en y consacrant tout leur temps et les faibles moyens de leur bourse. Avec cet esprit de sacrifice, il a toujours tenu une place d'honneur parmi les proches du club ; il a toujours été aimé, et on l'a toujours connu sous le nom de Rafet ou Rıfat. Il n'y avait presque personne qui savait, qu'en vérité, il s'appelait Rafael. Ceux qui savaient qu'il était Arménien, le chuchotaient parfois aux oreilles de ceux qui ne le savaient pas. Et dans un cercle plus étroit, on l'appelait : "Rafet l'Arménien".

Être à ce point un habitant d'Ankara, se fondre à ce point parmi le peuple, n'a pas suffi à réconforter Rafet l'Arménien dans l'ambiance délétère des années 1980. Comme il le dit dans un interview[1], c'était une période où il ne suffisait même plus d"être cinq fois meilleur que les autres". Avec sa femme et ses enfants, il a émigré en Australie.

Moi, j'ai appris l'existence de Rafael Demircan pendant mes recherches menées pour écrire l'histoire du Club de Gençlerbirliği. Ceux qui me parlaient des années 1970 me parlaient de lui, en disant : "il y avait aussi Rafet l'Arménien, il a beaucoup fait pour le club". L'histoire du club a été publié en 2003, Rafael Demircan a reçu le livre par l'intermédiaire de Baskın Oran, et il nous a envoyé ses salutations d'Australie.

Le 13 Mai 2012, on a publié dans la page centrale d'Agos un interview avec Rafael Demircan. Il y racontait l'histoire de sa vie et de son amour pour Gençlerbirliği qui ne l'a jamais quitté, même en Australie. J'ai demandé son e-mail à Rober Koptaş qui avait réalisé l'interview, et je lui ai écrit pour lui exprimer mon respect et mon affection ; il m'a répondu avec des mots caressants et attentionnés. Il est apparu que de jeunes amis de notre tribune de Gençlerbirliği lui avaient aussi envoyé des e-mail. Ces messages réciproques ont continué, et nous avons commencé, de part et d'autre, à avoir une grande envie de retrouvailles. Nous avons invité Rafael Demircan à Ankara, en disant : "c'est ton pays, viens rester ici autant que tu voudras." Il luttait contre une maladie grave, il a hésité, mais il n'a pas pu se retenir et il est venu à la fin de l'été.

Dès qu'il a mis les pieds à l'Aéroport Esenboğa, il est devenu pour nous tous notre "Rafi Abi" (Grand Frère Rafi). C'était le grand-frère gentil, typique du quartier. Il cachait son paquet de cigarettes dans ses chaussettes, selon une habitude remontant aux années 1970, je crois. Il parlait l'idiome d"Angara", il racontait qu'il regardait le feuilleton "Behzat Ç." pour entendre les exclamations en idiome d'Ankara, qui calmaient son mal de pays. Au hasard de sa mémoire, il nous donnait maints détails sur Ankara d'il y a vingt ou cinquante ans. Et bien sûr, souvent des histoires de Gençlerbirliği en sortaient.

Avec la participation d'un ami proche qui se trouve à la direction du club, on lui a préparé une petite surprise. On l'a pris par le bras en lui demandant de venir avec nous à la cérémonie de l'inauguration de l'école de football de Gençlerbirliği. De son départ, il avait gardé le goût amer de ces journées des années 1980, et il s'inquiétait un peu pour l'accueil. Après des accolades avec des anciens joueurs et administrateurs, il s'est senti tout de suite réconforté. On est passé à la cérémonie d'inauguration. Surprise! Car soudain cette annonce : "Voici l'un des héros anonymes ayant protégé notre club durant une période difficile : Rafael Demircan". Il s'est étonné, est devenu très ému. "Allez, grand frère," lui avons-nous dit. Le Président İlhan Cavcav l'a serré dans ses bras, et lui a donné son maillot avec inscription "06 Rafi Abi" sur le dos. C'était un tout petit geste, mais cela a suffi à rendre Rafi Abi heureux jusqu'aux larmes... Les jours suivants, en reparlant de cette scène de bonheur, il allait répéter sans cesse que le summum avait été pour lui d'être annoncé comme "Rafael". Dans le milieu du club auquel il avait consacré sa jeunesse et ses années d'adulte, c'était la première fois qu'on l'avait appelé "Rafael", lui qui avait toujours été appelé Rafet l'Arménien. Après tant d'années, il avait gagné son nom.

Pendant son séjour de trois mois à Ankara, hormis les matchs, les déplacements et les entraînements de Gençlerbirliği qu'il a suivis, Rafi Abi est allé visiter ses parents qui sont restés ici, et ses amis. Il a eu de longues conversations avec ses nouveaux camarades, des supporters de Gençlerbirliği de la jeune génération. Une fois, il est allé à Stanos avec un groupe de jeunes supporters ; ils s'y sont baladés, ils ont cherché d'improbables places de cimetière datant de 1915, ils se sont promenés parmi certains vestiges et souvenirs de ces années sombres. Rafi Abi leur a raconté les traces inguérissables de cette extermination à travers l'histoire de sa propre vie, cette blessure, ce frisson. Avec le même frisson qu'il avait raconté la relégation de Gençlerbirliği en deuxième division, avec la même simplicité, le même naturel. Plusieurs ont compris pour la première fois ce qui s'était vraiment passé en 1915, à travers ce que Rafi Abi a raconté. Ils l'ont compris... par un regard triste de Rafi Abi, un air distrait, un petit détail auquel il a pu faire allusion en passant...

À la fin de son séjour de trois mois, c'est en larmes et avec moultes accolades que nous avons raccompagné Rafi Abi à son avion pour l'Australie. Depuis lors, cette petite communauté qui avait passé avec lui la fin de l'été et l'automne de 2012, continue de communiquer avec lui. Parmi nous, il y en a en fait ceux qui connaissaient déjà "la question Arménienne" sans vouloir la laisser aux seuls historiens, et il y en a qui ont connu Hrant Dink aussi. Mais nous tous, en connaissant Rafi Abi, nous avons réappris toute la "question" pourrait-on dire.

Pour chaque Arménien de Turquie (il n'y en a pas beaucoup, vous savez), c'est une autre histoire sans doute. Comme pour chaque être humain... Mais vous pouvez constater les traces d'une histoire commune dans les yeux de chacun. Ces yeux sont le miroir d'un nœud. L'un des personnages du roman Ukde (Le Nœud) d'Akif Kurtuluş, publié tout récemment, raconte que l'origine de la culpabilité n'a pas pour origine "seulement nos actes, les crimes commis et les méchancetés faites par ceux qu'on aime". "Les braves gens ... savent avoir honte", dit le personnage principal de ce roman, et il termine en disant ce qu'est "savoir vivre avec la honte" : "Savoir vivre avec la honte, c'est vivre avec ta parole pour exclure de ta vie ce dont tu as honte ; c'est assumer cette parole".

Que les photographies de cet album puissent servir d'occasion pour une honte salutaire.

1 Funda Şenol Cantek – Kübra Ceviz: "Rafael Demirci: 'Les Arméniens devaient être cinq fois meilleur que les autres" Funda Şenol Çantek (éd.), Kenarın Kitabı ("Le Livre de la Marge"), İletişim Yayınları, Istanbul 2014, pp. 261-283.

DU 19ÈME. SIÈCLE À NOS JOURS, À TRAVERS LE LANGAGE PHOTOGRAPHIQUE

Arsen Yarman

"Se nourissant de la source inépuisable des documents, les historiens ne sont pas moins inspirés des effets de la vie sur les images, et des effets des images sur la vie".

Jean Laran, "L'Estampe", 2 tomes, PUF Paris, 1959

Dans mes ouvrages jusqu'à aujourd'hui, j'ai eu souvent recours à la photographie, parce qu'elle renforce le lien entre le texte et nous. Une photo prenant place parmi les textes, est capable de créer un lien original entre le lecteur et le sujet du livre. Un photographe fait des prises de vue selon certains buts, mais ses travaux peuvent être traités tout à fait autrement selon les auteurs. La structure de la photographie est convenable pour cela; une photo rend parfois les sentiments et les valeurs d'autrui plus évidents qu'un texte. Dans les cas où nous sommes capables de faire une évaluation suffisante, nous pouvons voir dans les photos beaucoup de choses qu'on ne pourrait pas trouver dans des documents écrits.

Les écrivains qui tentent de constituer une image dans les esprits de leurs lecteurs en s'appuyant sur ce qu'ils racontent, peuvent soutenir leur narration avec des photos et réanimer des souvenirs. Si vous essayez de mettre au jour une œuvre concernant les endroits visités, la photographie devient une partie inséparable de votre travail.

Quand on examine les photos prises par Nuran Akkaya, il n'est pas du tout difficile de relire le chagrin qui apparaît sur le visage d'un vieux Arménien, ou sur le mur d'une église en ruine; les êtres humains, comme les bâtiments, sont endommagés et blessés. On pense parfois à ceux qui sont disparus, et qui auraient pu pourtant y prendre place, comme ce qu'on ressent en regardant le terrain vide du vieux Église Arménien de Césarée (Kayseri). Tout en étant aussi anciens, et ayant lutté tant bien que mal contre les effets du temps qui abîment, ces bâtiments sont solitaires, ou plutôt esseulés.

Les photos prises par Nuran Akkaya nous racontent une perte, un chagrin, mais elles nous montrent en même temps une continuité qui perdure malgré toutes les épreuves de l'Histoire. L'église se dressant depuis mille ans à Kars, oui, elle est debout, mais seule, et entourée d'un vide. Nous vivons depuis des millénaires en Anatolie, nos racines remontent jusqu'aux époques anciennes, mais nous pouvons aussi voir sur ces photos que nous diminuons de plus en plus sur ces terres. Lorsque nous contemplons l'église de Çengilli à Kars, se dressant avec dignité contre une solitude silencieuse et l'abandon, nous sentons que nous ne pourrons pas avoir un avenir aussi fort que nous croyons sur ces terres.

Prenant des photos dans une perspective large, qui va de la géographie aux paysages humains de nos jours, Nuran Akkaya certifie les traces que nous avons laissées depuis des millénaires sur ces terres, mais nous, Arméniens d'aujourd'hui, pourrions-nous laisser une trace, non pas pour des siècles, mais juste pour un siècle après?

Son travail de photographie sur notre passé en Anatolie, que nous rencontrons à des endroits inattendus et qui n'a pas pu être détruit, avec ce que nous vivons aujourd'hui, rend ce travail encore plus important. Ayant photographié des Arméniens de couches de société très différentes, des bâtiments et des objets de différentes régions, Nuran Akkaya a aussi photographié des gens avec leurs anciennes photos, et il nous présente les Arméniens d'aujourd'hui sous différents aspects, d'une manière très vivante et originale. Dans l'une des photos, nous voyons Alexandre Dadian avec une photo à la main, qui remonte aux années où il faisait le gardien de but dans un match de football. Ainsi, Nuran Akkaya élargit l'histoire de la photo, et renforce le lien entre le passé et le présent. Lorsque nous regardons la photo d'Ara Koçunyan, on voit que notre artiste a utilisé une méthode semblable, mais avec une différence: Ara Koçunyan est pris en photo devant d'autres photos, comme s'il a déterminé sa place. Et il est en train de regarder vers une autre direction que les photos qui apparaissent en arrière.

Chaque photo contient autant que celui qui la regarde, et parfois, une seule photo pourrait contenir le sujet d'un gros livre. Nuran Akkaya a tenté d'appliquer différentes méthodes pour des photos différentes. Il a photographié un artisan, Ohannes Seheryıldızı, en mouvement et d'une manière qui nous rend accessible son état d'âme du moment. Mais il a photographié Aram Yoldaş, qui produit des faïences, dans une ambiance plus fixe. Le fait que les photos soient en noir-et-blanc, semble rendre plus distincts le chagrin et la tristesse qui en sont inséparables.

Grâce aux détails qui nous sont offerts par des travaux de ce genre, nous constatons en détails comment et où vivent les Arméniens de Turquie aujourd'hui en général, comment ils travaillent, comment ils s'amusent. Des petites histoires d'Arméniens vivant à des divers endroits nous sont proposées, et nous pouvons constituer une grande photo avec ces petites histoires.

Akkaya nous montre les différents aspects de la vie d'une manière extrêmement vivante. Certaines photos sont vraiment hors du commun, tout en nous rendant des témoins de la vie des gens ordinaires. Certains détails de ses photographies peuvent nous donner plus d'information que les rapports les plus détaillés. Si vous avez une idée sur la méthode d'approche, vous pouvez y voir plusieurs choses qu'on ne pourrait pas trouver dans les documents écrits. Donc moi, je défends la prise en considération des documents visuels parmi les sources reconnues de l'Histoire.

Les photos prises par Nuran Akkaya mettent en évidence plusieurs dimensions de la réalité Arménienne en Turquie. Étant actuellement témoin de l'existence tant dispersée des Arméniens, je suis aussi étonné que chagriné. Ces photos, ayant leur place parmi les pièces les plus précieuses de l'histoire et de la culture Arméniennes, et vecteurs puissants de la protection de l'identité Arménienne et de sa transmission aux générations futures, ont un rôle historique à jouer. Nous devons reproduire nos richesses culturelles en mettant en valeur les nouvelles possibilités technologiques, et constituer les matériaux qui seront les vecteurs de transmission vers le futur. La disparition du patrimoine historique et culturel est accélérée de nos jours, et au fil du temps la disparition culturelle prend des dimensions énormes.

Les photographies de Nuran Akkaya sont comme les indicateurs de cette disparition, mais aussi de notre existence ancienne sur ces terres. Cet ouvrage nous permet de renouer avec le passé, et de prendre mesure de la situation culturelle de nos jours.
Je félicite notre jeune ami Nuran qui a réalisé avec amour cette œuvre, pour son effort, d'une sensibilité qui nous tord les cœurs par moments, et qui contribuera à la richesse de l'histoire de l'Anatolie.

Enfin, je vous conseille d'examiner ces photographies en prenant en compte la sagesse de la phrase ci-dessous de Fernand Braudel, et de les évaluer toujours en comparaison avec le passé:

"Si on ne connaît pas l'histoire ancienne d'une nation, on ne peut pas avoir un jugement sur son état présent."

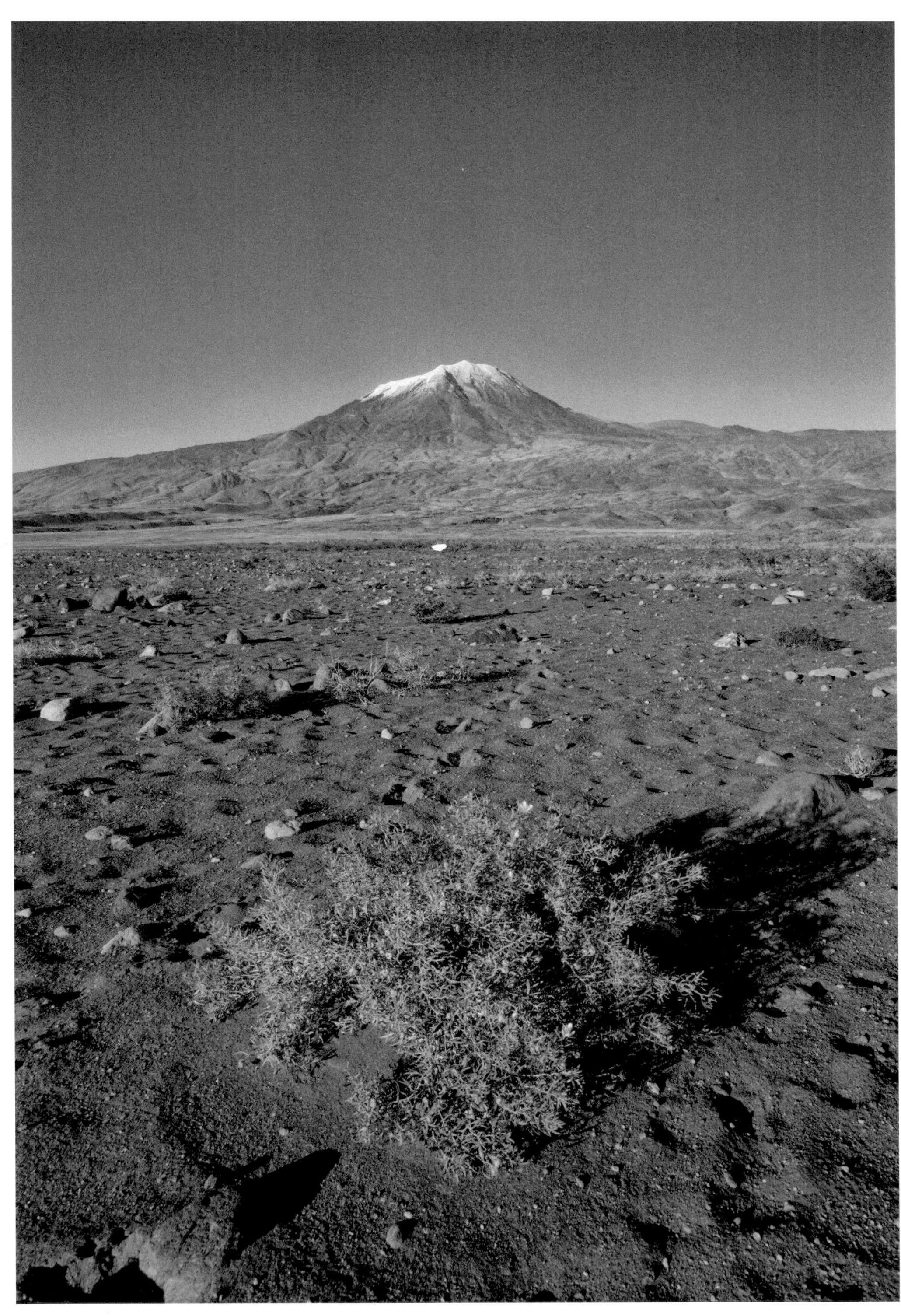

Արարատ լեռը՝ միացնող ու անջատող:

Birleştiren ve ayıran Ağrı - Ararat Dağı.

The unifying and dividing Ağrı - Ararat Mountain.

Le Mont Ararat qui unit et qui sépare.

Պայազետ / Doğubayazıt - 09.2014

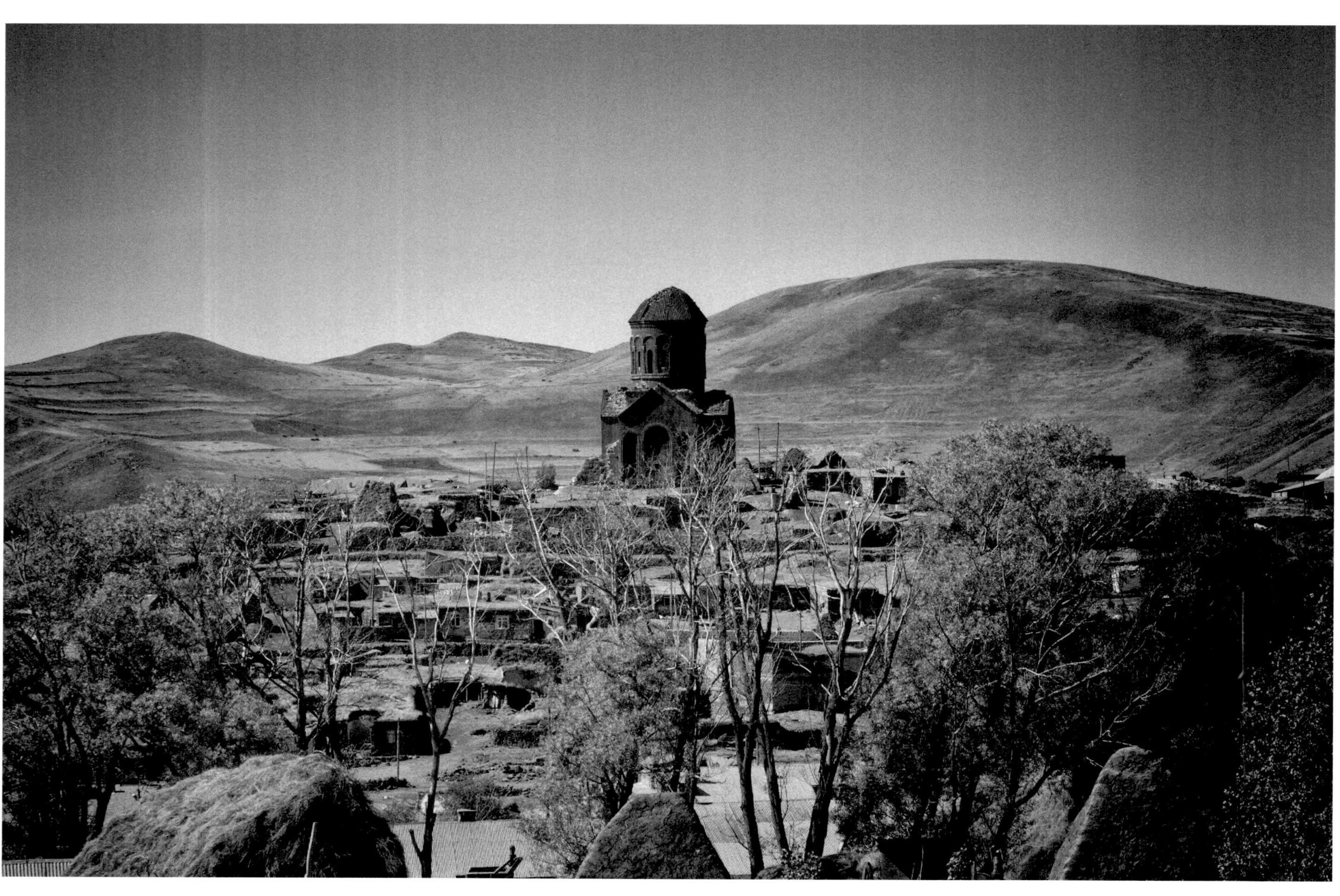

Կաղզուանէն 30 քմ դէպի հարաւ գիւղ մը եւ հայկական եկեղեցին:

Kağızman'ın 30 km batısında bulunan köy ve Ermeni kilisesi.

A village and Armenian church 30 km west of Kağızman.

Le village et l'église Arménien à 30 km à l'ouest de Kağızman/Kaghzvan.

Չենկիլլի, Կաղզուան, Կարս / Çengilli, Kağızman, Kars - 09.2014

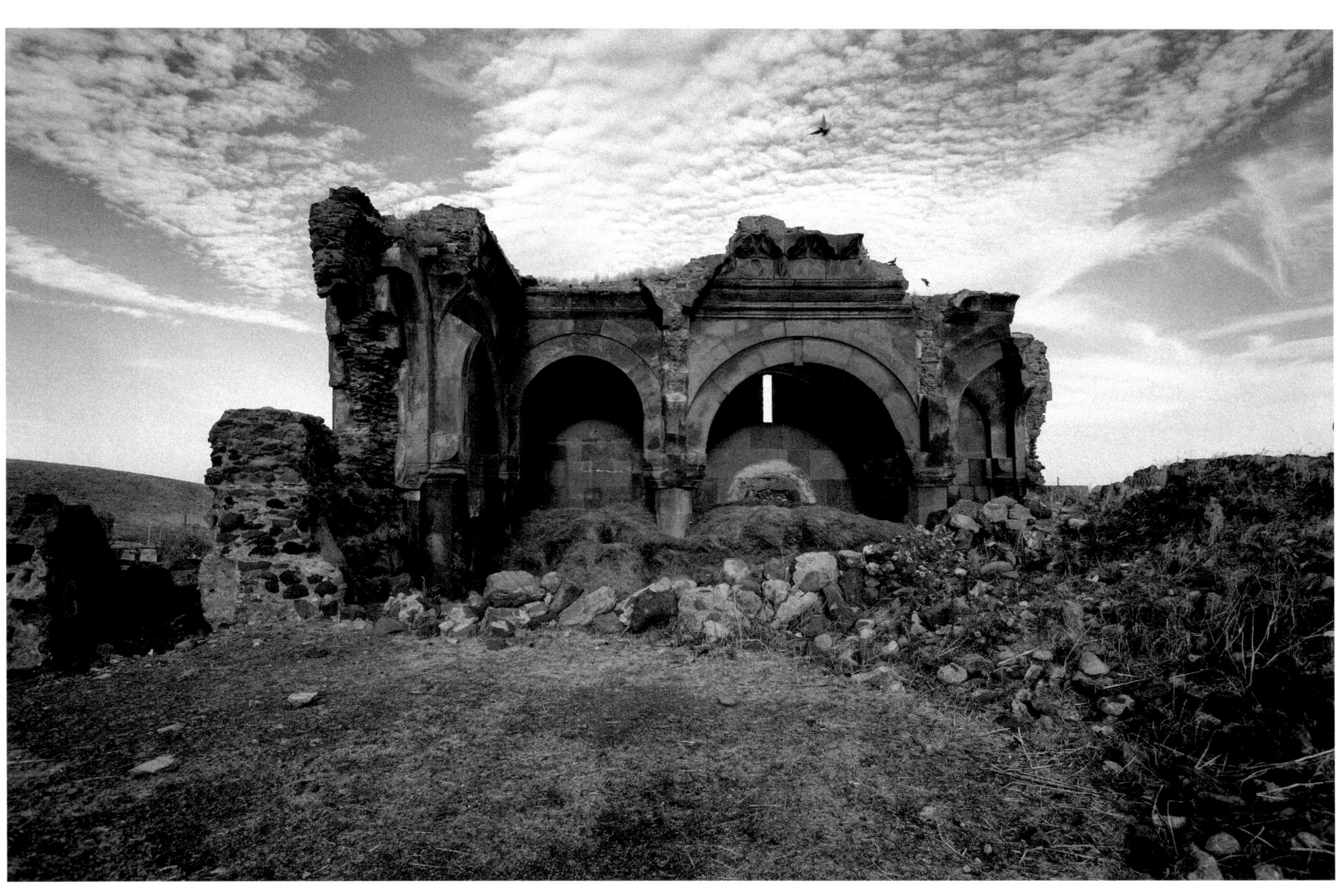

Մեծ Քոզլուճայի եկեղեցին:

Büyük Kozluca Kilisesi.

Grand Kozluca Church.

La Grande Église de Kozluca.

Կարս / Kars - 09.2014

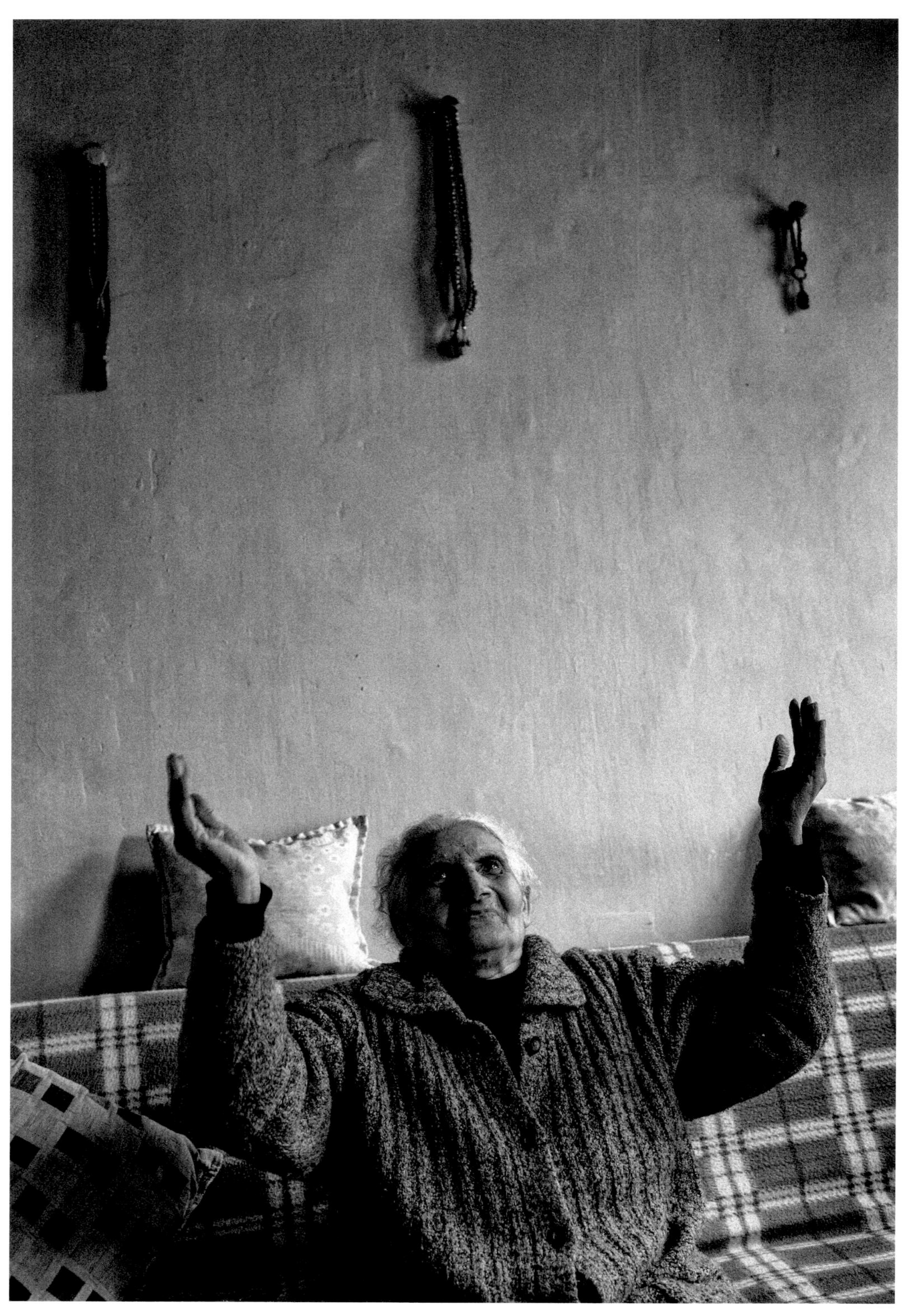

“Լուսանկարին մէջ դէմքիս վիշտն ալ պիտի պատմե՞ս, զաւա՛կս”, հարցուց, Եօզղաթէն, պուրունքըշլացի Պայծառ Կիւլիւքեան:

“Fotoğrafta, suratımın kederini de anlatacak mısın oğlum?” diye soran Yozgat, Burunkışla doğumlu Bayzar Gülükyan.

“Will you also describe my grief in the photo?” asks Bayzar Gülükyan, who was born in the village of Burunkışla in the province of Yozgat.

Baïzar Gulukian, née à Burunkışla/Broun-Kechla, Yozgat, qui demande: “Pourrais-tu exprimer mon chagrin sur la photo, mon fils?”

Պէշիկթաշ, Պոլիս / Beşiktaş, İstanbul - 03.2014

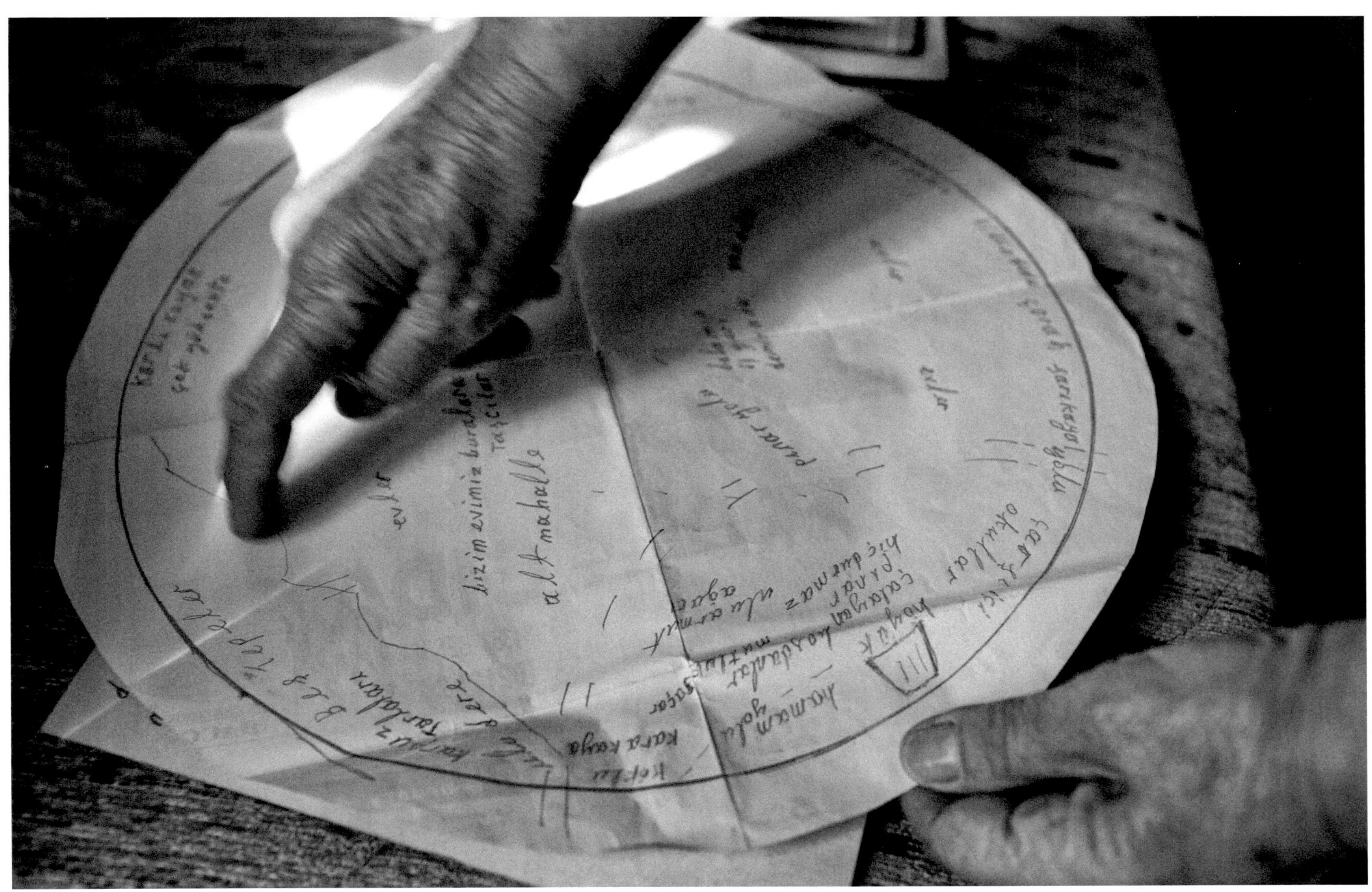

Իսկուհի Թաշճըօղլու կը նկարէ իր գիւղը՝ միախառնելով մանկութեան յիշատակներն ու հօրը պատմածները:
Եկեղեցապատկան բնակարան Պէշիկթաշի Ս. Աստուածածին եկեղեցւոյ:

Isguhi Taşcıoğlu; hafızasına yer etmiş çocukluk anıları ile babasının anlattıklarını birleştirerek köylerini resmediyor.
Beşiktaş Surp Asdvadzadzin Ermeni Kilisesi Vakıf Evi.

Isguhi Taşcıoğlu combines what she remembers from her childhood with what her father has told her to make a picture of the village.
Beşiktaş, Foundation Home for the Saint Asdvadzadzin Armenian Church.

Isguhi Taşcıoğlu dessine leur village en réunissant ses souvenirs d'enfance et tout ce qu'il a entendu de son père.
Le foyer de la Fondation de l'Église Arménienne Sainte-Mère-de-Dieu de Beşiktaş.

Պէշիկթաշ, Պոլիս / Beşiktaş, İstanbul - 05.2014

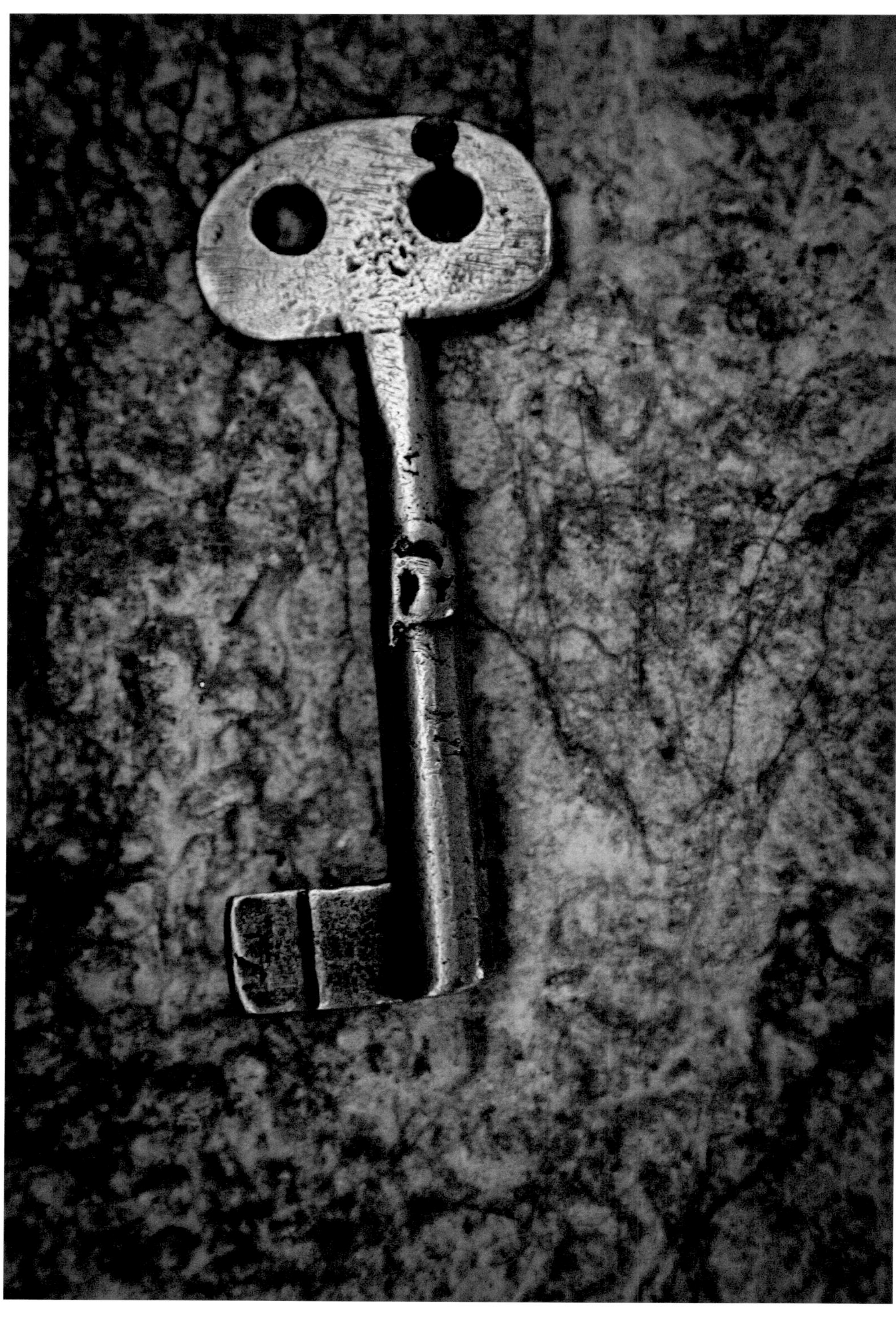

Բանալի՝ կախուած Մաքրուհեան վարժարանի պատէն, զոր արքունի ճարտարապետ Սարգիս Պալեան 1845-ին կառուցած է ի յիշատակ հանգուցեալ կողակցին:

Hassa mimarı Sarkis Balyan'ın, 1845 yılında eşinin anısına inşaa ettiği, Beşiktaş Makruhyan Ermeni Okulu duvarında asılı anahtar.

Key hanging on the wall of the Beşiktaş Makruhyan Armenian School, which Master architect Sarkis Balyan created in memory of his wife in 1845.

La clef accrochée au mur de l' École Arménienne Mahroukian à Beşiktaş, construite par Sarkis Balian, architecte impérial, à la mémoire de son épouse en 1845.

Պէշիկթաշ, Պոլիս / Beşiktaş, İstanbul - 02.2011

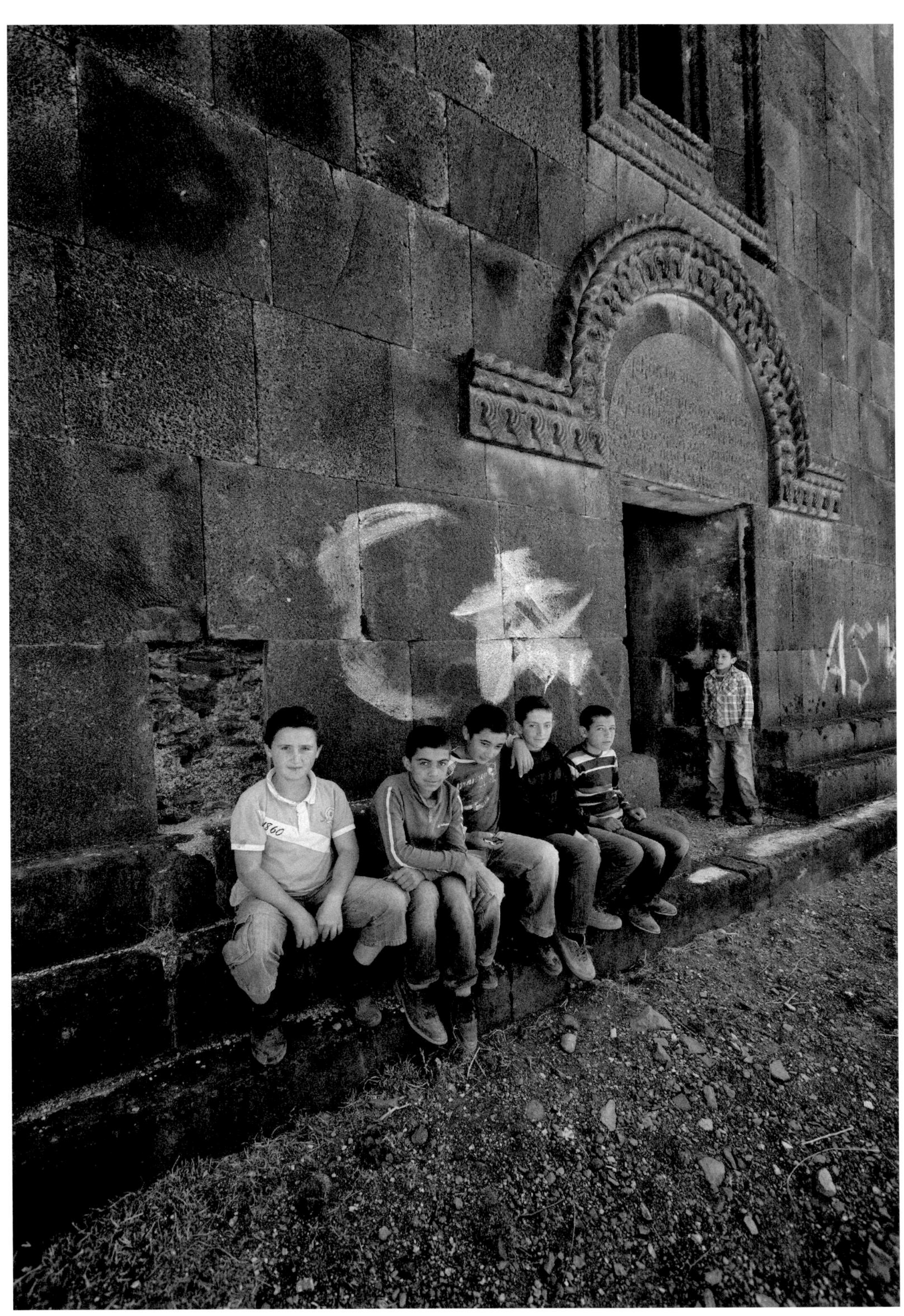

Չենկիլլի գիւղի հայկական եկեղեցին:

Çengilli Köyü Ermeni Kilisesi.

Çengilli Village Armenian Church.

L'église Arménienne au village de Çengilli.

Կաղզուան, Կարս / Kağızman, Kars - 09.2014

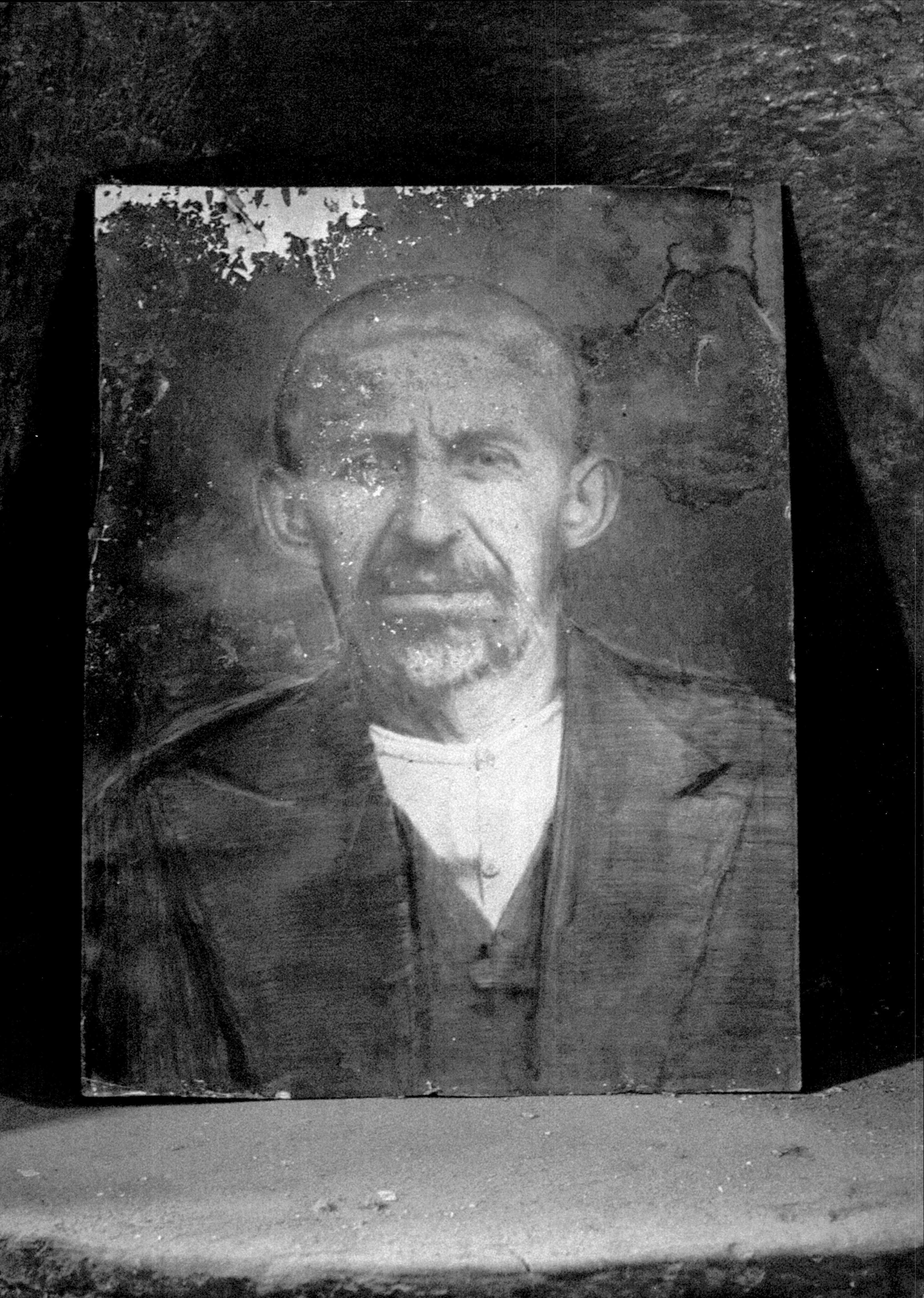

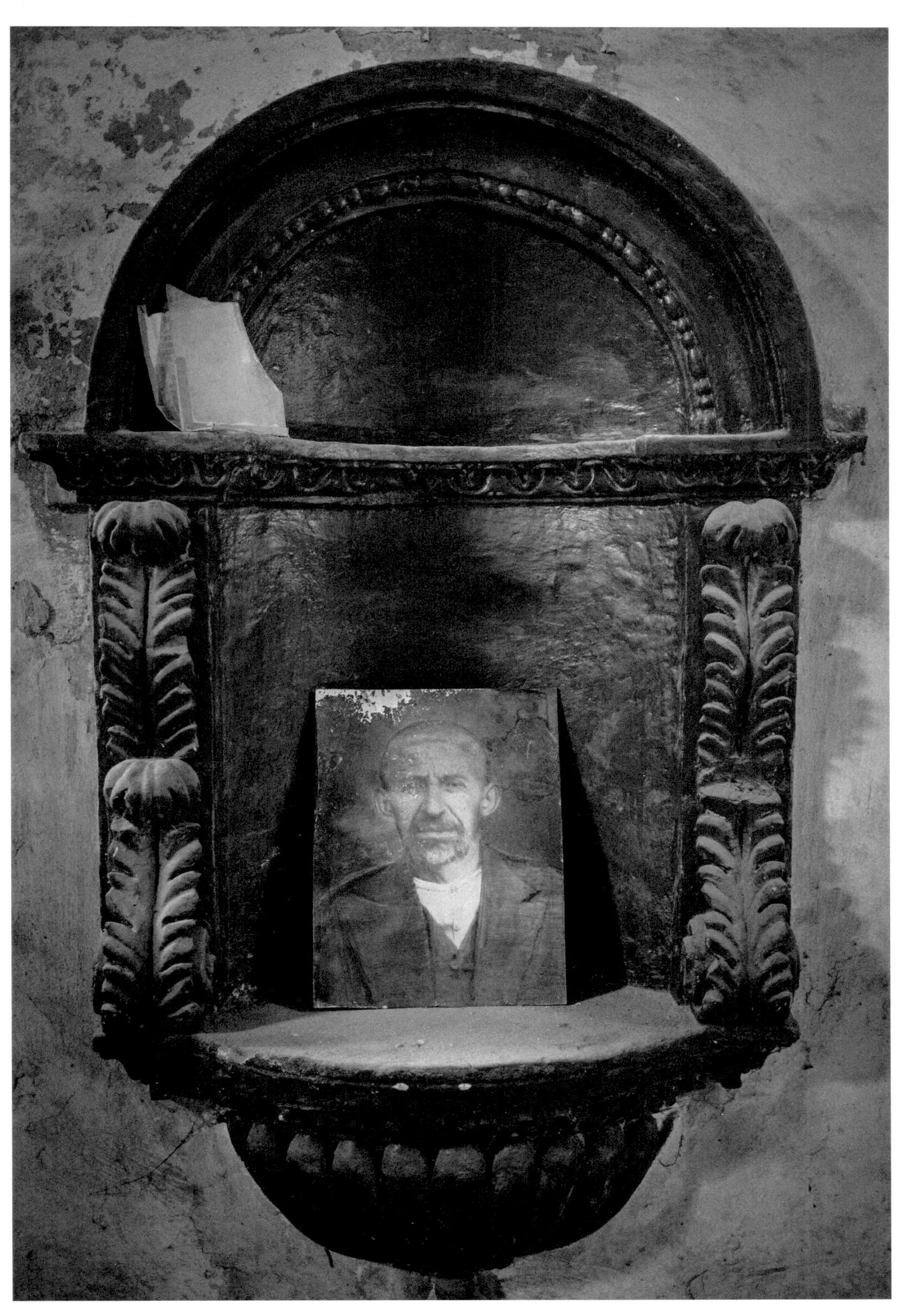

Հայու լքեալ տուն մը՝ երբեմնի հայաշատ Թալասի մէջ:

Ermeni yerleşim yerlerinden biri olan Talas’ta terk edilmiş bir Ermeni evi.

An abandoned Armenian home in Talas, one of a number Armenian-settled areas.

Une maison Arménienne abandonnée à Talas (Césarée).

Թալաս, Կեսարիա / Talas, Kayseri - 12.2013

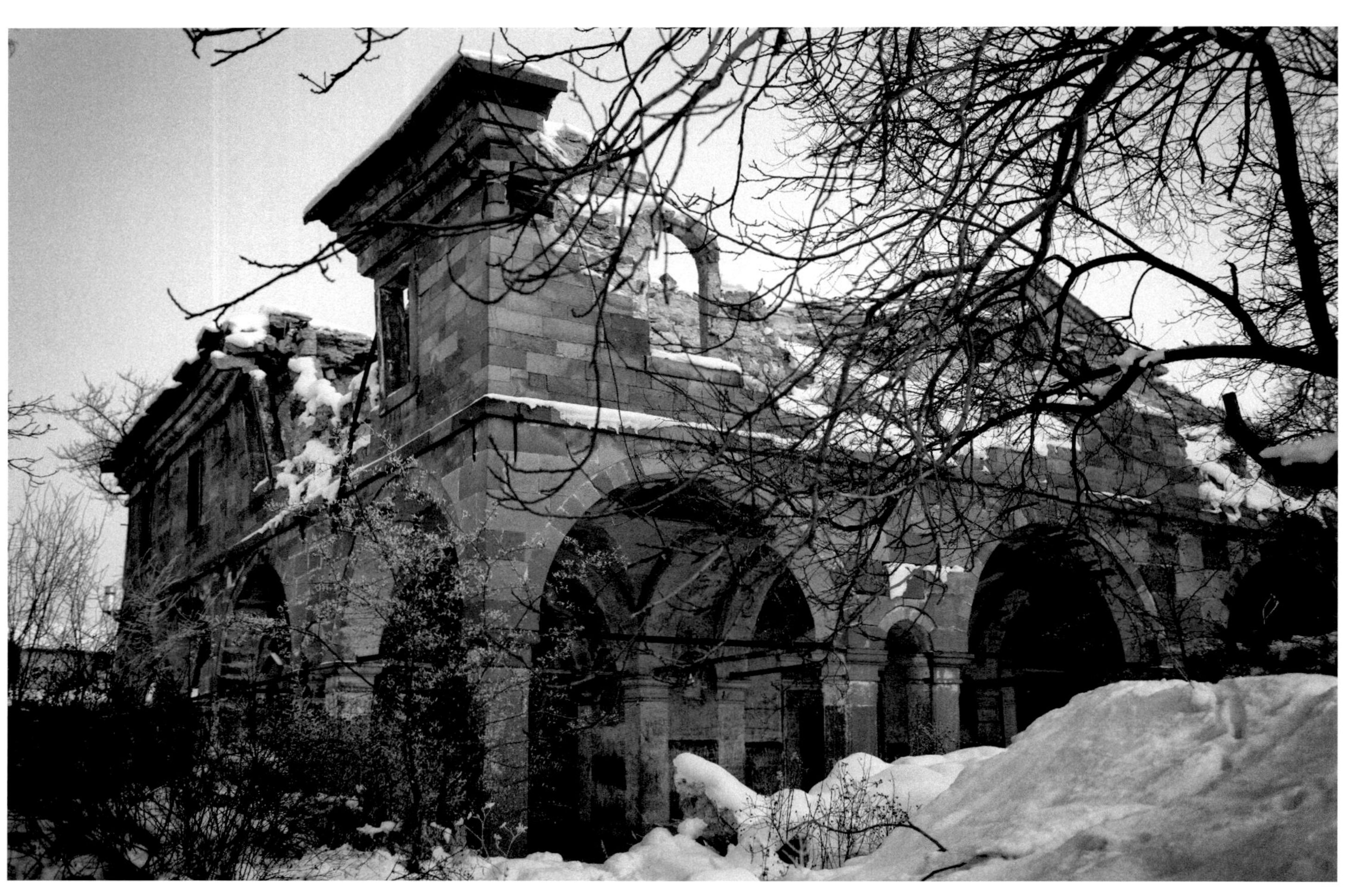

Հայկական եկեղեցին:

Ermeni kilisesi.

Armenian church.

L'église Arménienne.

Կեսարիա / Kayseri - 12.2013

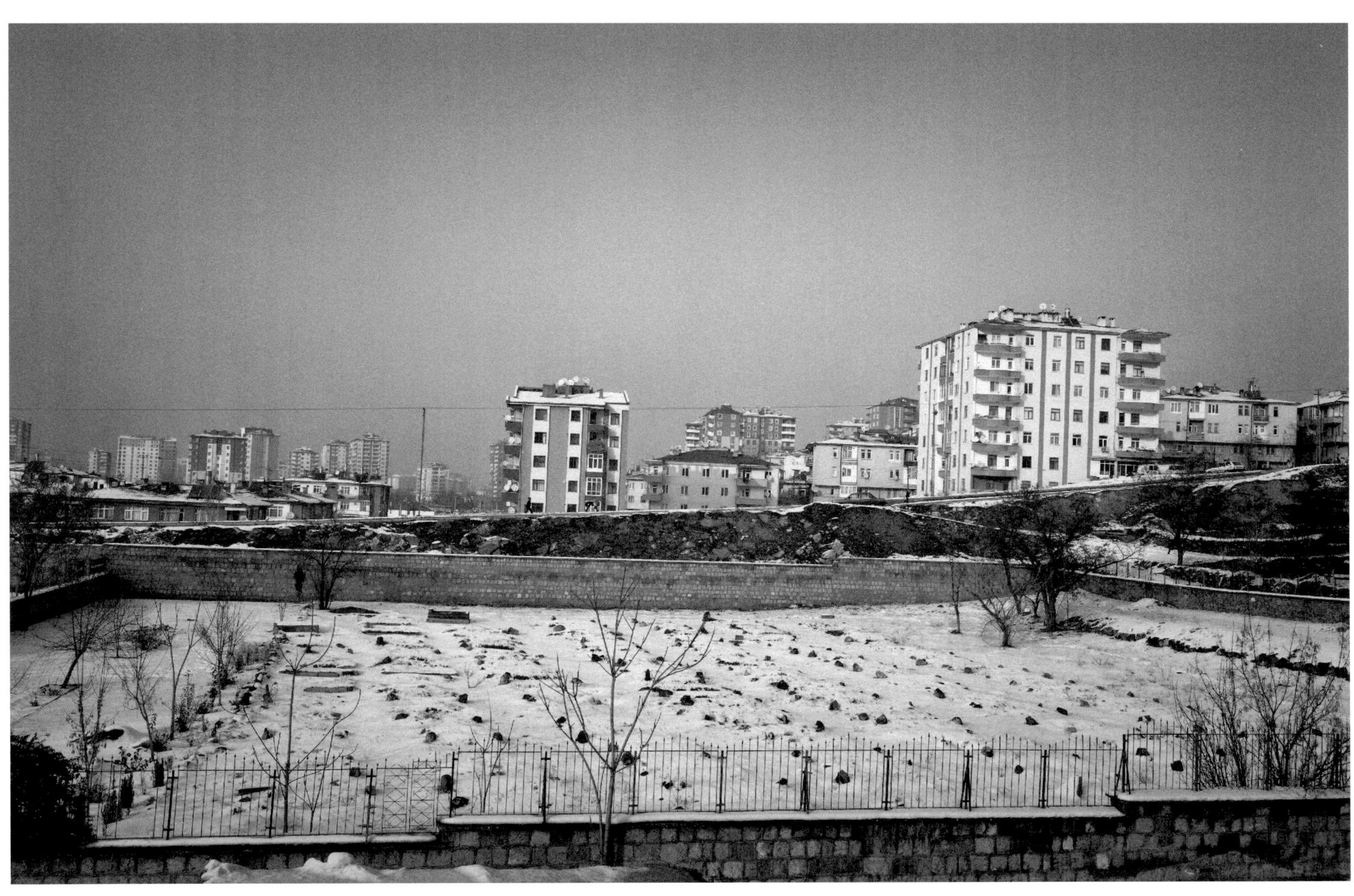

Հայոց գերեզմանատունը:

Ermeni mezarlığı.

Armenian cemetary.

Le cimetière Arménien.

Մելիքկազի, Կեսարիա / Melikgazi, Kayseri - 12.2013

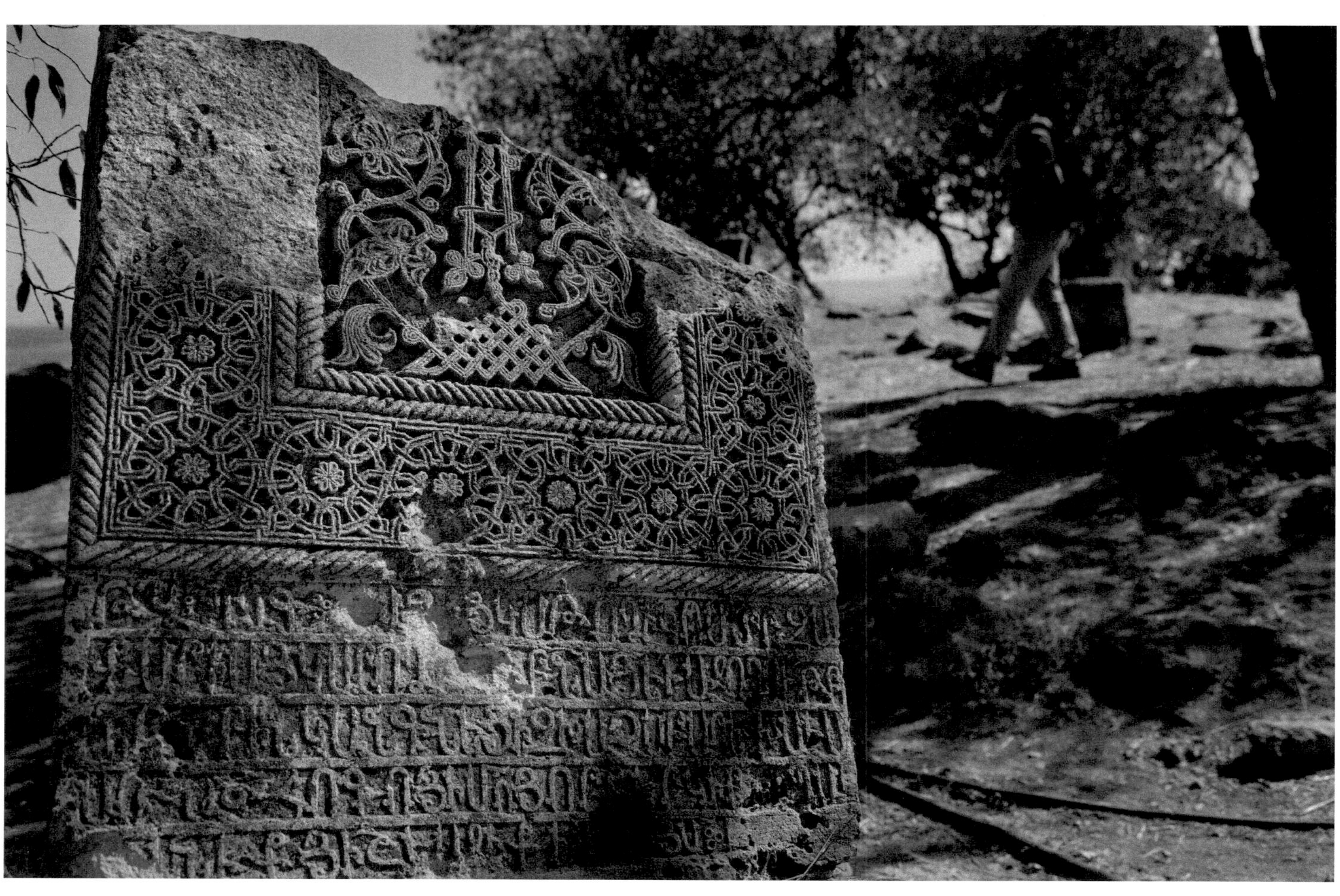

Աղթամար կղզիի Ս. Խաչ եկեղեցւոյ շրջակայքին հայերէն վիմագիր արձանագրութիւն մը: Աղթամար կղզի:

Ahtamar Adası Surp Haç Kilisesi yakınındaki Ermenice taş yazıt. Ahtamar Adası.

Inscribed stone near Ahtamar Island Cathedral of the Holy Cross. Ahtamar Island.

Pierre gravée en Arménien près de l' Église de la Sainte-Croix sur l'île d'Aght'amar. L'île d'Aght'amar.

Կեվաշ, Վան / Gevaş, Van - 09.2010

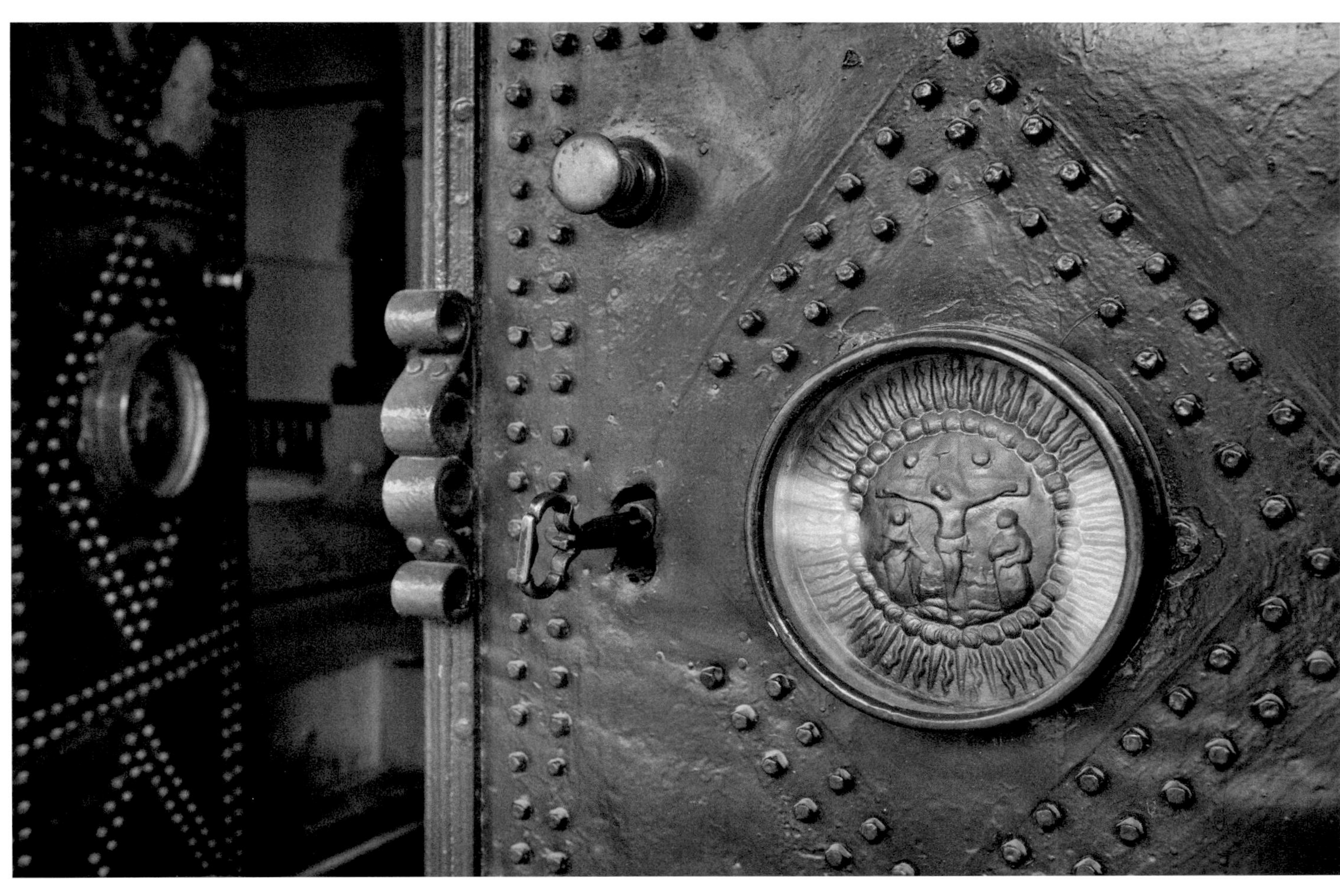

Սուրբ Գրիգոր Լուսաւորիչ եկեղեցին:

Surp Krikor Lusavoriç Kilisesi.

Surp Krikor Lusavoriç Church.

L'église Saint-Grégoire l'Illuminateur.

Կեսարիա / Kayseri - 04.2014

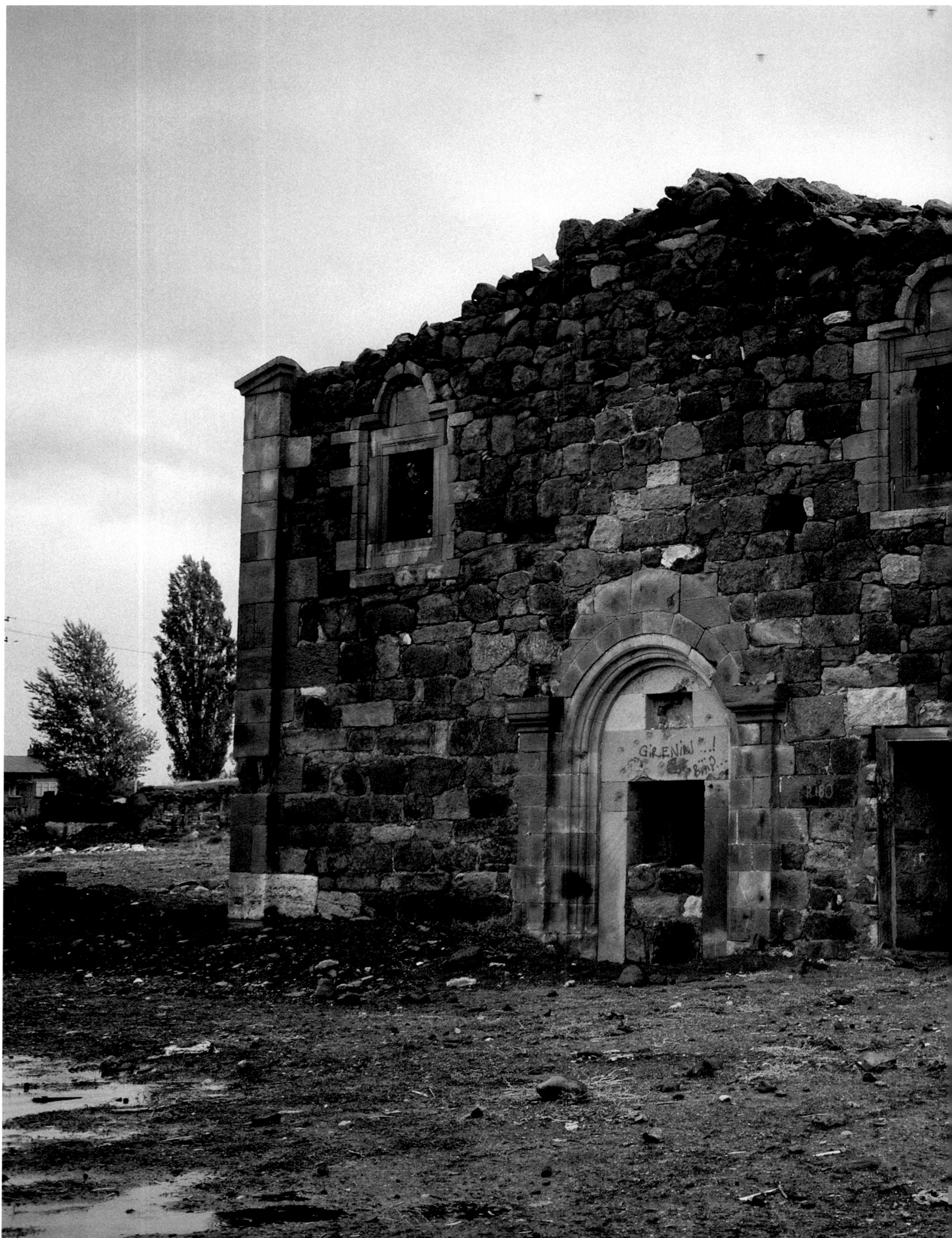
GİRENİN ...!
RIBO

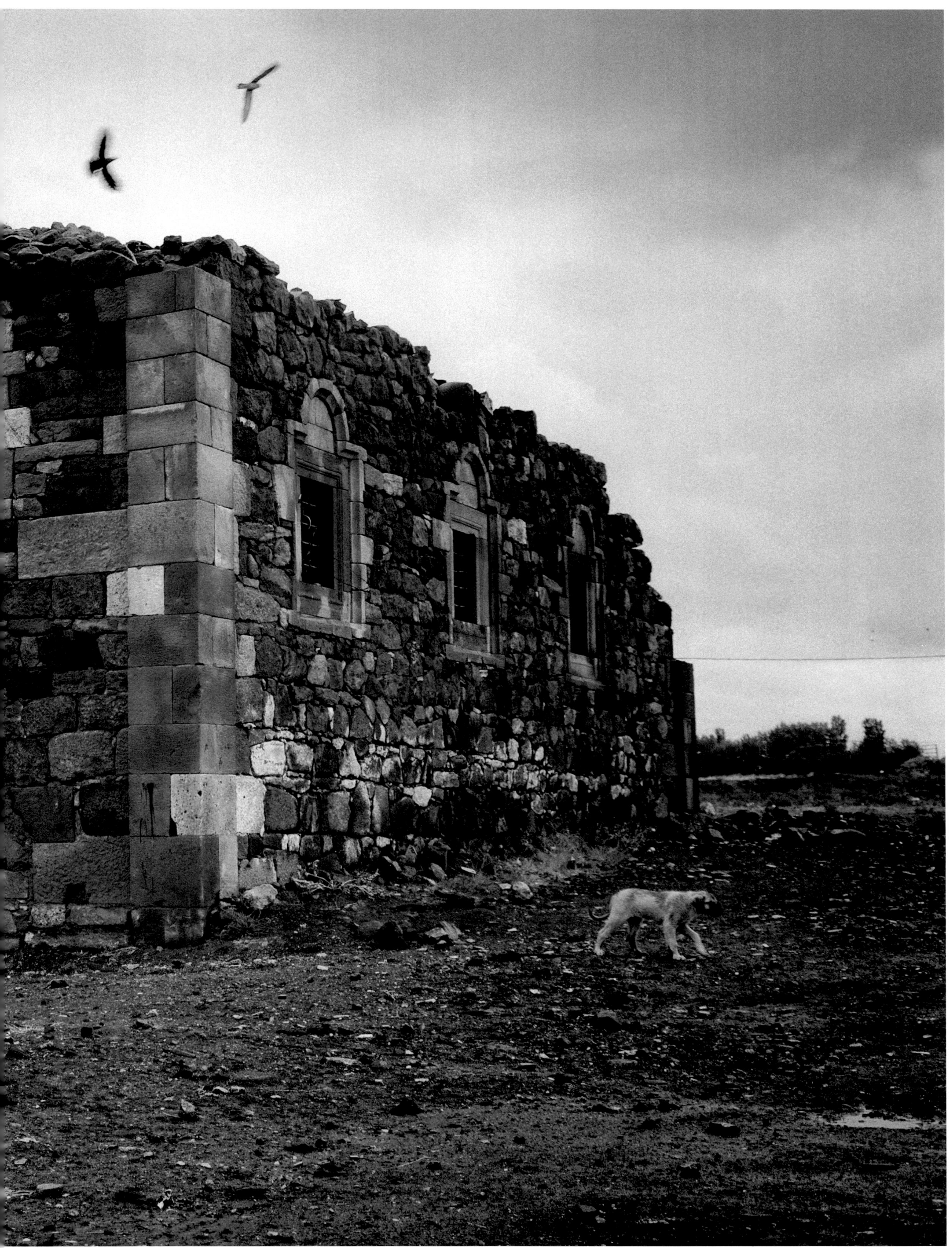

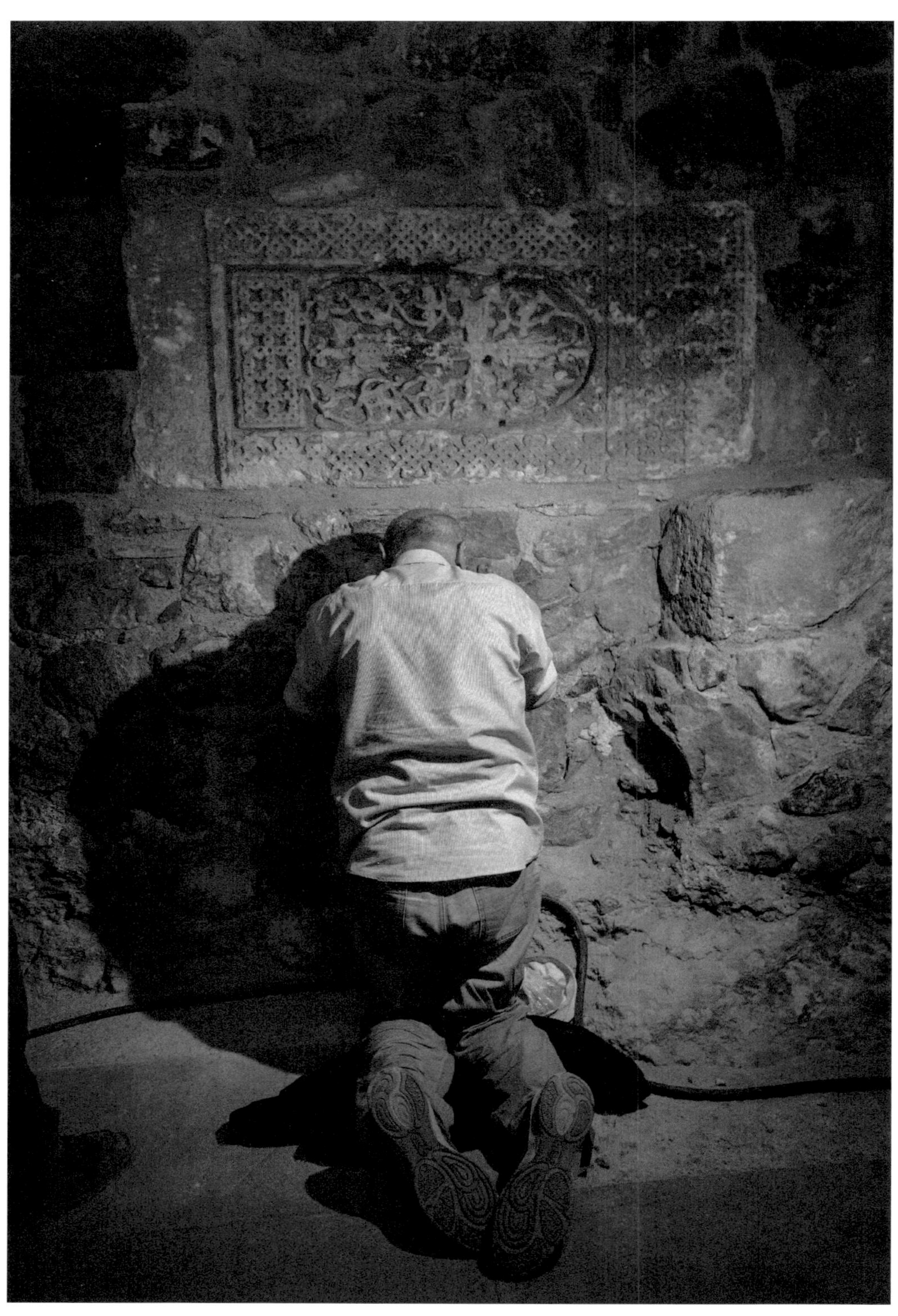

Առաջին աղօթք Ս. Խաչ եկեղեցւոյ մէջ, վերանորոգումէ ետք: Աղթամար կղզի:

Surp Haç Kilisesi restorasyonu sonrası ilk dua. Ahtamar Adası.

The first prayer after the restoration of the Cathedral of the Holy Cross. Ahtamar Island.

La première prière après la restauration de l'église de la Sainte-Croix. L'île d'Aght'amar.

Կեվաշ, Վան / Gevaş, Van - 09.2010

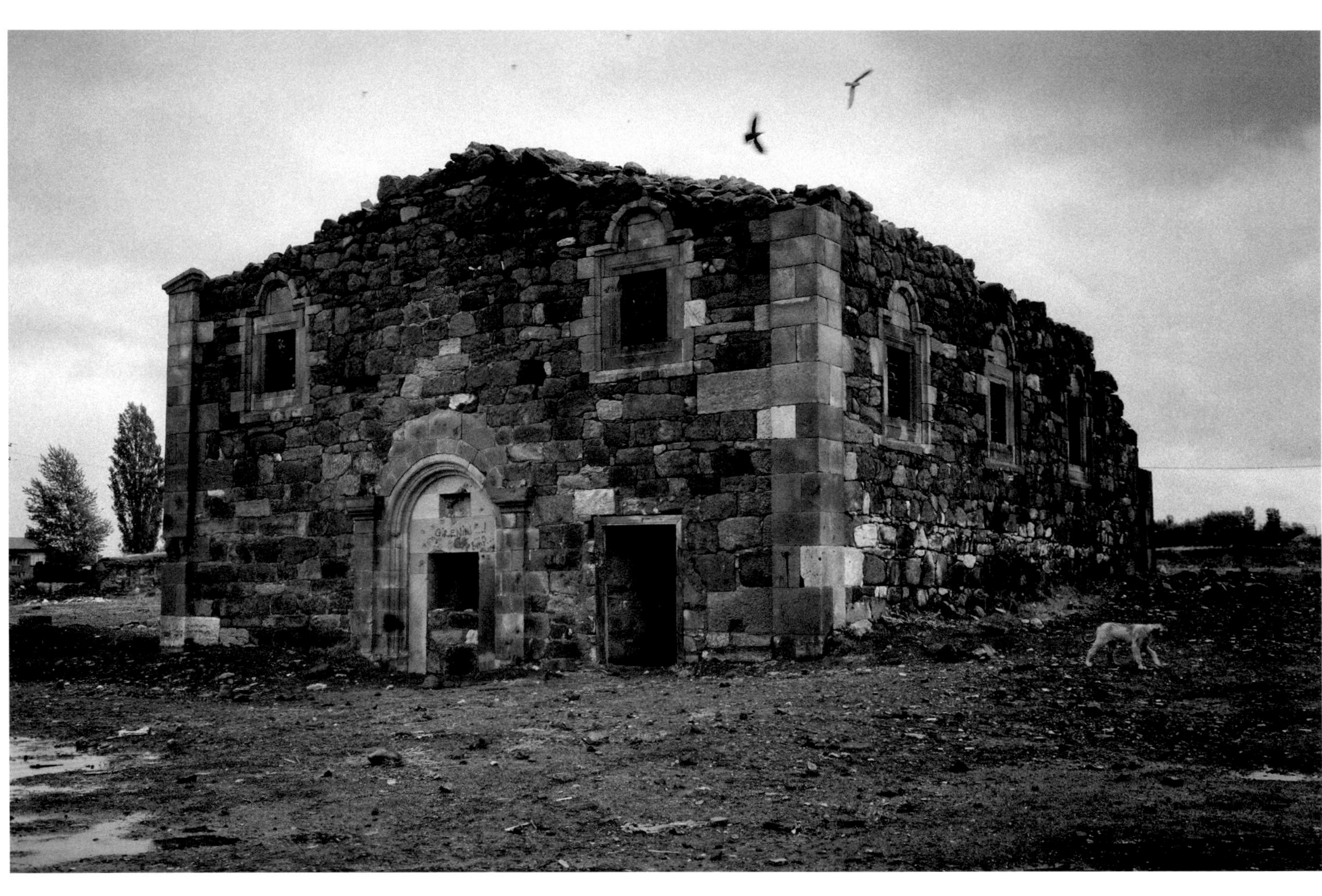

Կարինէն 9 քմ դէպի արեւմուտք, հայաբնակ նախկին գիւղի մը Ս. Մինաս եկեղեցին:

Erzurum'un 9 km batısında, eski bir Ermeni köyünde bulunan Surp Minas Kilisesi.

Saint Minas Church in an old Armenian village 9 km west of Erzurum.

L'église Saint-Minas se trouvant dans l'ancien village Arménien à 9 km à l'ouest d'Erzourum.

Կեզգիւղ, Էրզրում / Gez köy, Erzurum - 09.2014

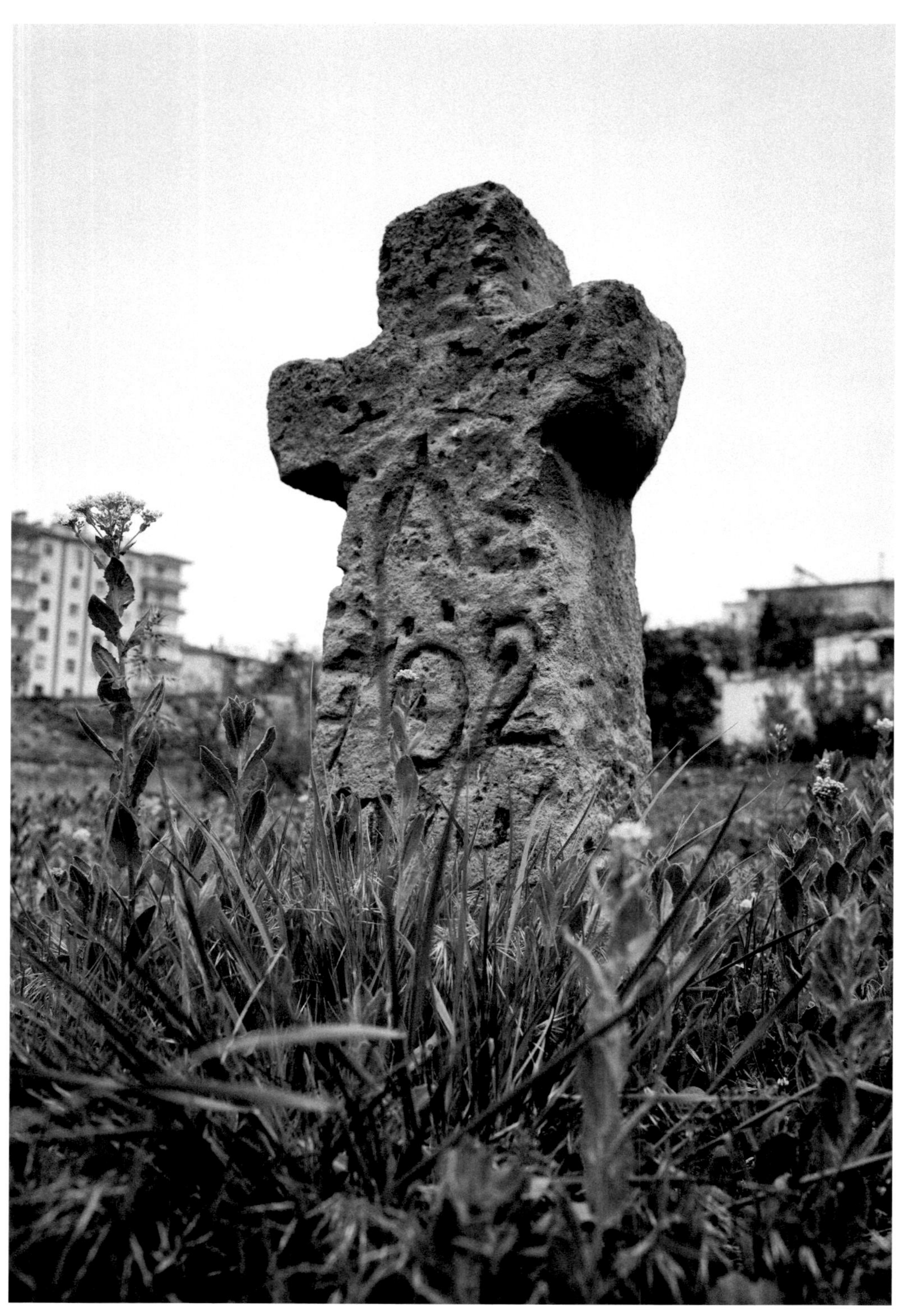

Հայոց գերեզմանատունը:

Ermeni mezarlığı.

Armenian cemetary.

Le cimetière Arménien.

Մելիքկազի, Կեսարիա / Melikgazi, Kayseri - 04.2014

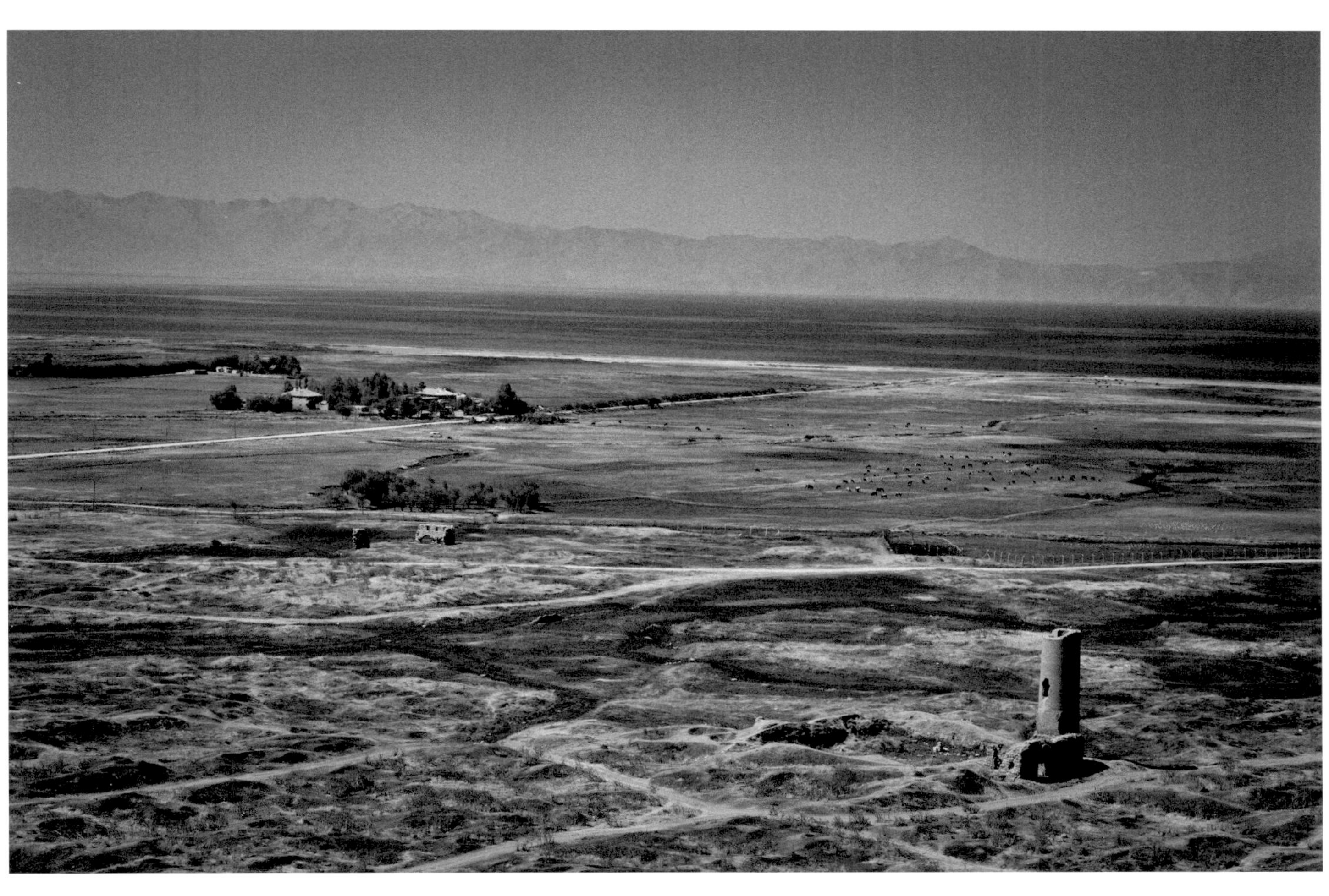

Վան / Van - 09.2010

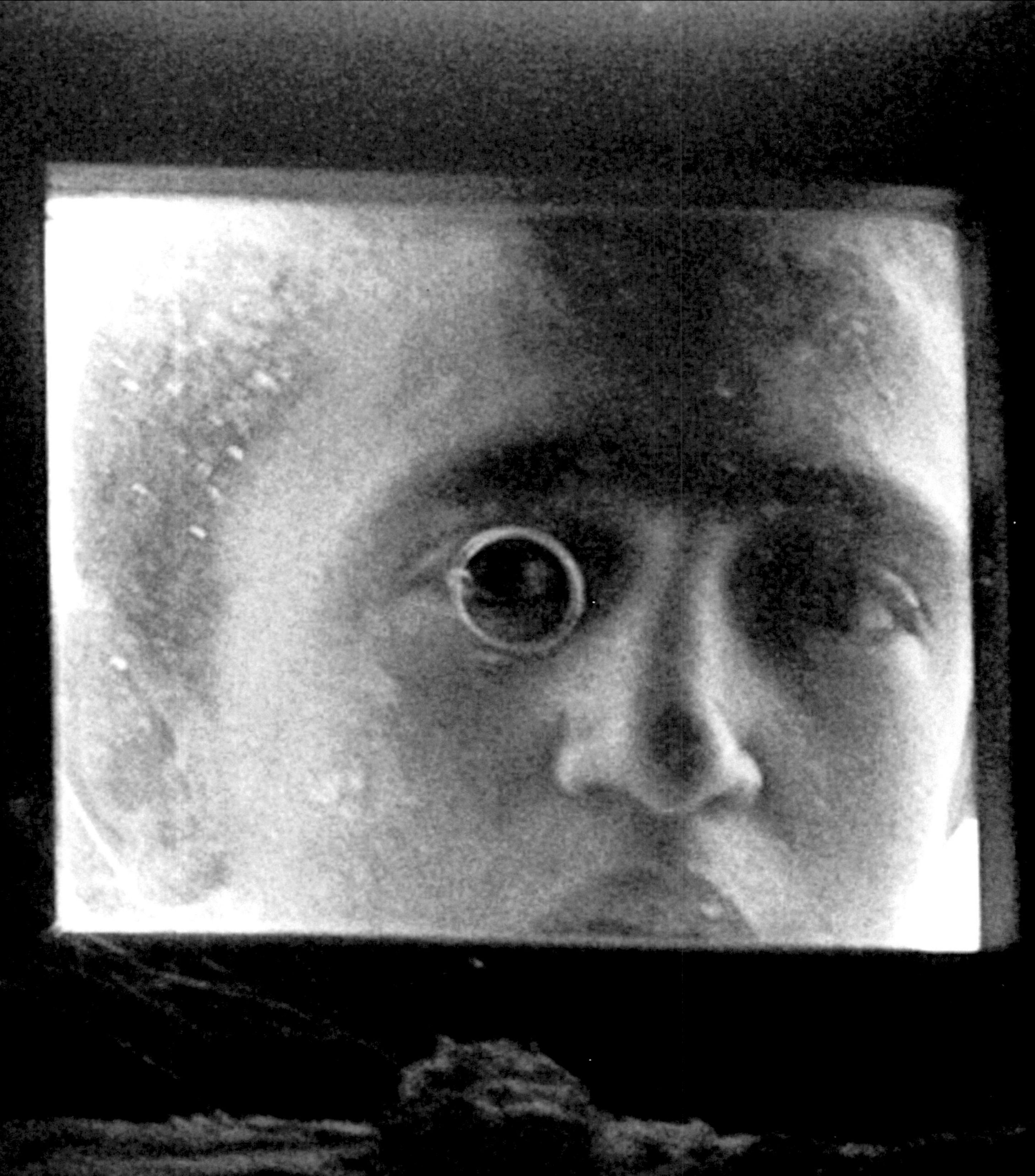

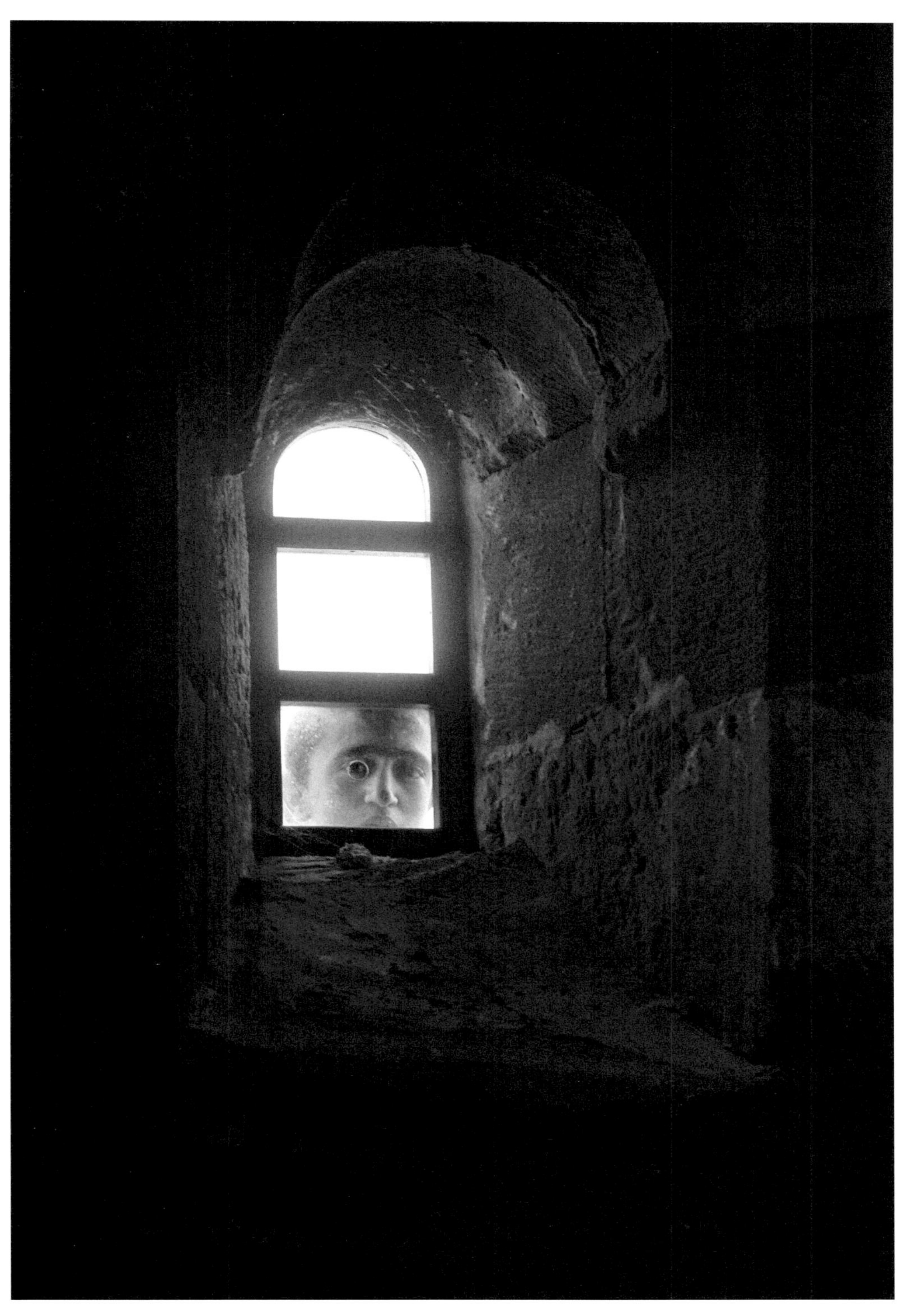

Ս. Խաչ եկեղեցին: Աղթամար կղզի:

Surp Haç Kilisesi. Ahtamar Adası.

The Cathedral of the Holy Cross. Ahtamar Island.

L'église de la Sainte-Croix. L'île d'Aght'amar.

Կեվաշ, Վան / Gevaş, Van - 09.2010

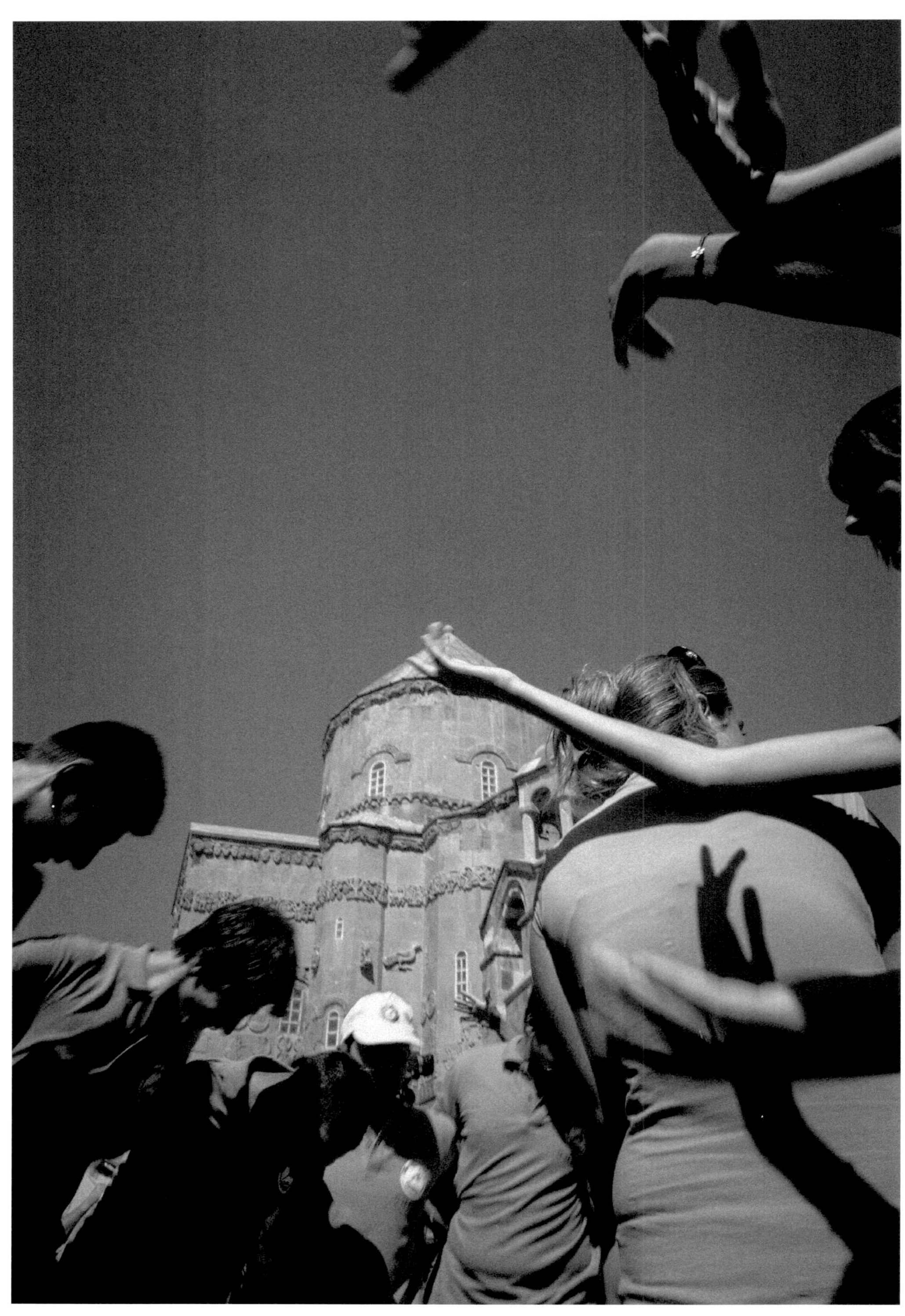

Ս. Խաչ եկեղեցւոյ արարողութենէն ետք, “Մարալ” երգի ու պարի համոյթի ելոյթը: Աղթամար կղզի:

Surp Haç Kilisesi, tören sonrası Maral Müzik ve Dans Topluluğu’nun gösterisi. Ahtamar Adası.

Maral Music and Dance Ensemble performance after restoration completion ceremony at the Cathedral of the Holy. Ahtamar Island.

L’église de la Sainte-Croix. Après la cérémonie, un spectacle du Groupe de Danse et de Musique Maral. L’île d’Aght’amar.

Կեվաշ, Վան / Gevaş, Van - 09.2010

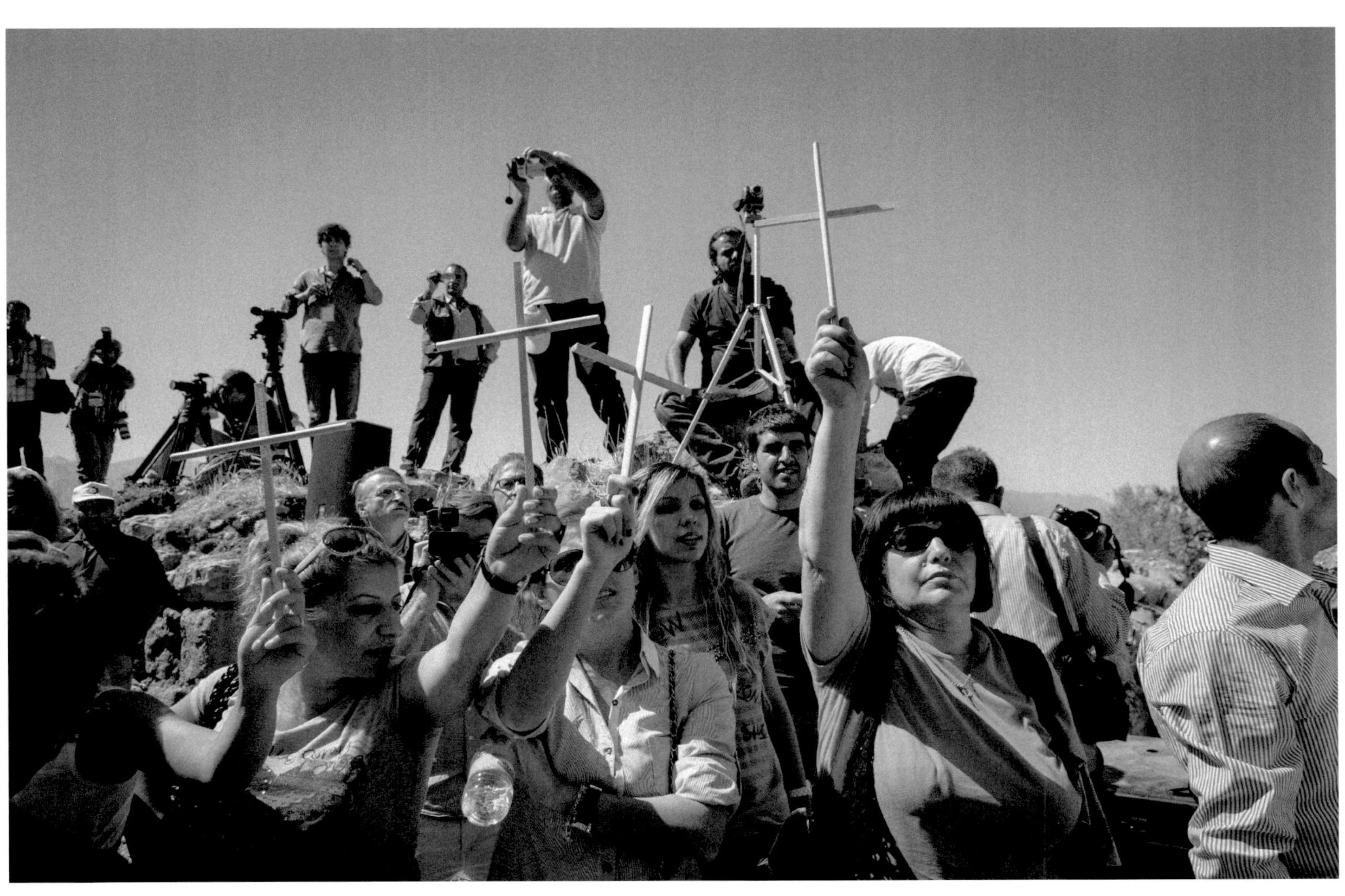

Հիւրեր Հայաստանէն, որոնք կ'աղօթեն փայտեայ խաչերով: Ս. Խաչ եկեղեցի, Աղթամար կղզի:

Tahta haçlarla dua eden Ermenistan'lı ziyaretçiler. Surp Haç Kilisesi, Ahtamar Adası.

Visitors from Armenia praying with wooden crosses. The Cathedral of the Holy Cross, Ahtamar Island.

Des visiteurs d'Arménie priant avec des croix en bois. L'église de la Sainte-Croix. L'île d'Aght'amar.

Գեվաշ, Վան / Gevaş, Van - 09.2010

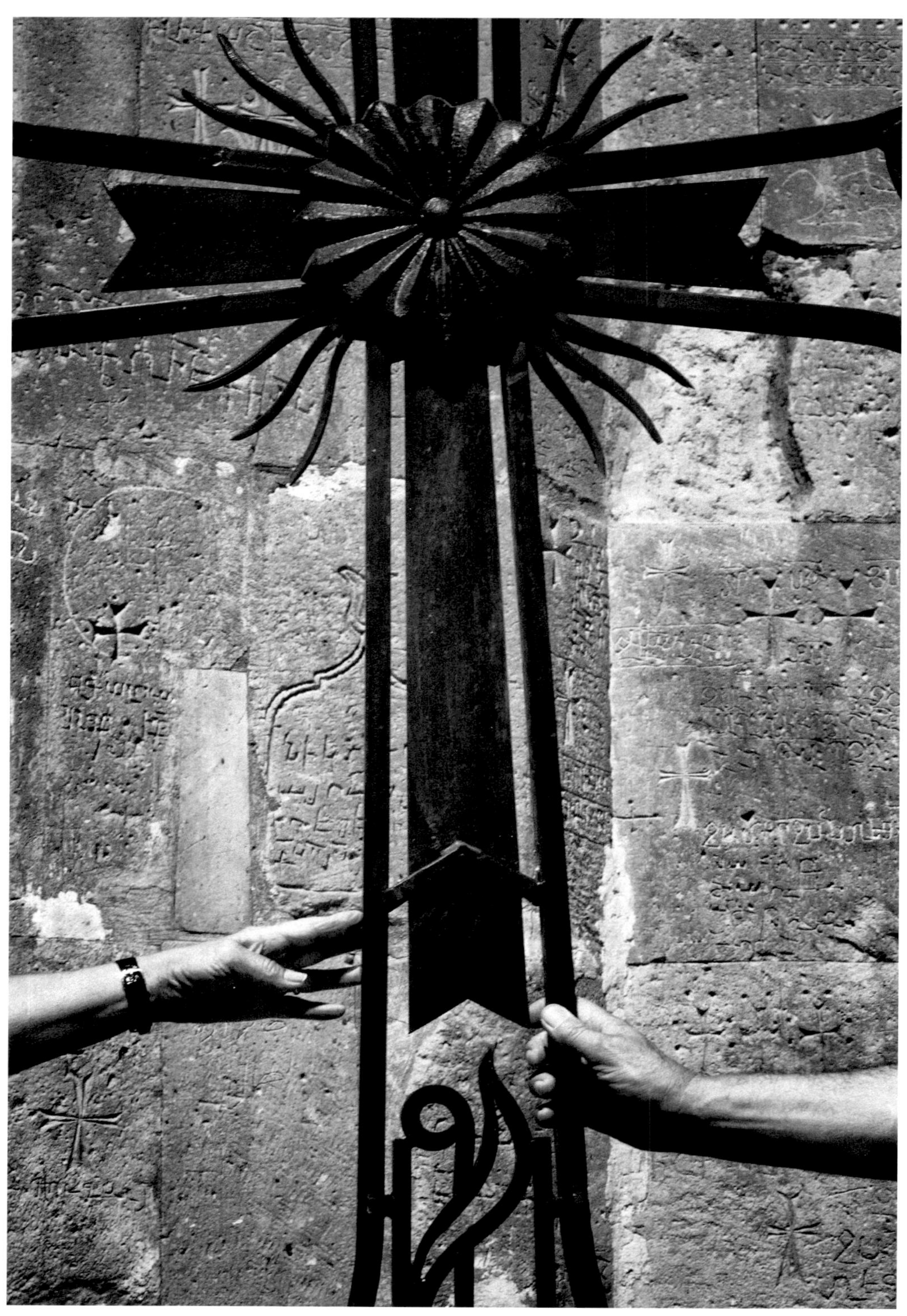

Ս. Խաչ եկեղեցւոյ գմբէթին "անզետեղելի" խաչը: Աղթամար կղզի:

Surp Haç Kilise kubbesine "takılamayan" haç. Ahtamar Adası.

The "unattachable" cross on the dome of the Cathedral of the Holy Cross. Ahtamar Island.

La croix qu'on "n'a pas pu poser" sur la coupole de l'église de la Sainte-Croix. L'île d'Aght'amar.

Կեվաշ, Վան / Gevaş, Van - 09.2010

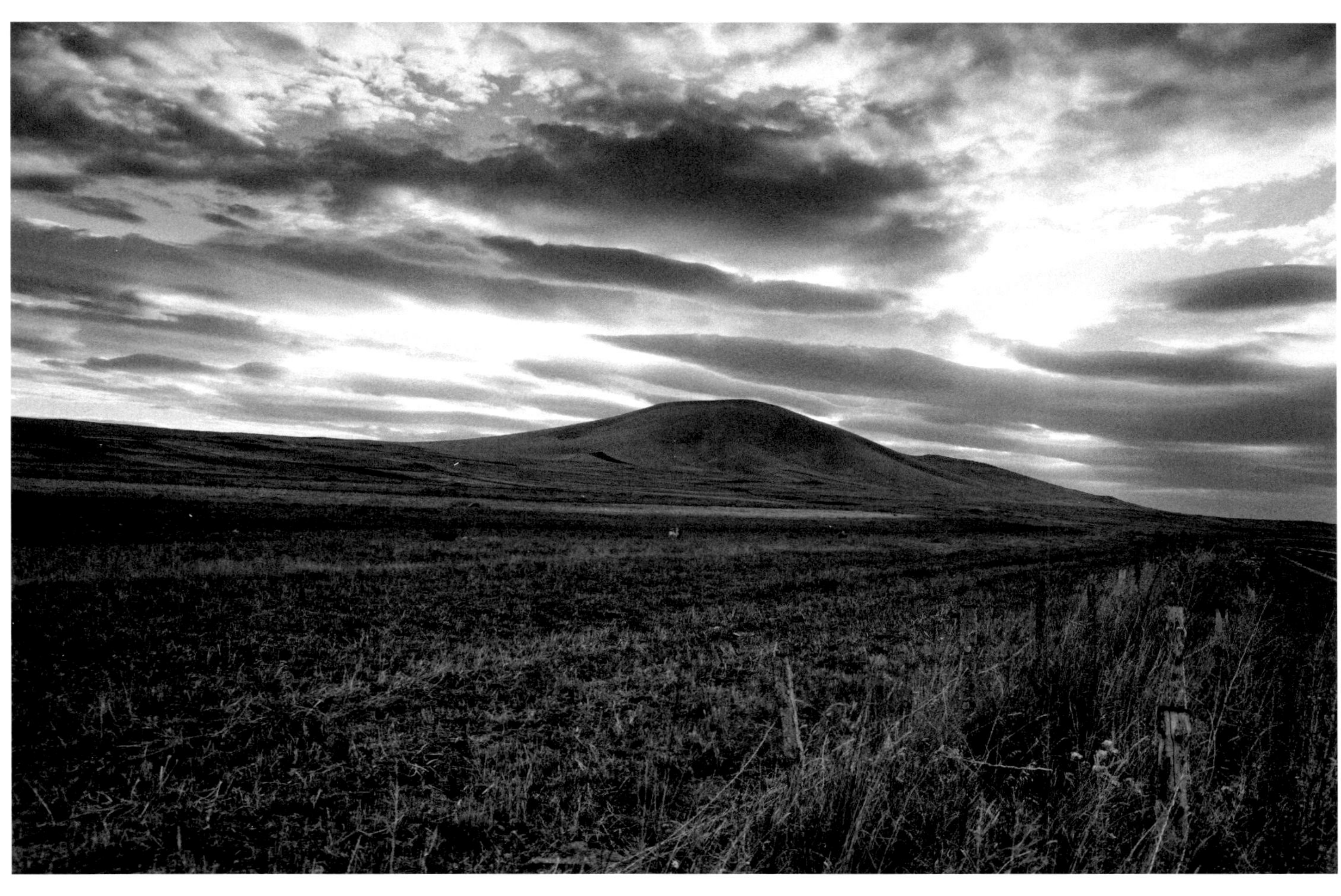

Կարս / Kars - 09.2014

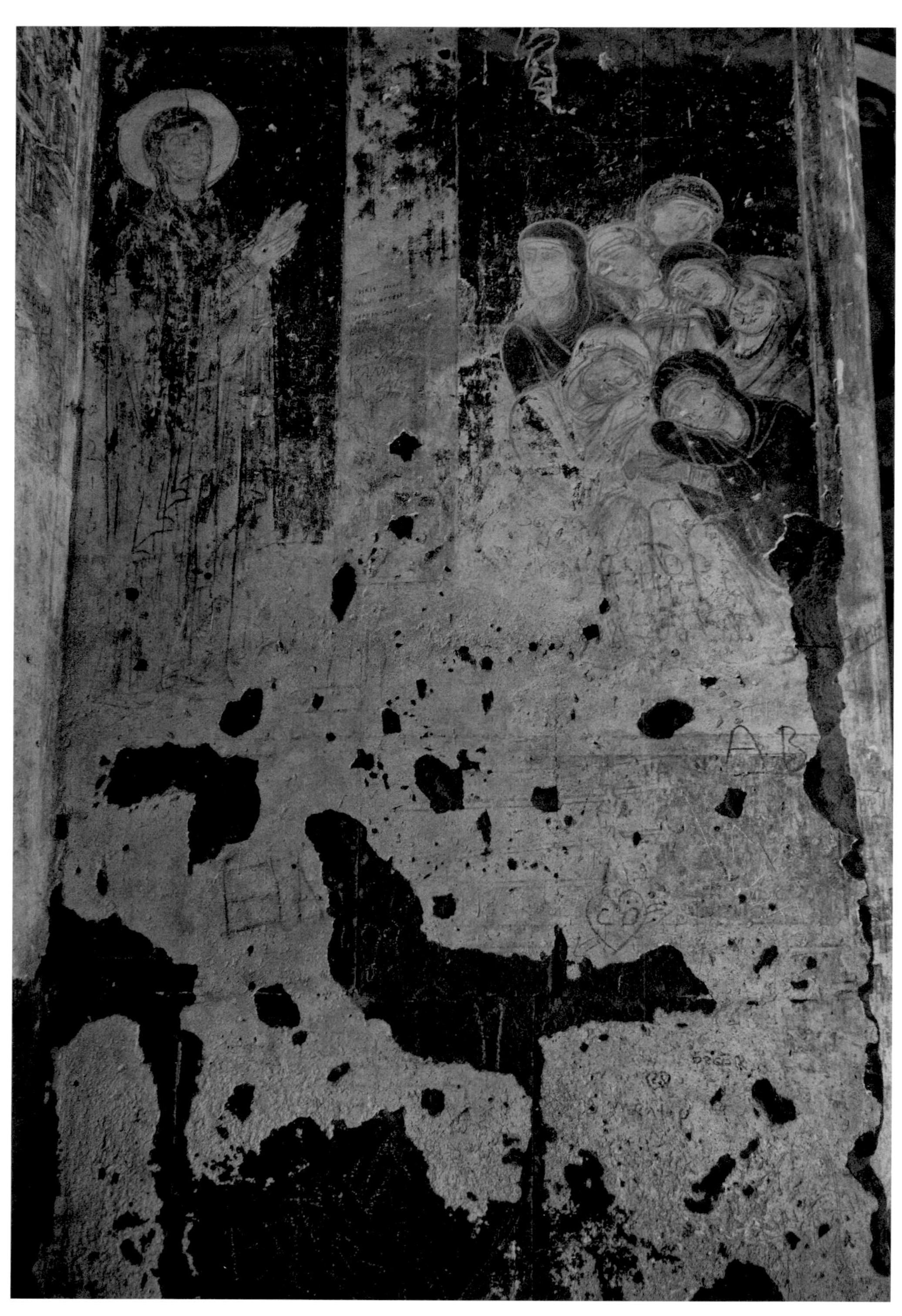

Անիի Տիգրան Յոնենց եկեղեցւոյ վնասուած որմնանկարները:

Tigran Honents Kilise iç duvarında tahrip edilmiş Freskler.

The destroyed frescoes from the inner walls of Tigran Honents Church.

Des fresques détruites au paroi intérieur de l'Église Saint Grégoire.

Կարս / Kars - 09.2014

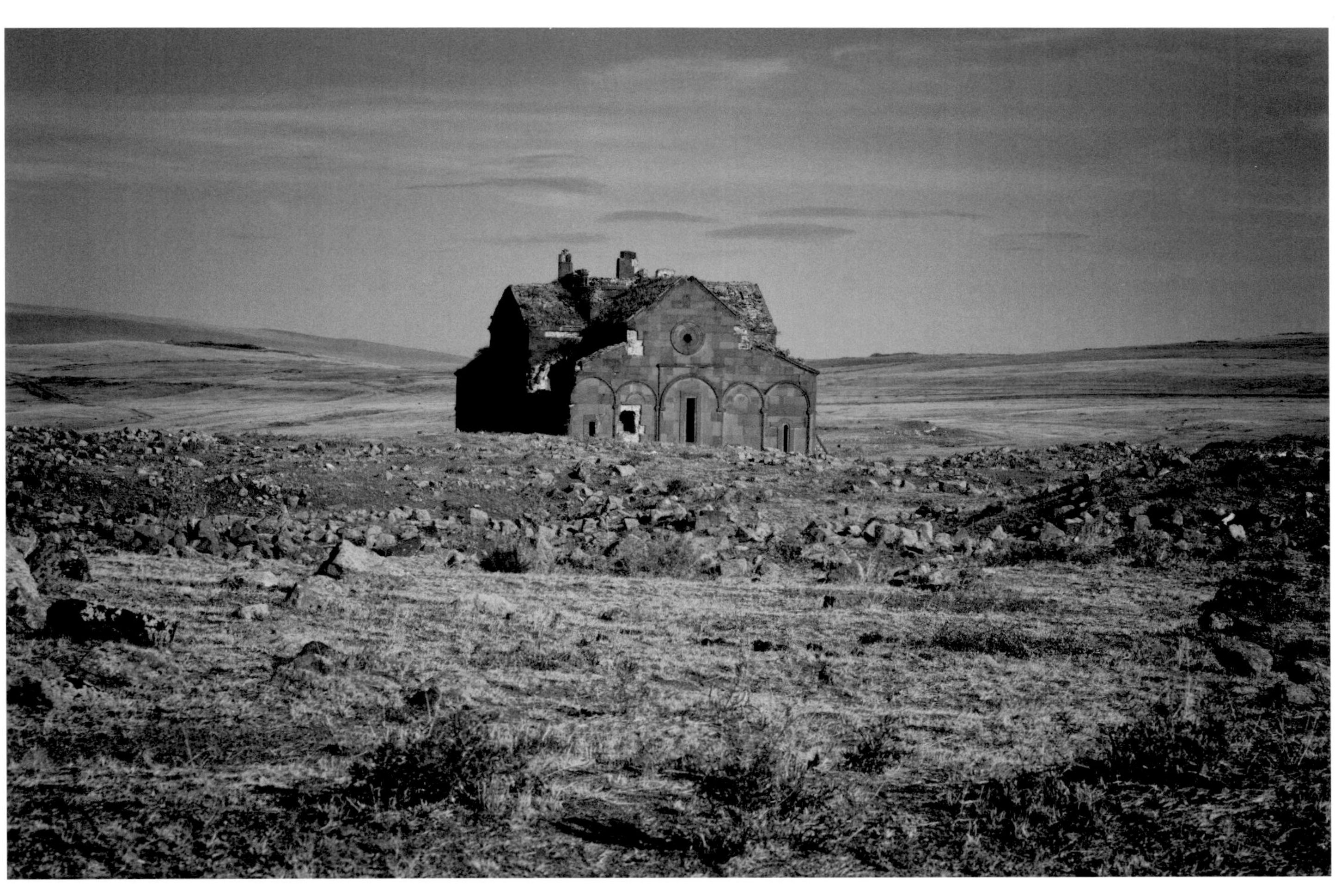

Անիի Մայր տաճարը, որու շինարարութիւնը սկսած է 987-ին եւ տեւած՝ քսաներեք տարի:

987 yılında inşasına başlanan ve yirmi üç yılda tamamlanan Ani Katedrali.

Construction on the Ani Cathedral began in 987 and took twenty-three years to complete.

La Cathédrale Sainte-Mère-de-Dieu d'Ani, construction débutée en 987 et achevée en vingt trois ans.

Կարս / Kars - 09.2014

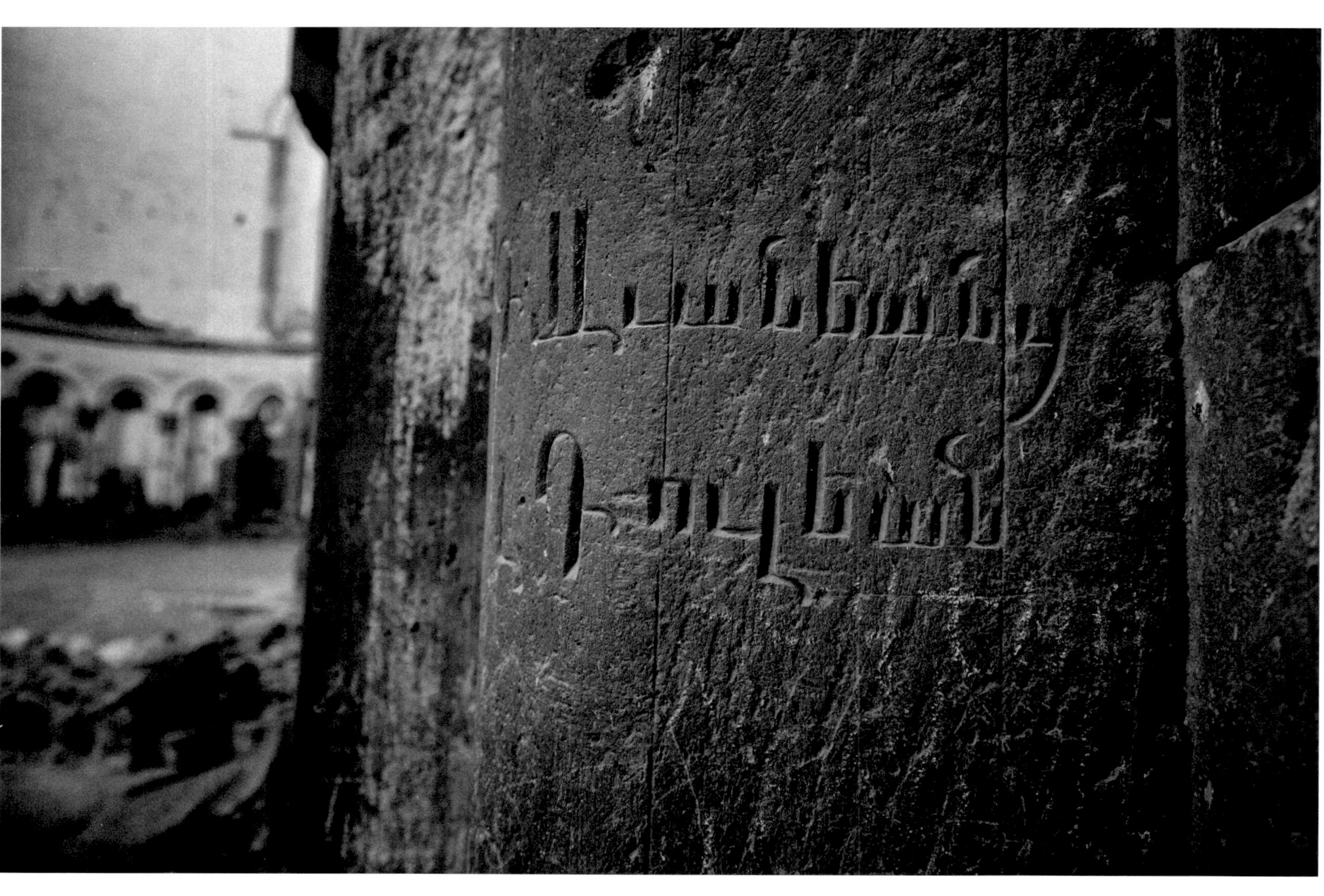

Հայատառ գրութիւններ Անի Մայր տաճարի պատերուն:

Ani Katedrali duvarında Ermenice yazı.

Armenian writing from the wall of the Ani Cathedral.

Inscription en Arménien sur le mur de la Cathédrale Sainte-Mère-de-Dieu d'Ani.

Կարս / Kars - 09.2014

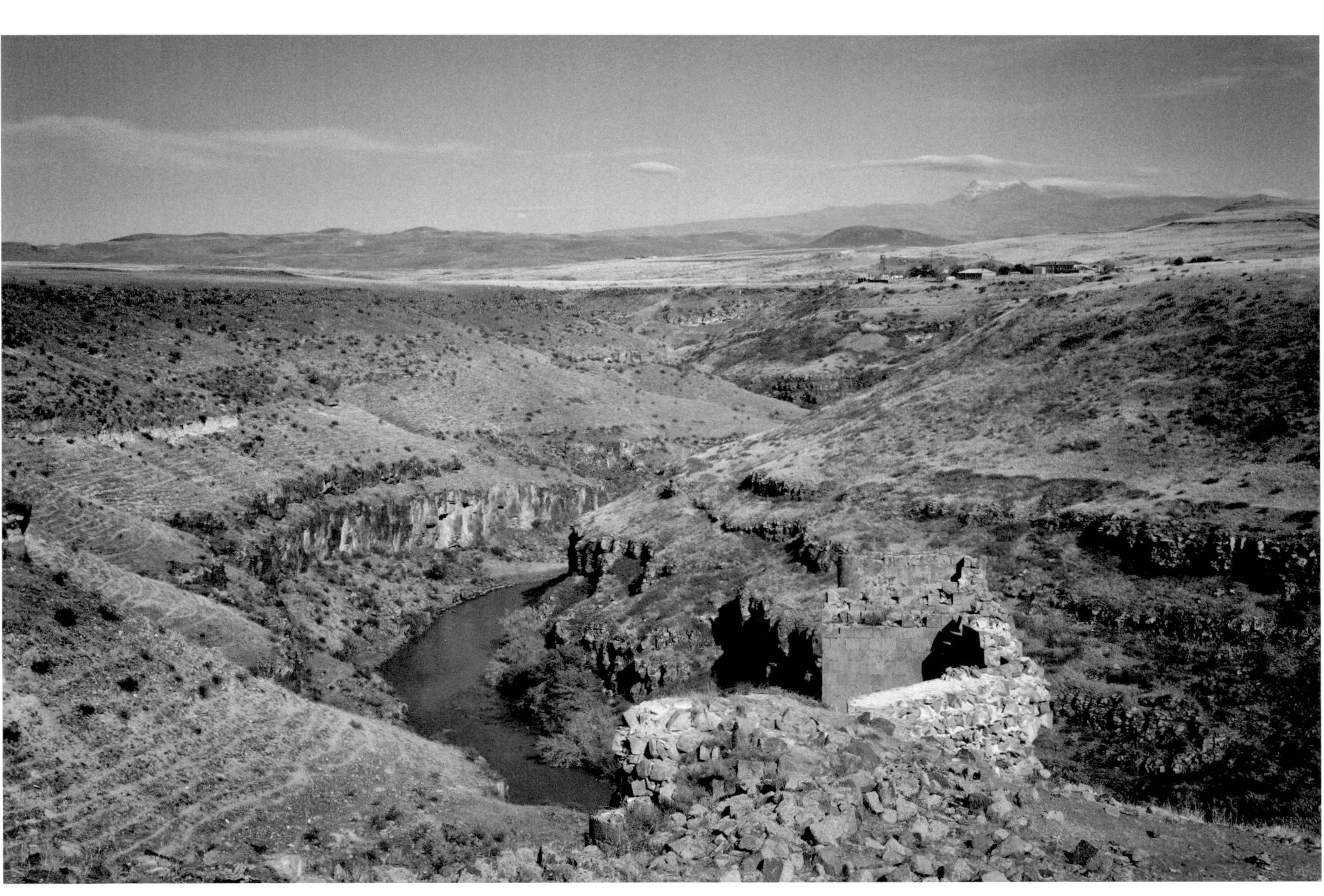

Թուրքիոյ եւ Հայաստանի սահմանը՝ տարածք, զոր աշխարհագրականօրէն կը բաժնէ Ախուրեան գետը:

Arpaçay Nehri'nin coğrafik olarak birbirinden ayırdığı topraklar; Türkiye - Ermenistan sınırı.

Two lands separated geographically by the Arpaçay River; The Turkey - Armenian border.

Les terres séparées géographiquement par la rivière Arpaçay/Akhuryan; la frontière Turco-Arménienne.

Արփա չայ, Կարս / Arpaçay, Kars - 09.2014

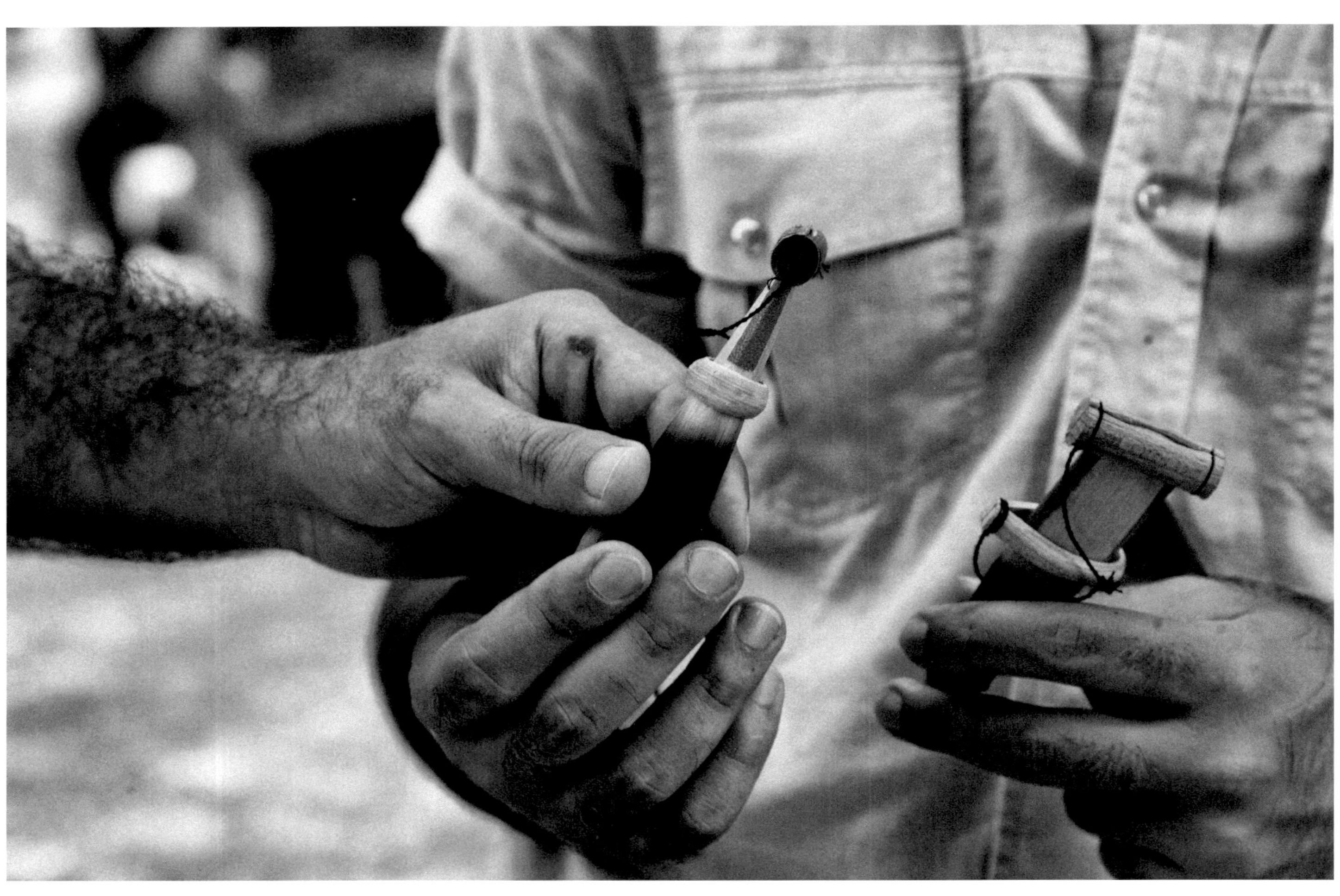

Ծիրանենիէ պատրաստուող հայկական նուագարանի՝ դուդուկի լեզուակը: Վաքըֆլըգիւղ:

Kayısı ağacından üretilen, ulusal Ermeni halk sazı dudukun ağızlığı. Vakıflı Köyü.

The mouthpiece of "duduk", National Armeniean folk instrument, made from an apricot tree. Vakıflı Village.

L'anche du duduk, instrument national populaire Arménien, en bois d'habricotier. Le village de Vakıflı.

Սամանտաղ, Անտիոք / Samandağ, Antakya - 08.2010

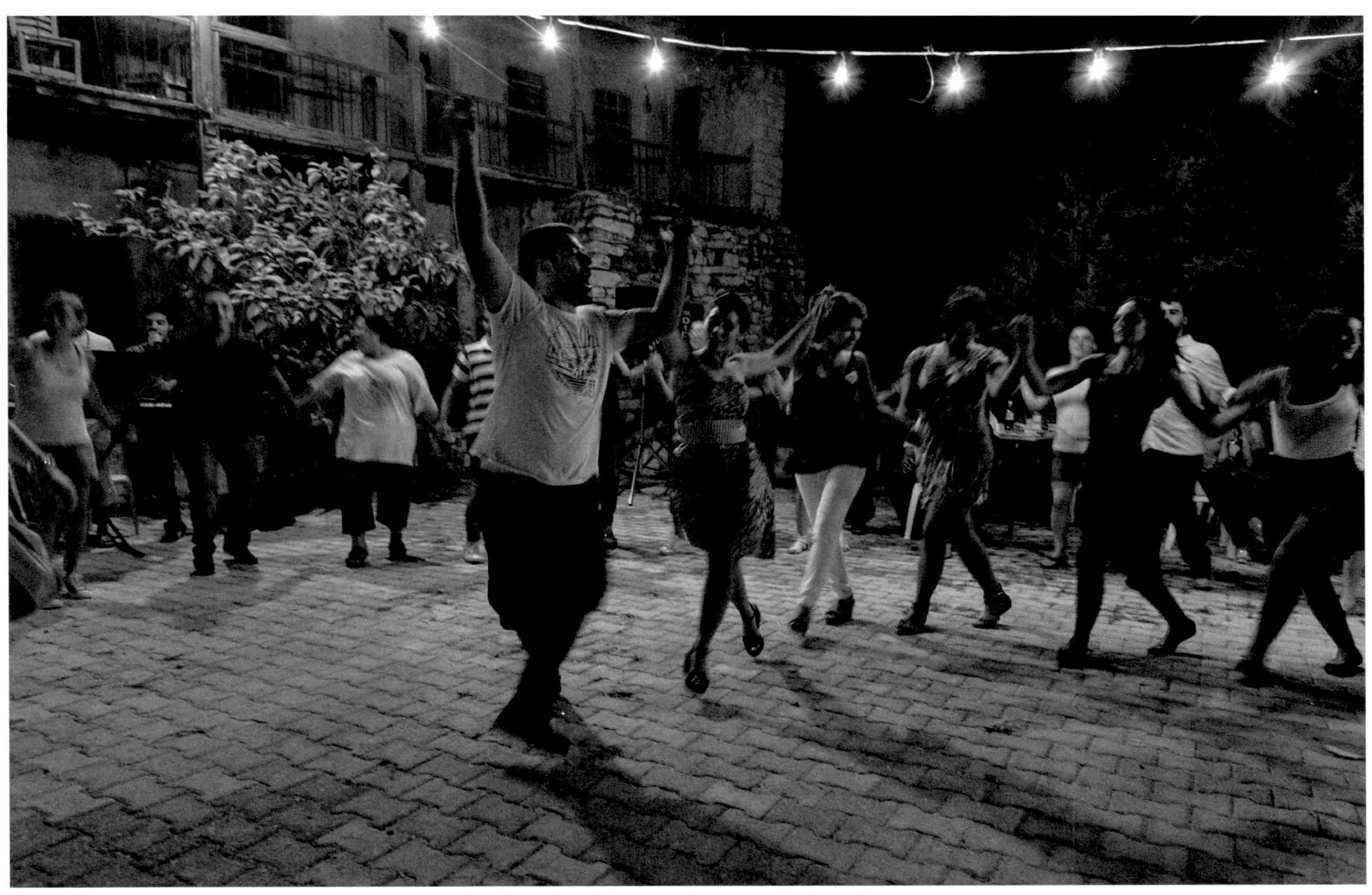

Աշխարհի չորս ծագերը գաղթած վաքըֆլըգիւղցիներ ամէն տարի Օգոստոսին կը տօնախմբեն Ս. Աստուածածնի վերափոխումը: Վաքըֆլըգիւղ:

Vakıflı Köyü'nden dünyanın çeşitli yerlerine göç eden Ermenilerin, her yılın Ağustos ayında köye geri gelerek Meryem Ana'nın göğe yükseliş yortusunu kutlaması. Vakıflı Köyü.

Every year in August, Armenians from Vakıflı Village who have immigrated all over the world return to celebrate the Virgin Mary's ascension. Vakıflı Village.

La fête de l'ascension de la Vierge-Marie célébrée au mois d'août avec les Arméniens revenant au village de Vakıflı par divers endroits de la Terre. Le village de Vakıflı.

Սամանտաղ, Անտիոք / Samandağ, Antakya - 08.2010

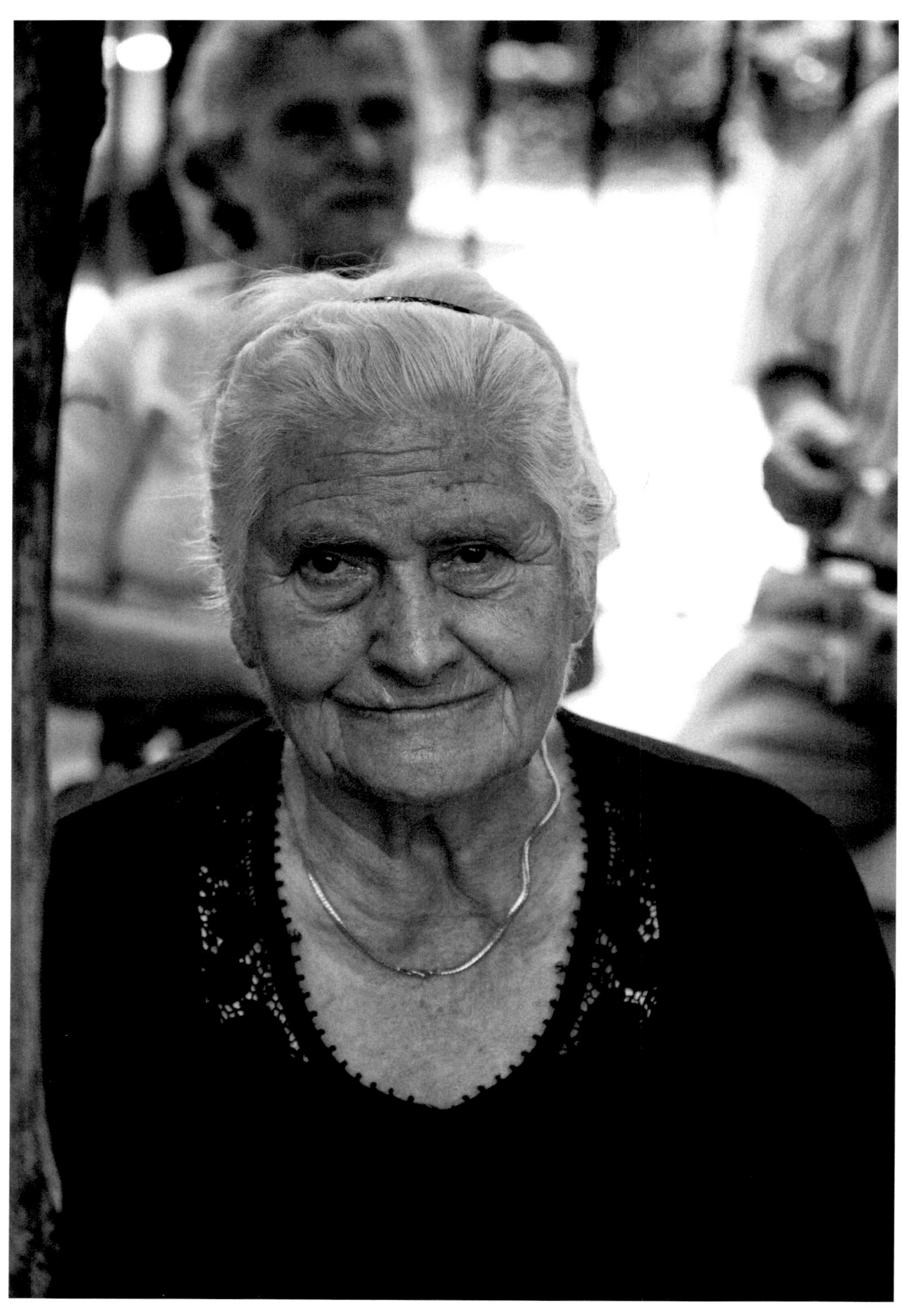

Վաքըֆլըգիւղցի Սառա Տեմիրճի։

Vakıflı Köy'lü Sara Demirci.

Sara Demirci from Vakıflı Village.

Sara Demirci, du village de Vakıflı.

Անտիոք / Antakya - 08.2008

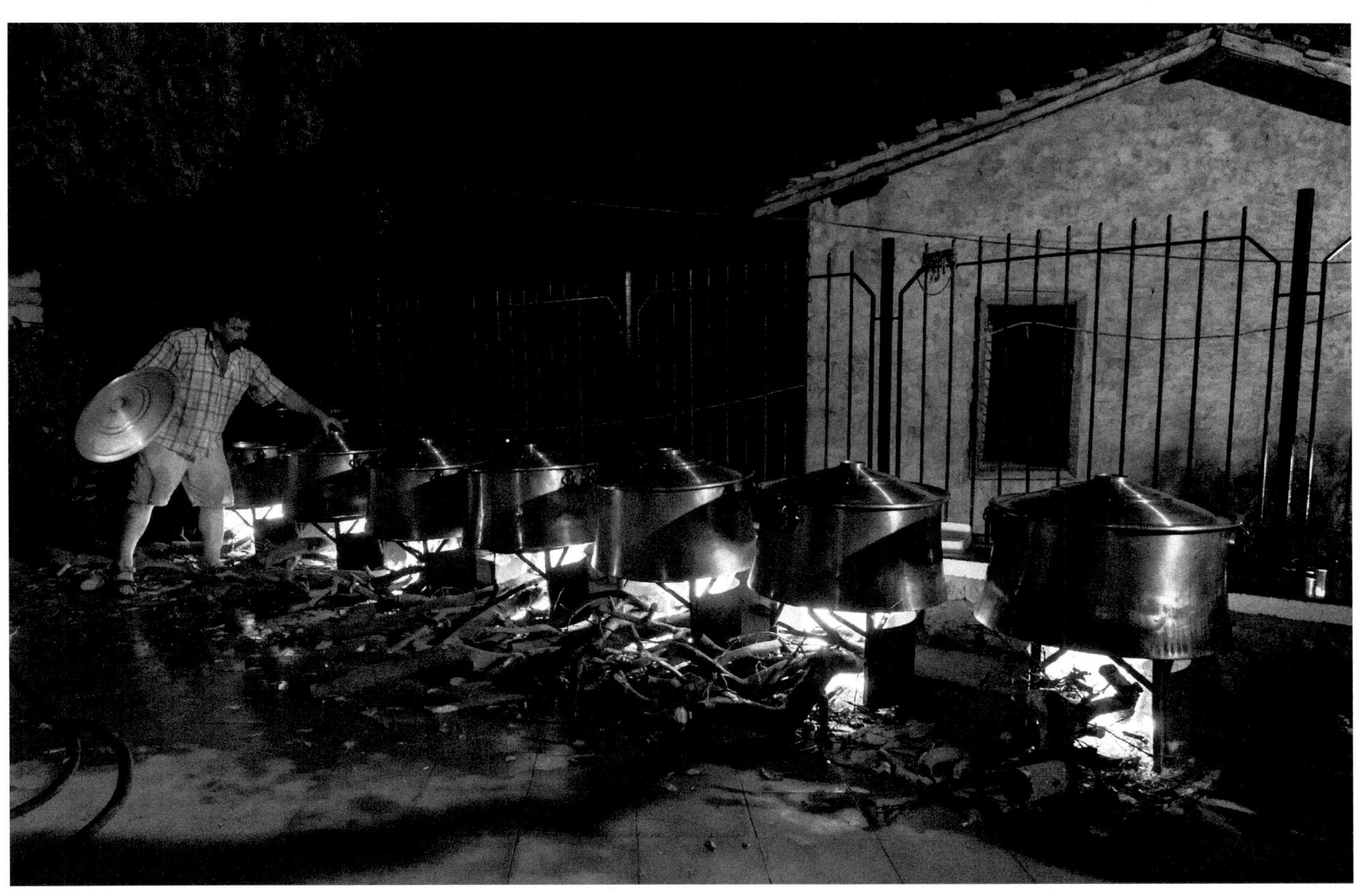

Վաքըֆլըի մէջ, որ Թուրքիոյ հայկական միակ գիւղն է, Ս. Աստուածածնի վերափոխման տօնի նախօրէին հարիսա կը պատրաստուի: Վագըֆլըգիւղ:

Türkiye'nin tek Ermeni köyü olan Vakıflı'da, Meryem Ana'nın göğe yükseliş yortusu öncesi pişirilen keşkek. Vakıflı Köyü.

Meat and wheat 'kesh-cake' cooking before the celebration of the Virgin Mary's ascension in Turkey's only Armenian village, Vakıflı. Vakıflı Village.

Préparation du kechek avant la fête de l'ascension de la Vierge-Marie à Vakıflı, l'unique village Arménien en Turquie. Le village de Vakıflı.

Սամանտաղ, Անտիոք / Samandağ, Antakya - 08.2010

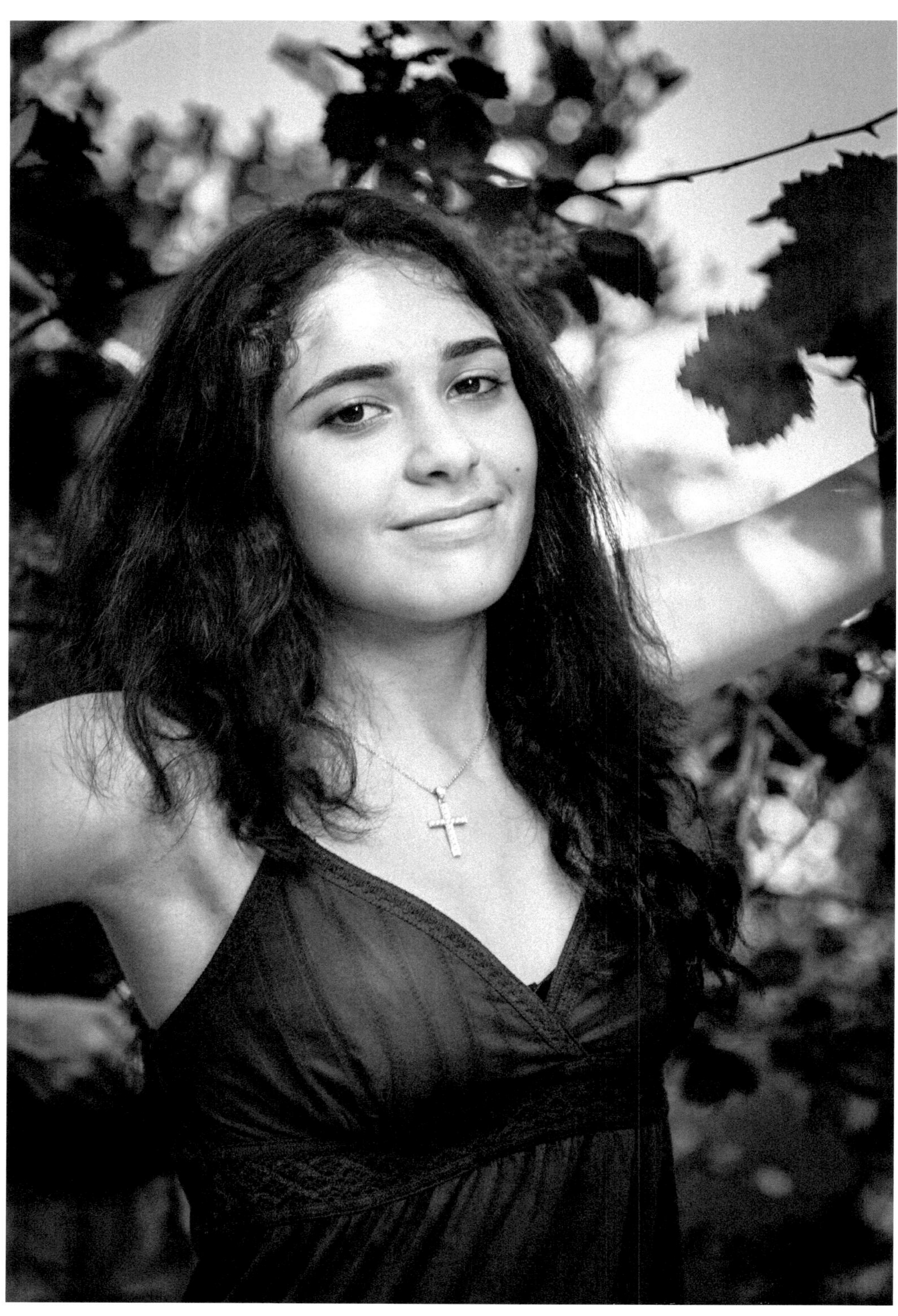

Հայ պարմանուհի մը: Վագըֆլըգիւղ:

Ermeni bir genç. Vakıflı Köyü.

A young Armenian. Vakıflı Village.

Un jeune Arménien. Le village de Vakıflı.

Սամանտաղ, Անտիոք / Samandağ, Antakya - 08.2010

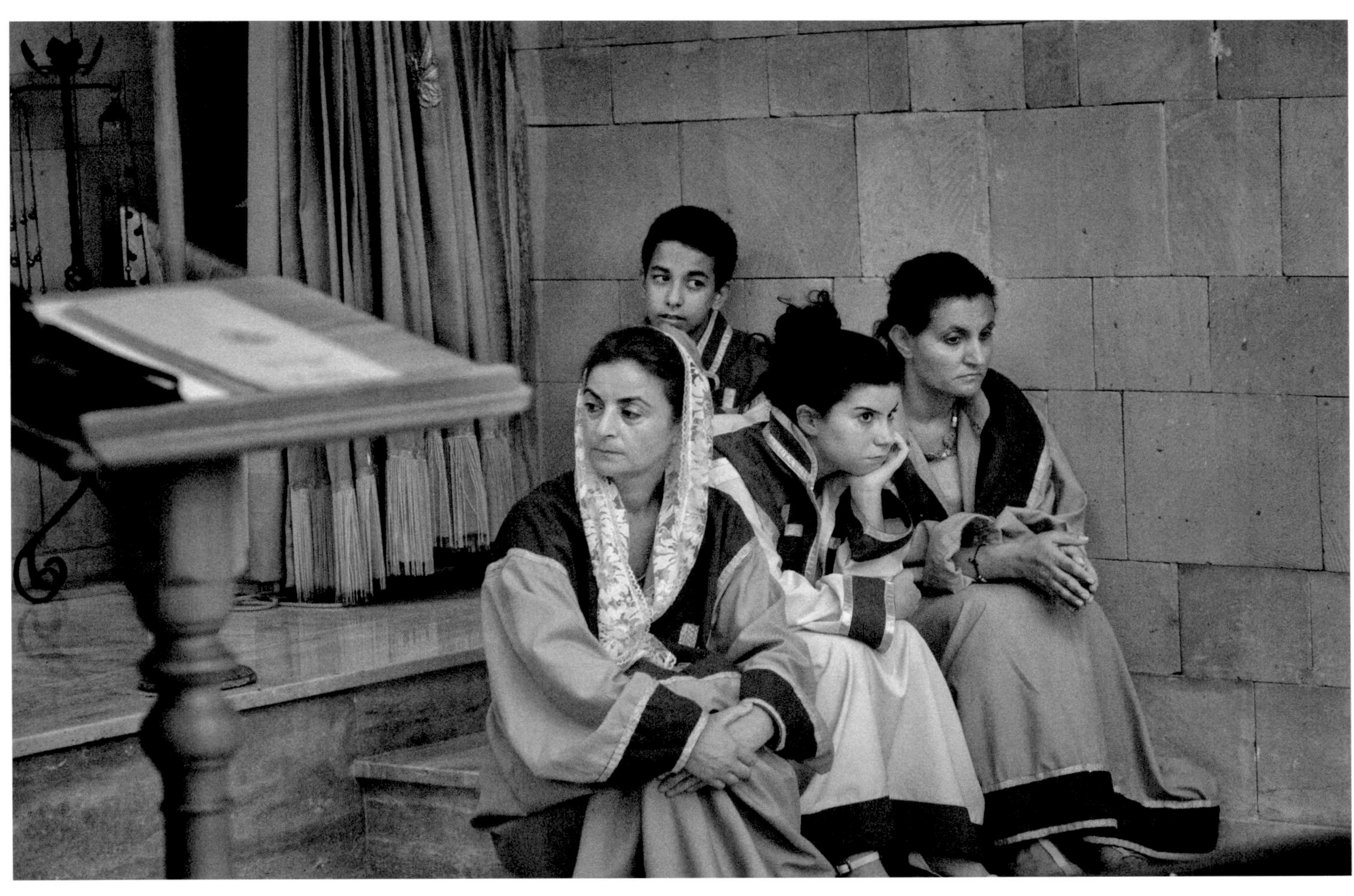

Ս. Մարիամ Աստուածածին եկեղեցին, նախքան արարողութիւնը սպասում: Վաքըֆլըգիւղ:

Aziz Meryem Ana Kilisesi'nde, tören öncesi bekleyiş. Vakıflı Köyü.

At the Church of the Virgin Mary, waiting for the ceremony to start. Vakıflı Village.

L'attente avant la cérémonie dans l'Église Sainte-Mère-de-Dieu. Le village de Vakıflı.

Սամանտաղ, Անտիոք / Samandağ, Antakya - 08.2010

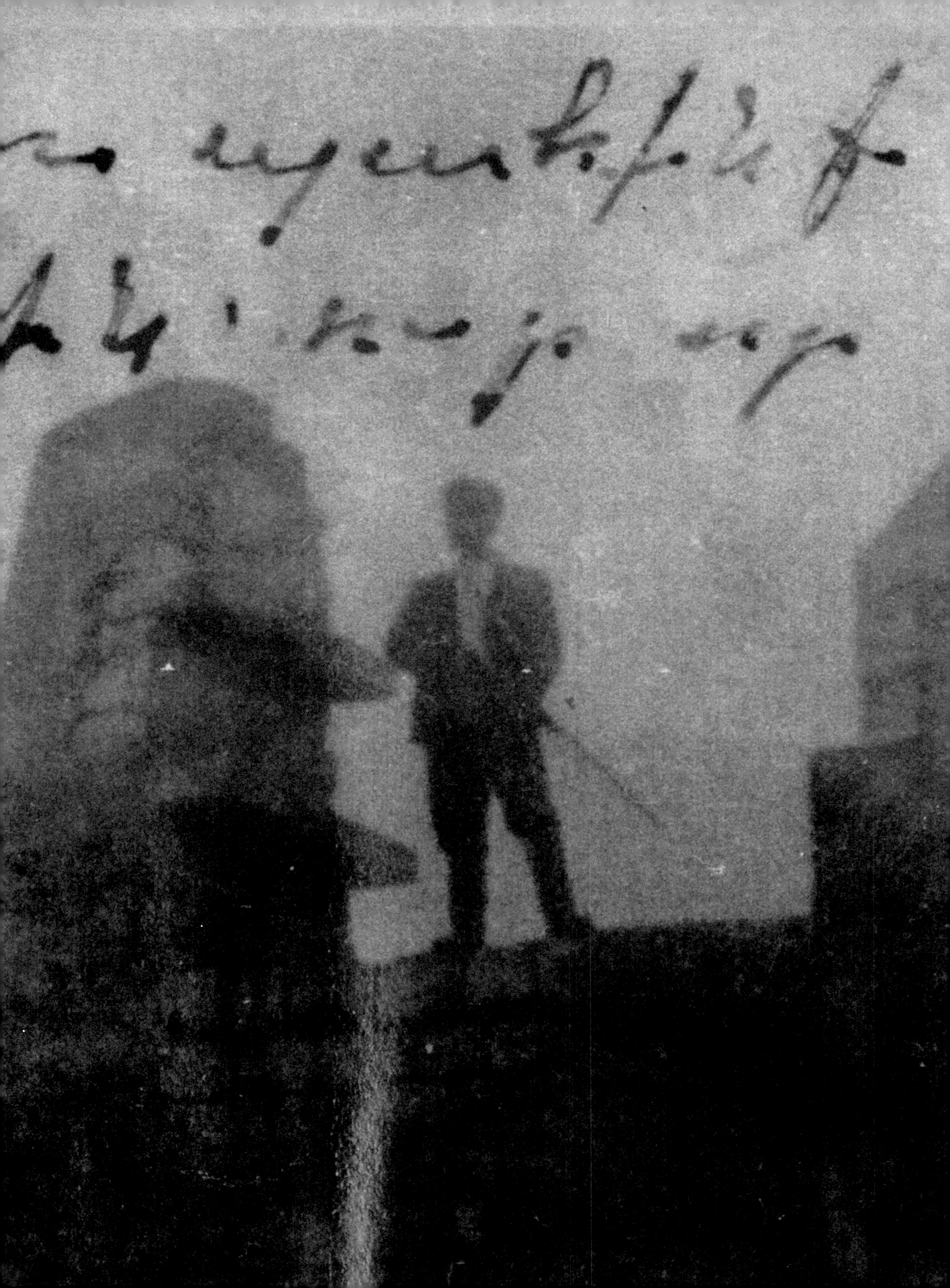

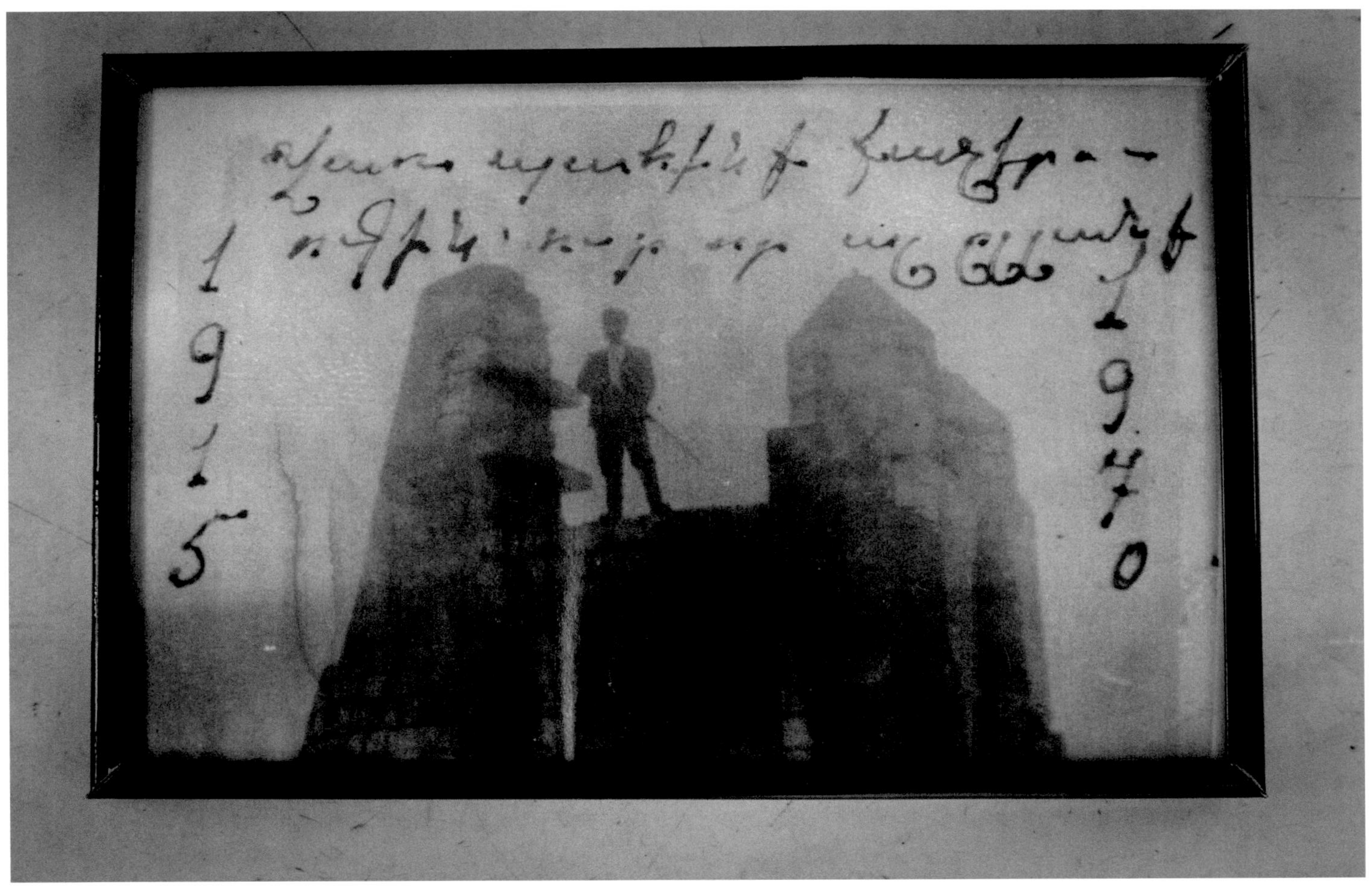

Մուսա լերան նահատակներուն ձօնեալ լուսանկարը՝ "Վառ պահենք քաջերու ոգին, ուր որ ալ ըլլանք 1915-1970"։ Վագըֆլըգիւղ։

Musa Dağı'nda hayatını kaybeden Ermenilere ithafen; "Hasatların ruhunu nerede olursak olalım canlı tutalım" fotoğrafı. Vakıflı Köyü.

Dedicated to those Armenians who lost their lives on Musa (Moses) Mountain: A photograph enjoining us to "Keep the spirit of the harvest alive as best we can, wherever we are". Vakıflı Village.

Photo dédiée aux Arméniens ayant perdu la vie au Moussa Dagh: "Où que nous soyons, maintenons vif l'âme des moissons". Le village de Vakıflı.

Սամանտաղ, Անտիոք / Samandağ, Antakya - 08.2010

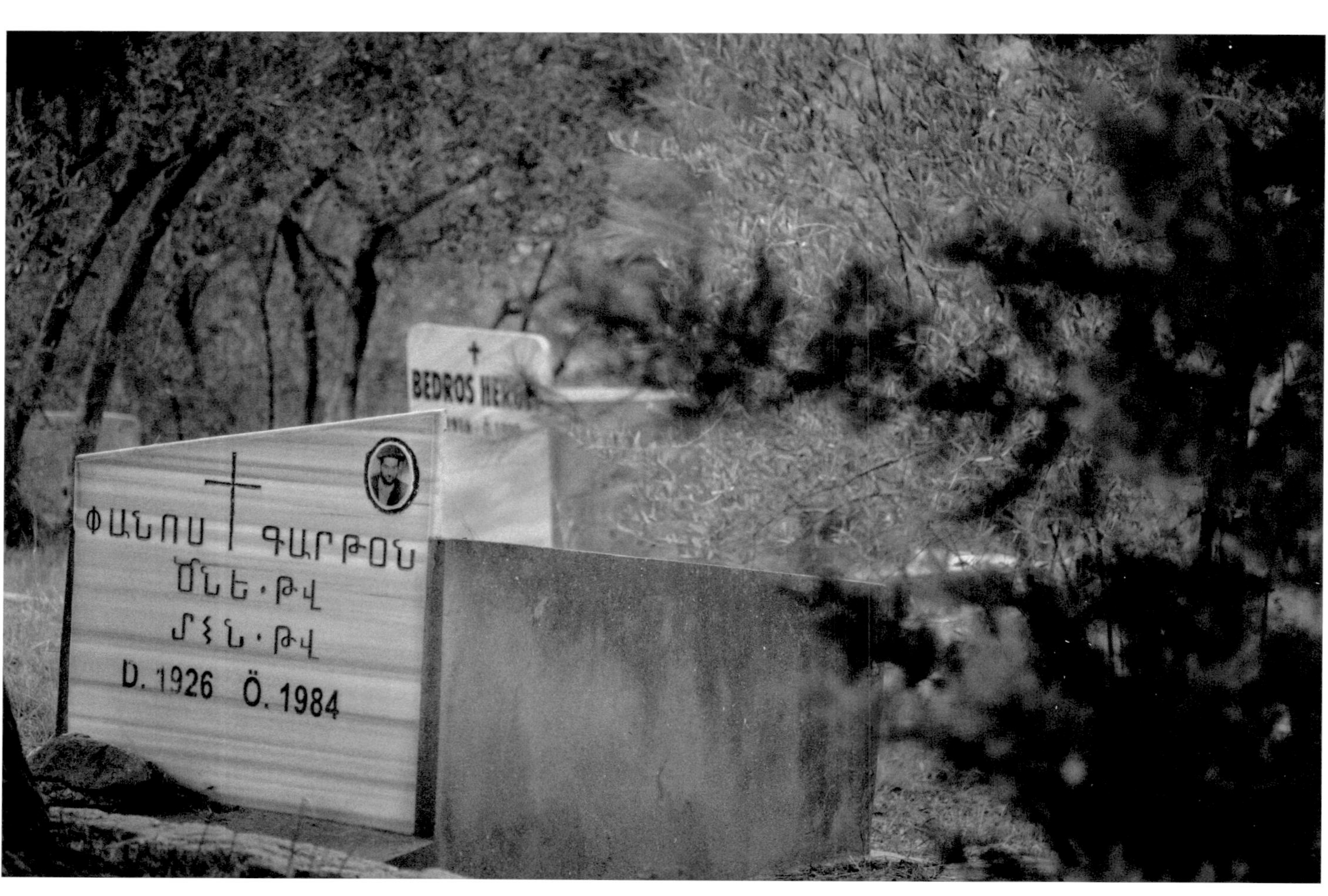

Գիւղի գերեզմանատունը: Վաքըֆլըգիւղ:

Köy Mezarlığı. Vakıflı Köyü.

Village cemetary. Vakıflı Village.

Le cimetière villageois. Le village de Vakıflı.

Սամանտաղ, Անտիոք / Samandağ, Antakya - 08.2010

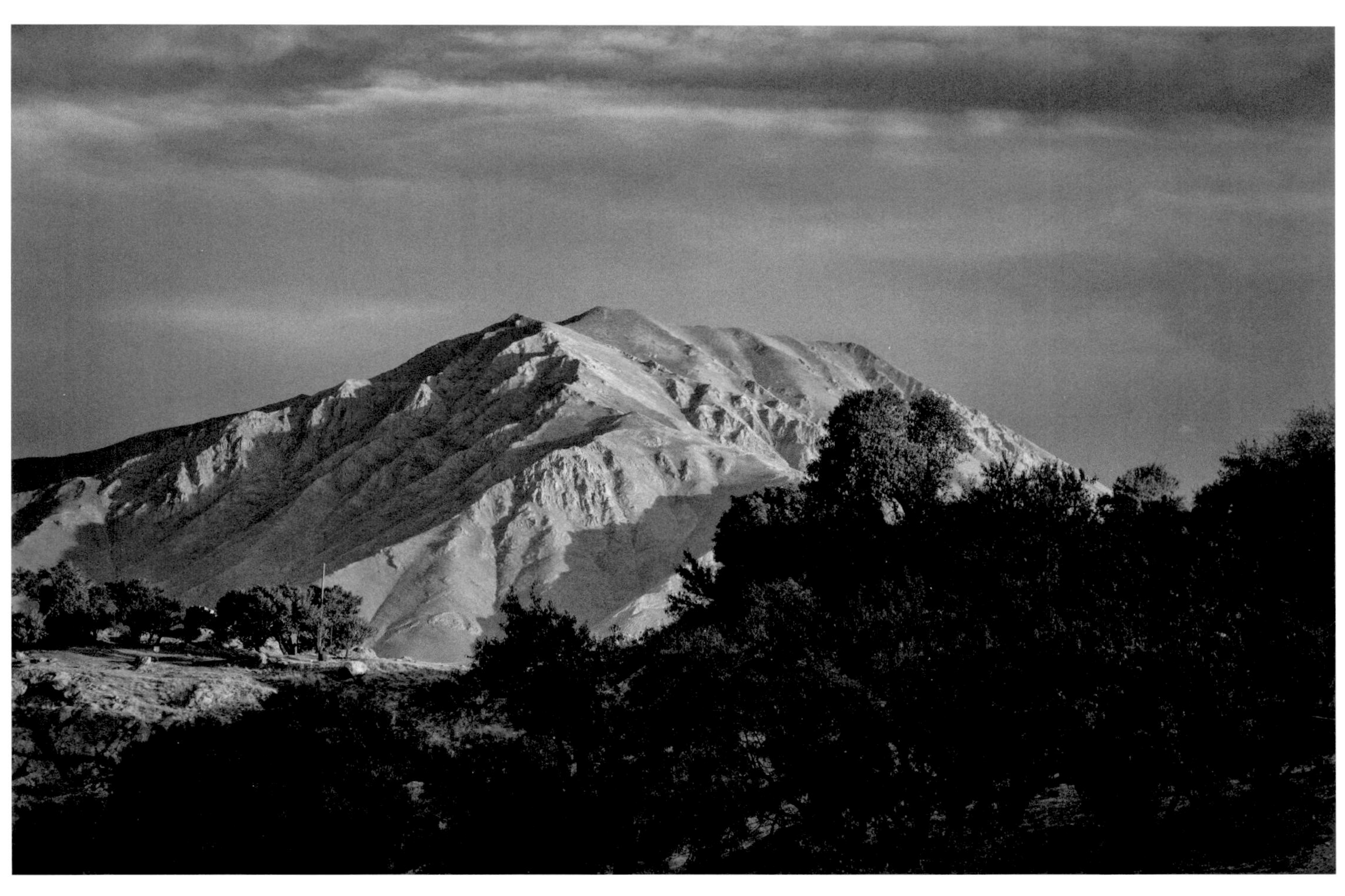

Վան / Van - 09.2010

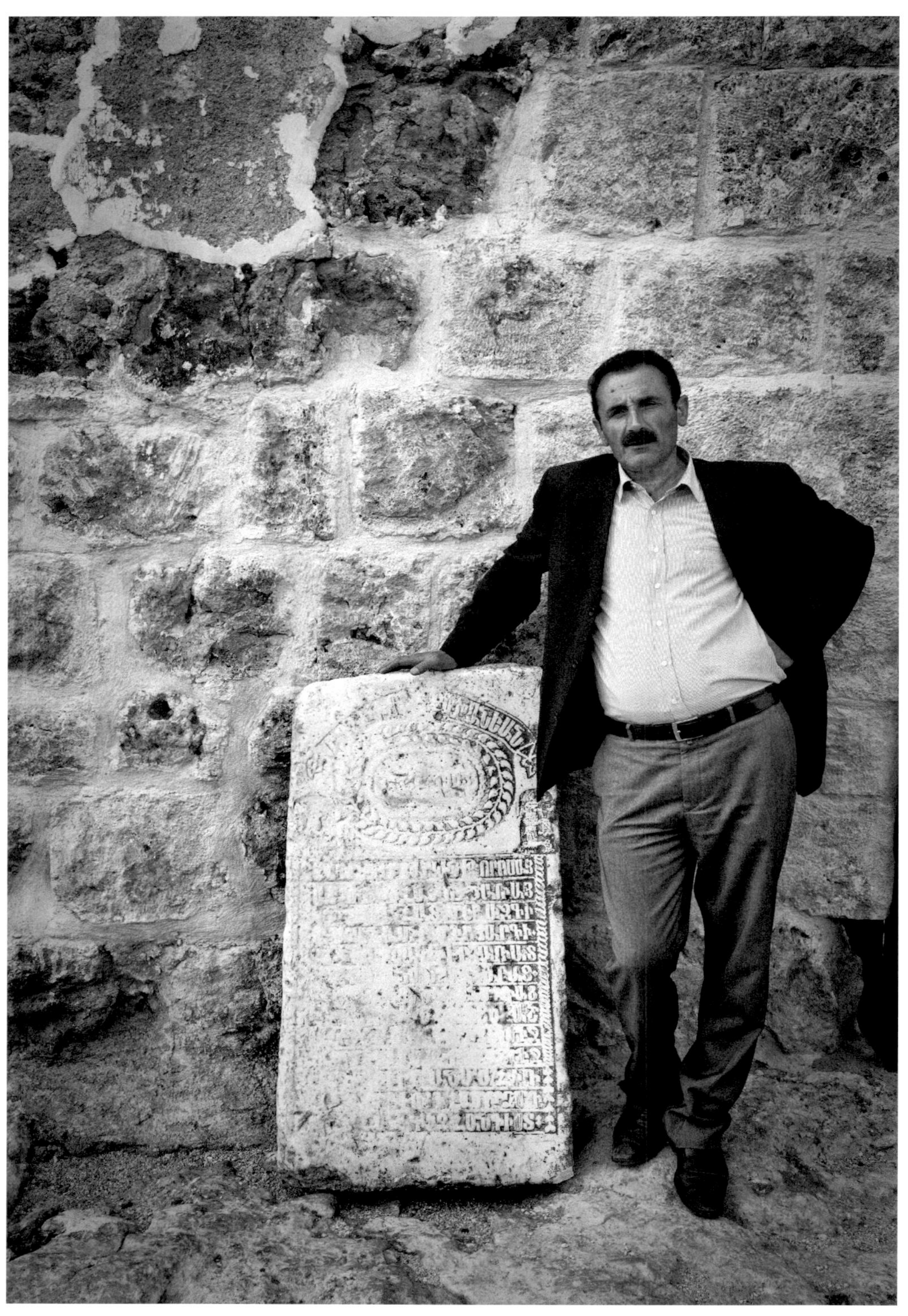

Սայիմպէյցի Զահիթ Սամսա:

Saimbeyli Zahit Samsa.

Zahit Samsa from Saimbeyli.

Zahit Samsa de Saimbey.

Ատանա / Adana - 04.2014

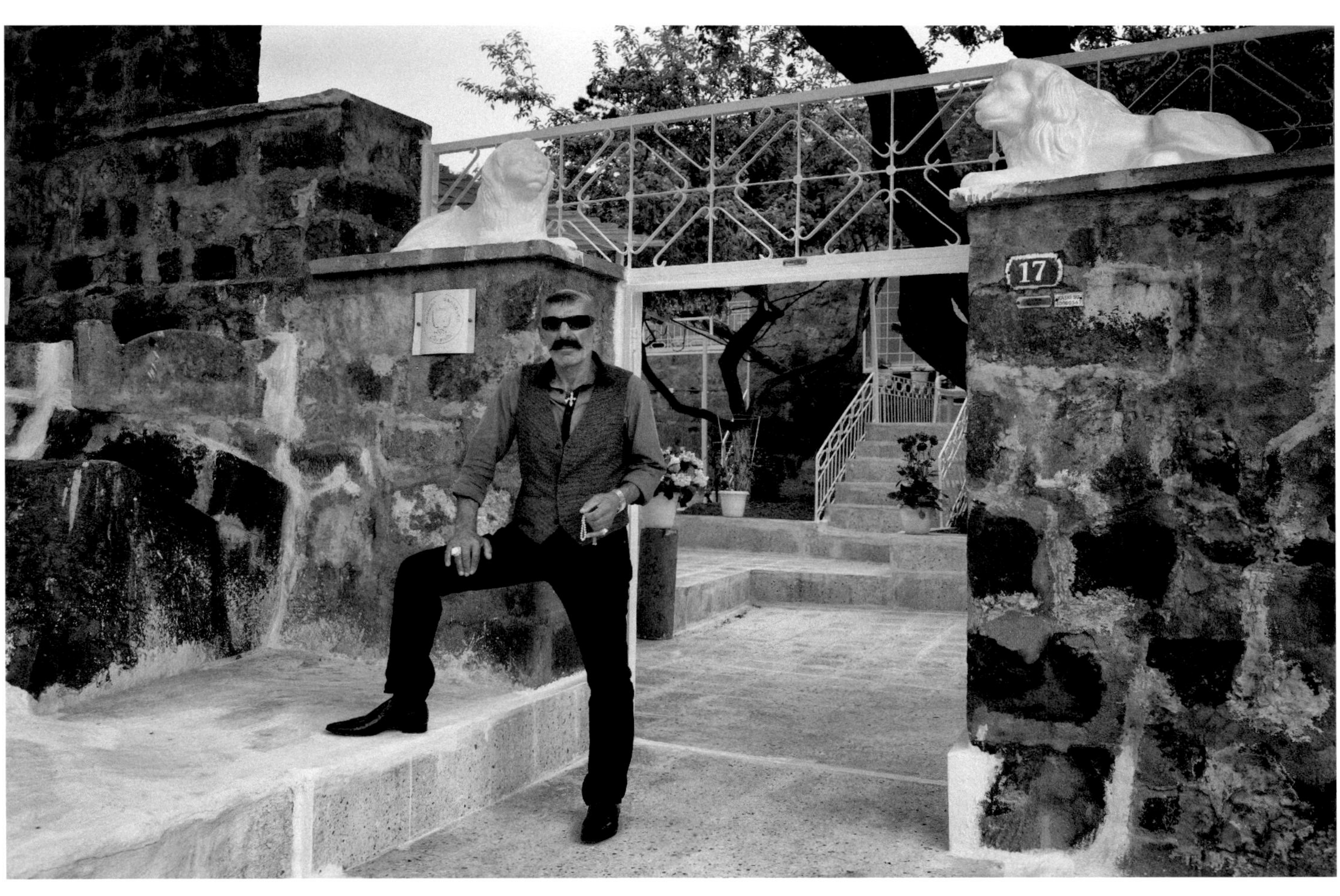

Կեսարիա բնակող միակ հայը՝ Սարգիս Թեքէ։

Sarkis Teke, Kayseri'de yaşayan tek Ermeni.

Sarkis Teke, the only Armenian living in Kayseri.

Sarkis Teke, le seul Arménien vivant à Césarée.

Թալաս, Կեսարիա / Talas, Kayseri - 04.2014

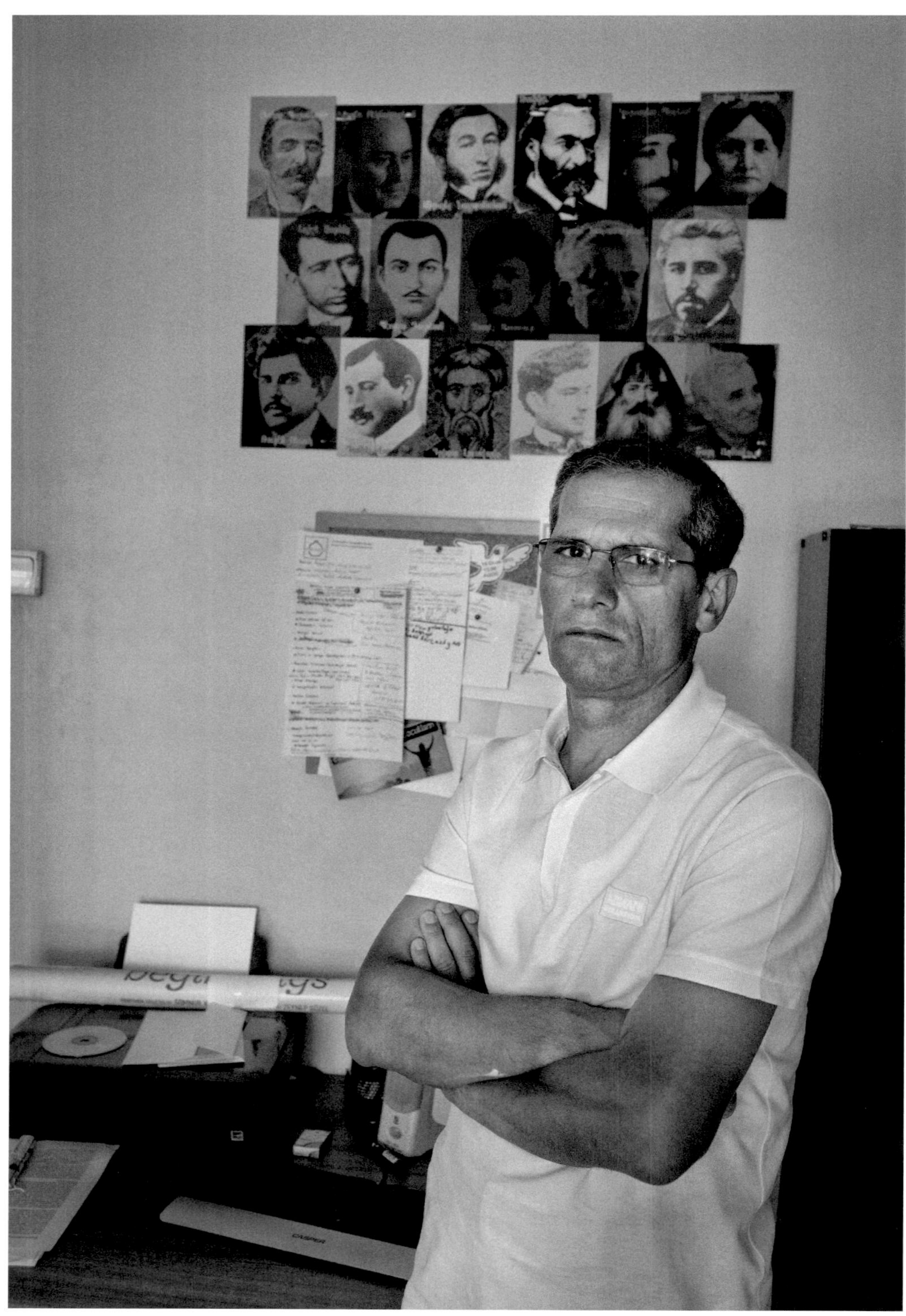

Միհրան Փրկիչ, որ մկրտուեցաւ, դատական որոշումով փոխեց իր անունն ու կրօնքը եւ հիմնադրեց Տերսիմահայոց միութիւնը: Հայ մշակոյթի եւ զօրակցութեան միութիւն.

Mahkeme kararıyla, adını ve dinini değiştirip vaftiz olan ve Dersim Ermenileri Derneği'ni kuran Mihran Prgiç. Ermeni Kültürü ve Dayanışma Derneği.

Mihran Prgiç, who founded the Dersim Armenian Association and who got a court order to change his name, religion, and be baptised. Armenian Culture and Solidarity Association.

Mihran Prgiç qui a changé de nom avec décision du tribunal et a été baptisé, puis il a fondé l'Association des Arméniens de Dersim. Association de la Culture Arménienne et de la Solidarité.

Թաքսիմ, Պոլիս / Taksim, İstanbul - 05.2014

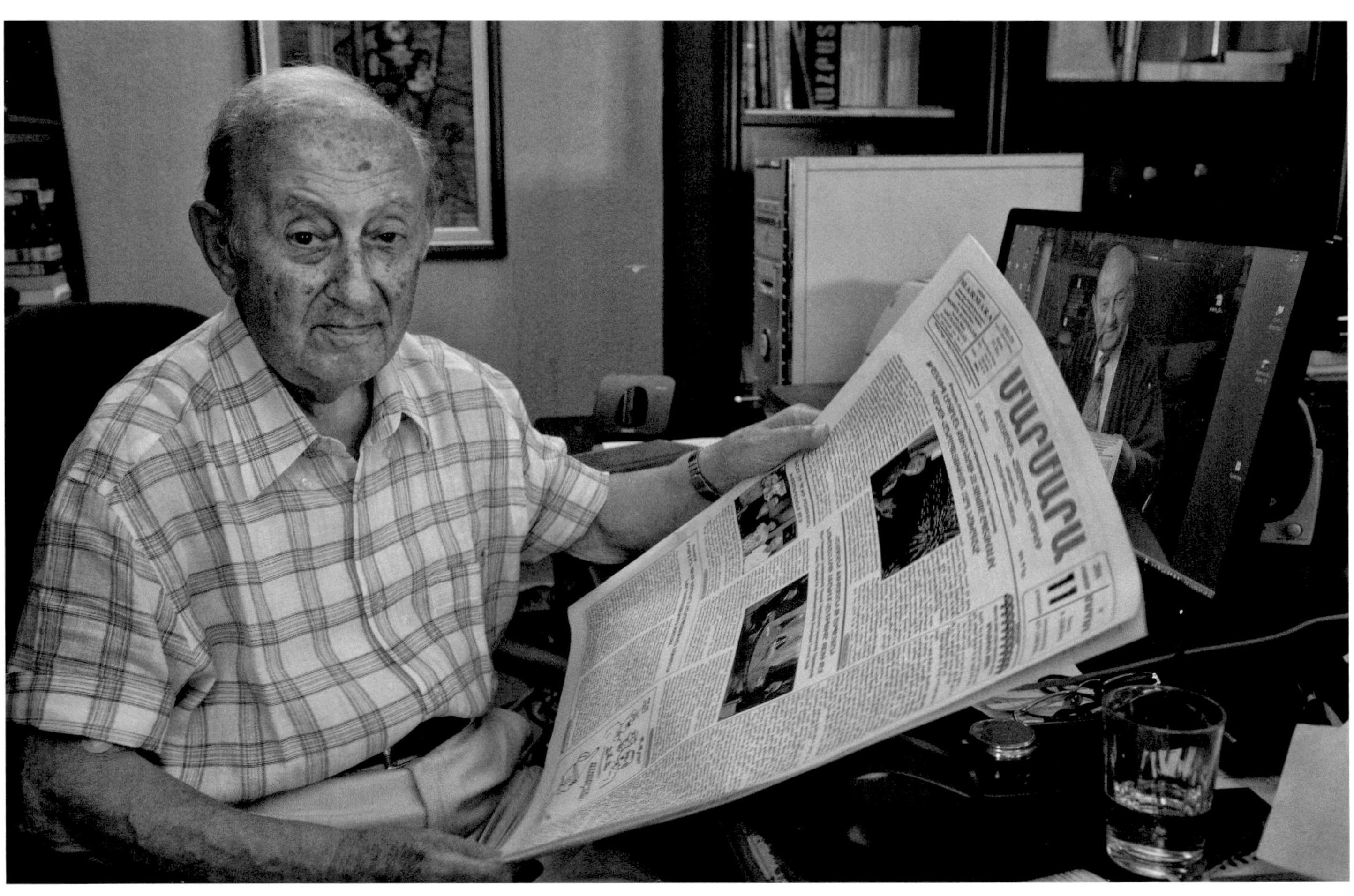

1940-էն ի վեր հրատարակուող «Նոր Մարմարա» օրաթերթի խմբագրապետ, արձակագիր Ռոպէր Հատտէճեան:

1940 yılında Ermenice olarak günlük yayın hayatı başlayan, Nor Marmara gazetesinin sahibi Rober Haddeciyan.

Rober Haddeciyan, owner of the Nor Marmara newspaper, who began his daily publishing career in Armenian in 1940.

Rober Haddeciyan, propriétaire du quotidien Nor Marmara, qui a commencé à être publié en 1940 en Arménien.

Թաքսիմ, Պոլիս / Taksim, İstanbul - 08.2014

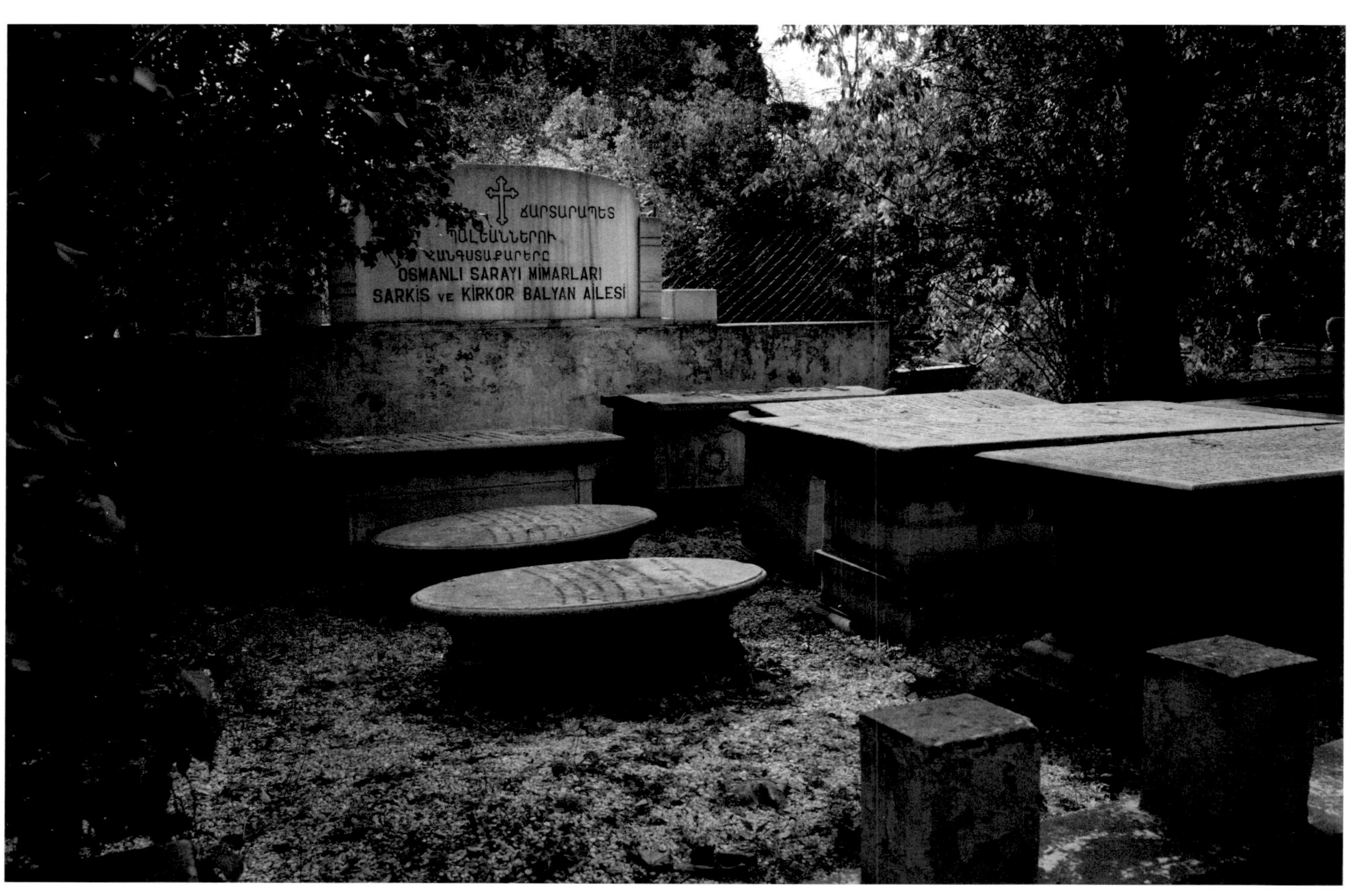

Օսմանեան արքունի ճարտարապետ Պալեան գերդաստանի ընտանեկան դամբարանը:

Osmanlı Saray mimarları Balyan aile kabristanı.

Family crypt for the Balyan family, architects to the Ottoman Palace.

Cimetière familial des Balian, architectes impériaux.

Սկիւտար, Պոլիս / Üsküdar, İstanbul - 11.2014

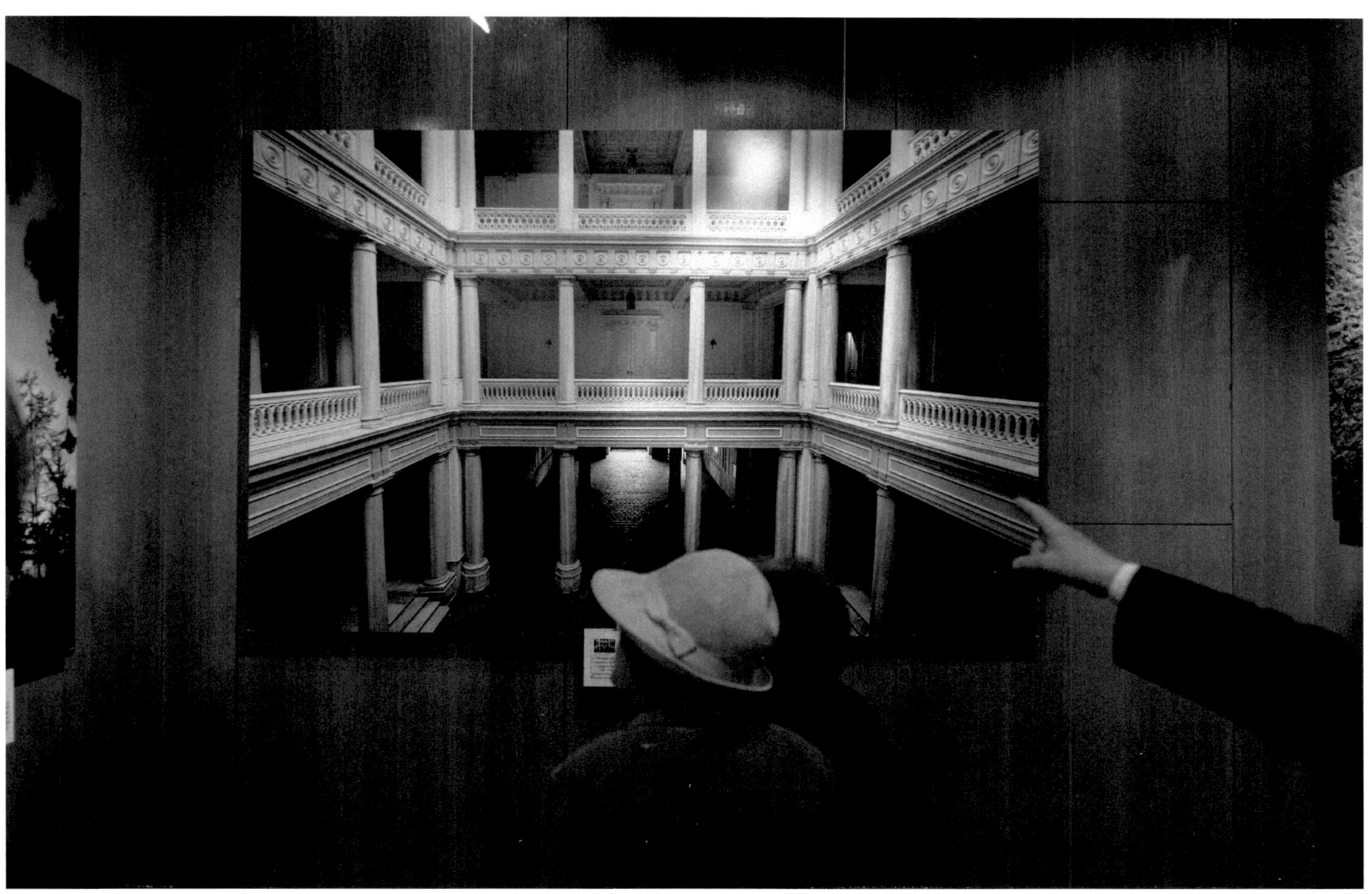

Համերգասրահը, ուր կը կայանար թրքական երաժշտութեան սիրահար հայ յօրինողներու համերգը, իր շքամուտքին կը հիւրընկալէր նաեւ Պալեան գերդաստանի ստեղծագործութիւնները ներկայացնող լուսանկարները: «Ճեմալ Ռեշիթ Շէյ» համերգասրահ:

Türk Musikisine gönül vermiş Ermeni bestekarlar konserinin düzenlendiği salonun fuaye alanında, Balyan ailesinin eserlerinin fotoğrafları sergileniyor. Cemal Reşit Rey Konser Salonu.

The photographs of the Balyan family's works are shown in an exhibition at the foyer of the hall where the concert given by Armenian composers of Turkish Classical Music held in Cemal Resit Rey Concert Hall.

Exposition de photographies d'œuvres de la famille Balian, à l'occasion du concert de compositeurs Arméniens épris de la musique classique Turque. La salle de concert Cemal Reşit Rey.

Շիշլի, Պոլիս / Şişli, İstanbul - 05.2012

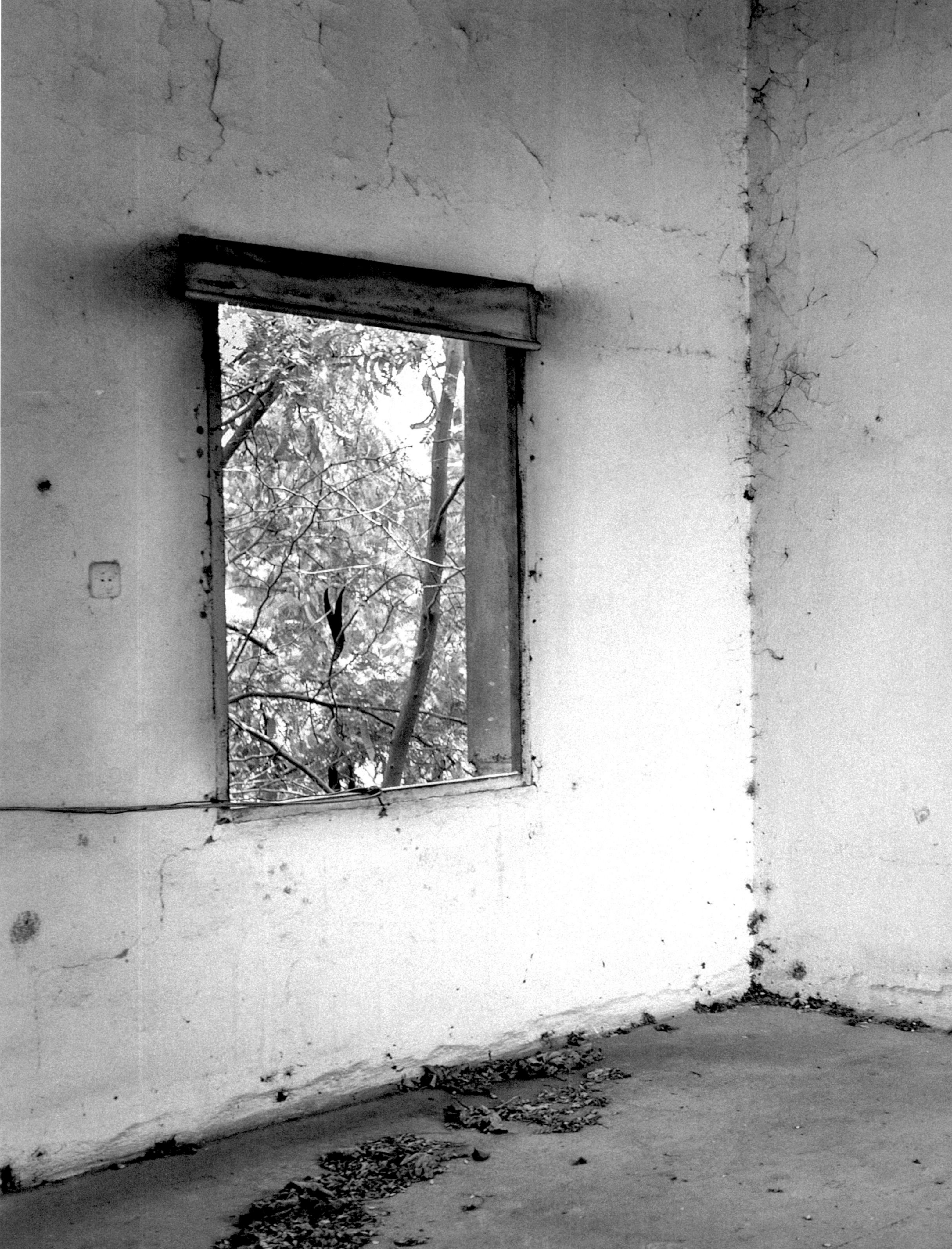

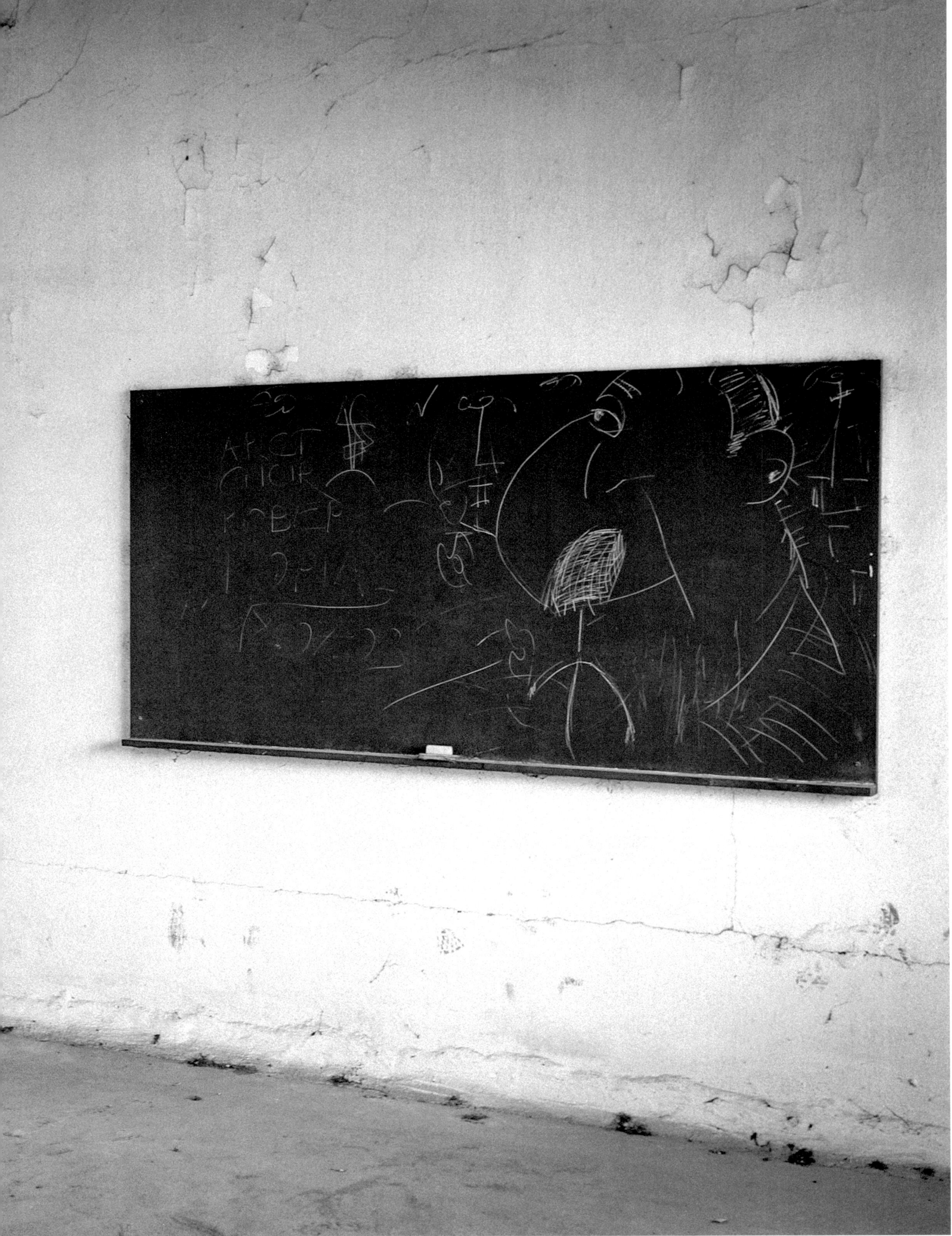

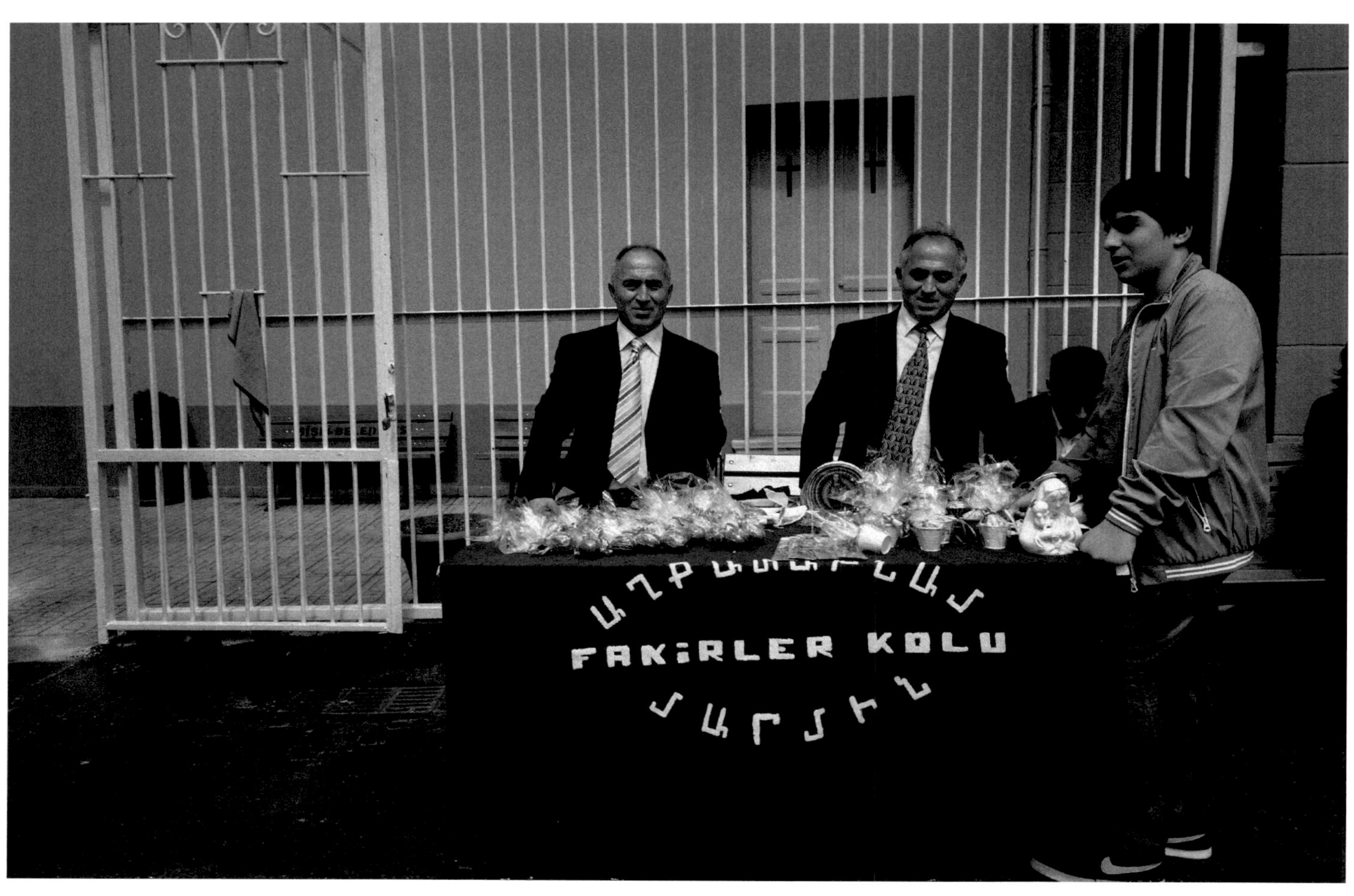

Ֆերիգիւղի Ս. Վարդանանց եկեղեցին: Աղքատախնամ մարմնի սեղանը:

Feriköy Surp Vartanans Ermeni Kilisesi, fakirler için açılan yardım kolu masası.

Table for the Aid to the Indigent Arm of the Feriköy Saint Vartanans Armenian Church.

L'Église Arménien Saint-Vartan de Férikeuï, une table d'aide pour les pauvres.

Շիշլի, Պոլիս / Şişli, İstanbul - 04.2012

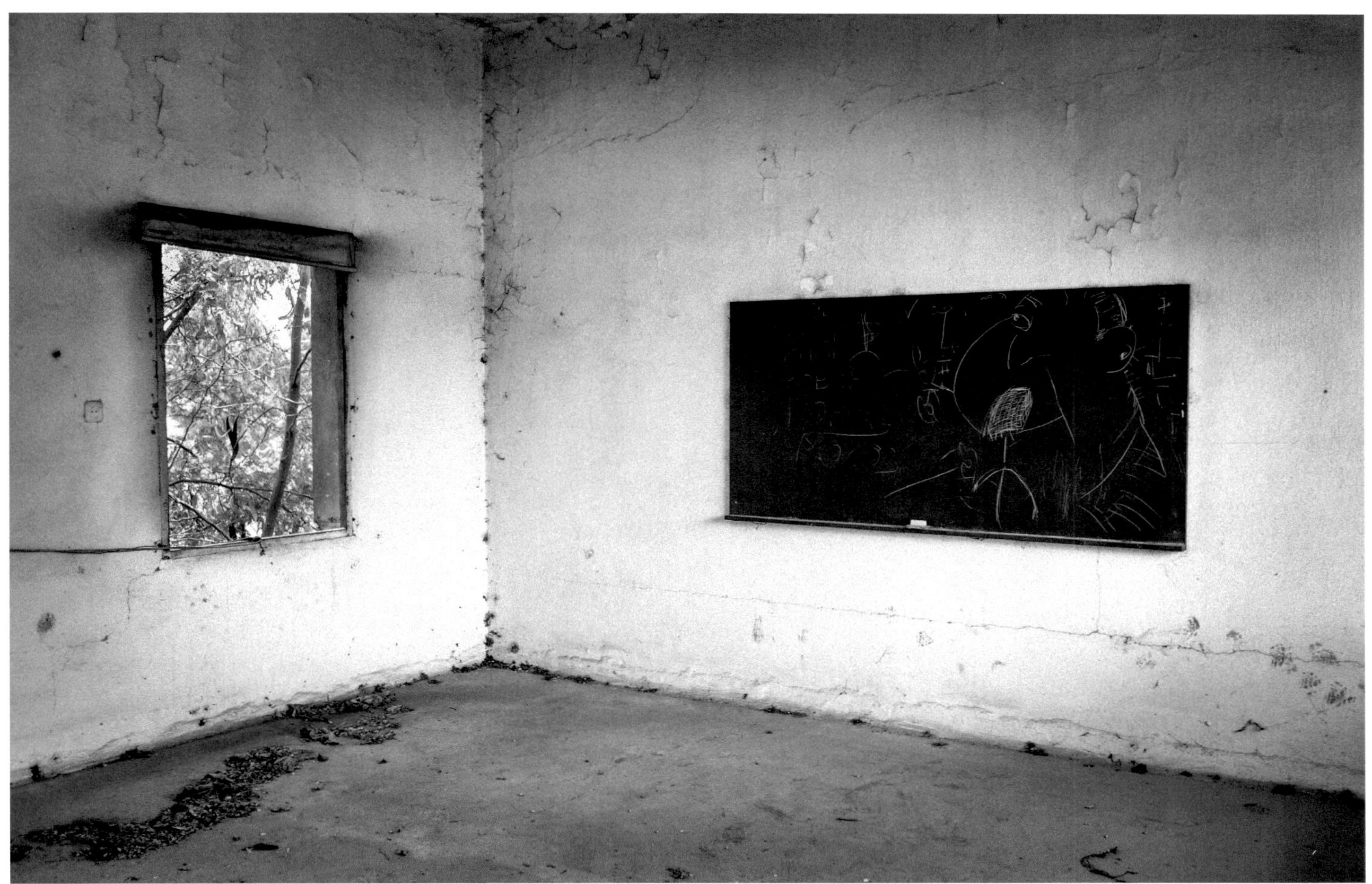

Կէտիկփաշայի Հայ Աւետարանական եկեղեցւոյ հոգաբարձուներուն կողմէ 1962-ին գնուած գետնին վրայ կառուցուած Թուզլայի մանկանց ջամբարը, “Քամփ Արմէն”ը, որու կալուածաթուղթը 23 Փետրուար 1979-ին Վաքըֆներու ընդհանուր տնօրէնութեան կողմէ ջնջուեցաւ ու շէնքը ձրիաբար յանձնուեցաւ տարածքի նախկին սեփականատիրոջ:

İstanbul Gedikpaşa Ermeni Kilisesi Vakıf Yöneticilerinin, 1962 yılında Tuzla'da satın aldıkları arazi üzerine inşa edilen Ermeni Çocuk Kampı'nın, Vakıflar Genel Müdürlüğü'nce 23 Şubat 1979 tarihinde tapunun iptal edilerek, arazinin eski sahibine bila bedel verilmesi sonucu boşaltılan bina.

The empty Armenian Children's Camp building. In 1962, the Administrators of the Istanbul Gedikpaşa Armenian Church Foundation purchased land and erected this building for the Armenian Children's Camp. On February 23, 1979, the land deed was revoked and returned to the previous owner by order of the General Foundation Administration.

Le bâtiment du Camp d'Enfants Arméniens, construit sur un terrain à Tuzla, acheté en 1962 par les administrateurs de la Fondation de l'Église Arménien de Gedikpacha d'Istanbul qui ont été obligés d'évacuer à cause de l'annulation de leur titre de propriété par l'Administation Générale des Fondations, le 23 Février 1979.

Թուզլա, Պոլիս / Tuzla, İstanbul - 08.2012

Ֆերիգիւղի Ս. Վարդանանց եկեղեցին։

Feriköy Surp Vartanans Ermeni Kilisesi.

Feriköy Saint Vartanans Armenian Church.

L’ Église Arménien Saint-Vartan de Férikeuï.

Շիշլի, Պոլիս / Şişli, İstanbul - 04.2012

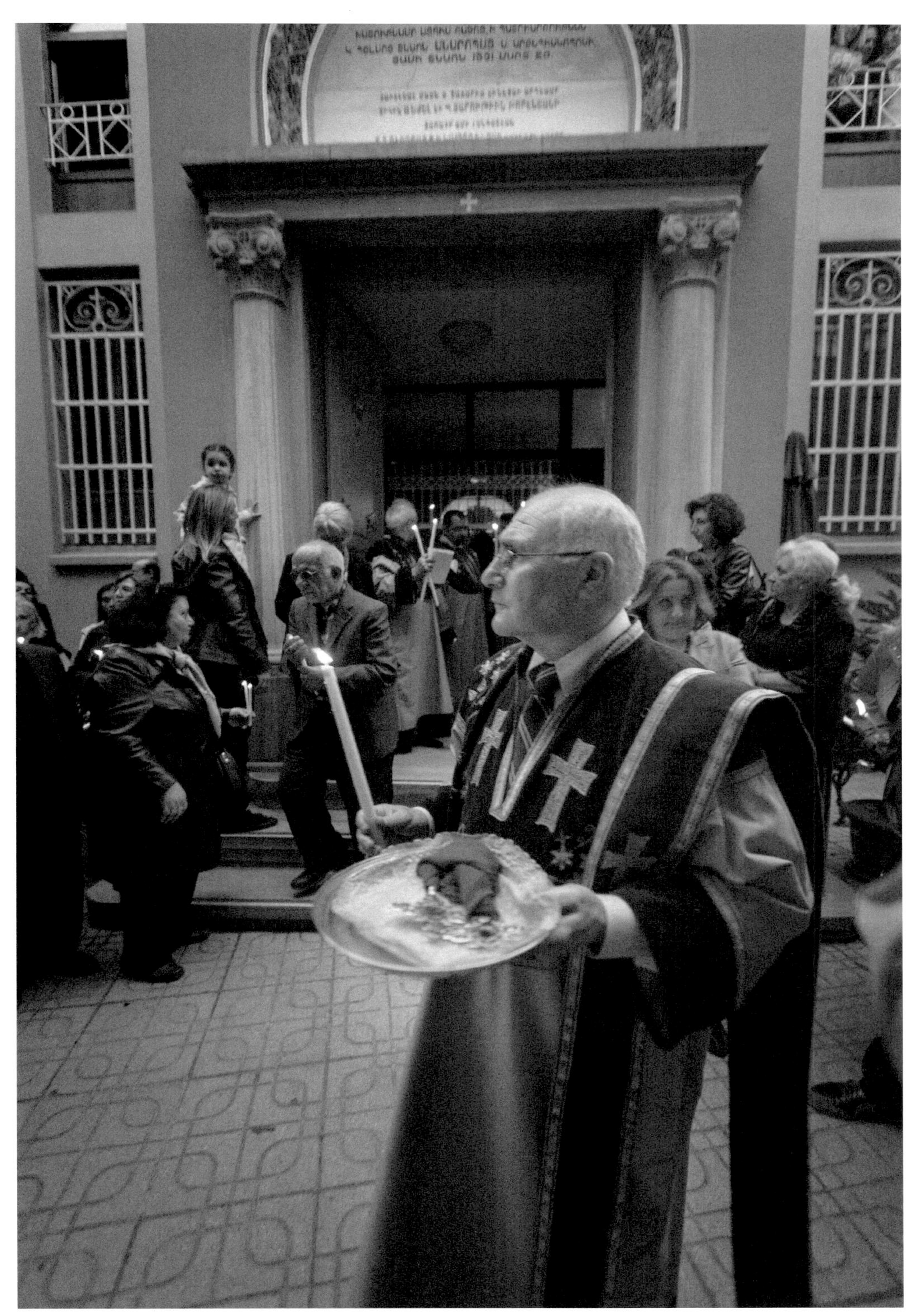

Ֆերիգիւղի Ս. Վարդանանց եկեղեցւոյ շրջափակը, Ս. Զատկի արարողութիւն:

Feriköy Surp Vartanans Ermeni Kilisesi bahçesinde Paskalya dini töreni.

Religious Easter ceremony in the garden of the Feriköy Saint Vartanans Armenian Church.

Cérémonie religieuse de Pâques dans le jardin de l'Église Arménien Saint-Vartan de Férikeuï.

Շիշլի, Պոլիս / Şişli, İstanbul - 04.2012

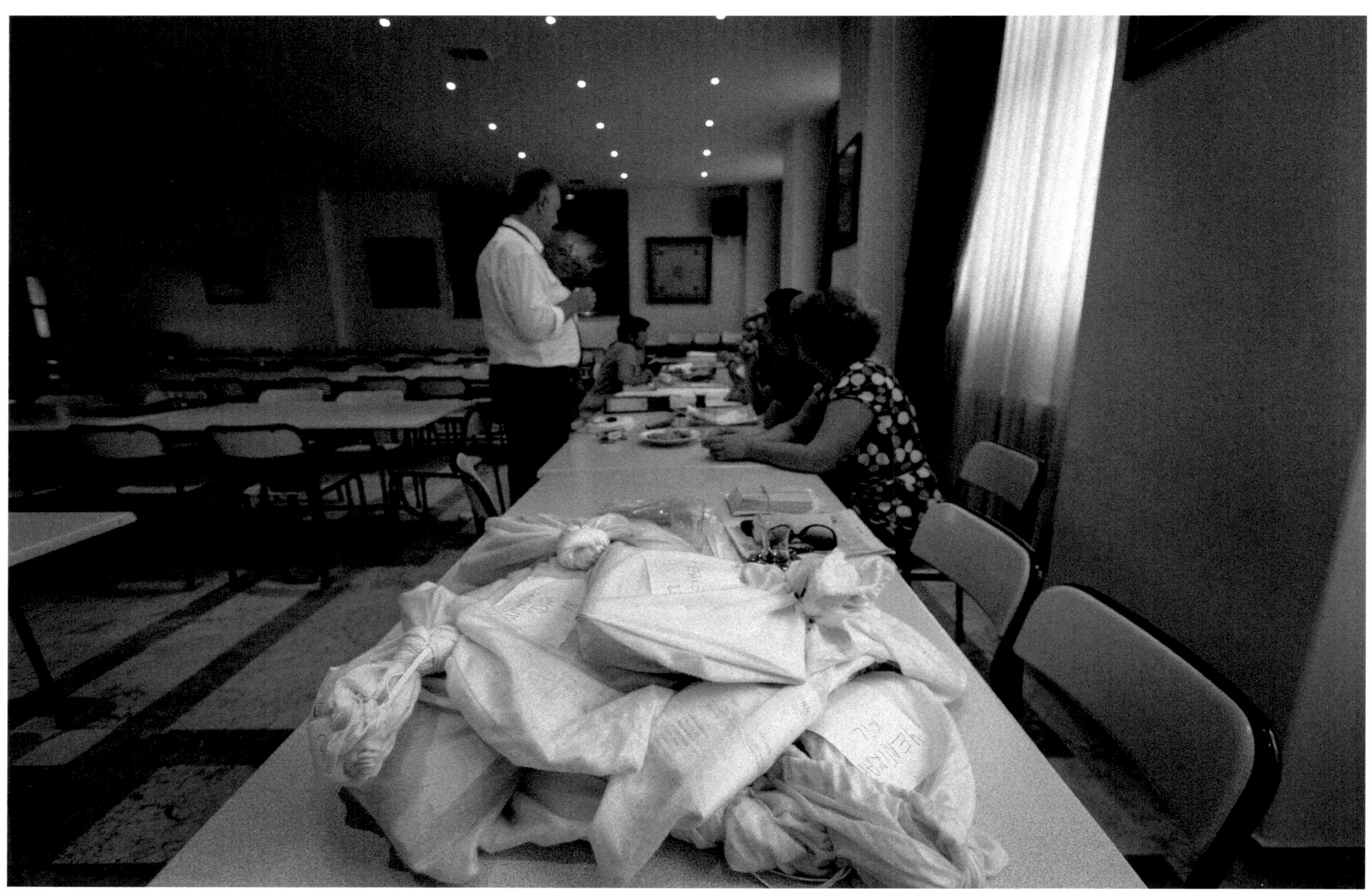

Ս. Խաչ Դպրեվանքի խնամակալութեան ընտրութիւնը, որ 27 տարի վերջ իրականացաւ պետական արտօնութեամբ:

27 yıl sonra resmi izinle gerçekleşebilen, Surp Haç Tıbrevank Ermeni Ruhban Okulu Vakfı yönetim kurulu aday seçimi.

After waiting 27 years for official permission to hold elections, administrator candidates are chosen for the board of trustees for the Cathedral of the Surp Hac Tıbrevank Armenian School Foundation.

Élections pour le conseil d'administration de la Fondation de l'École Religieuse Sainte-Croix Tıbrevank, réalisées après 27 ans avec une autorisation officielle.

Պոլիս / İstanbul - 07.2012

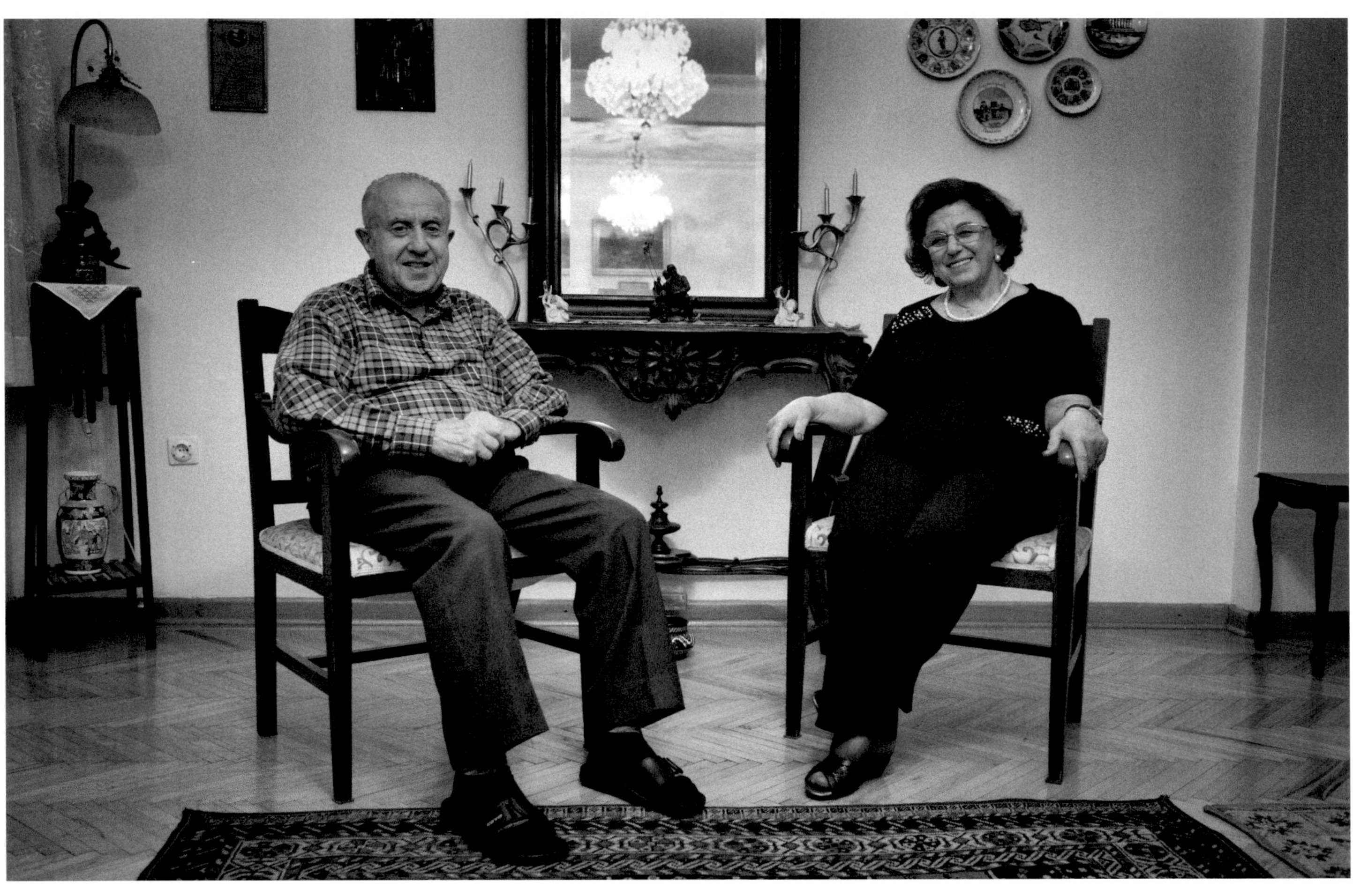

Մարուքեան ընտանիքը, որ երկու սերունդէ ի վեր կը բնակի Պոլիս:

İki kuşaktır İstanbul'da yaşayan Marukyan ailesi.

Two generations of the Marukyan family living in Istanbul.

La famillle Maroukian vivant depuis deux générations à Istanbul.

Քուրթուլուշ, Շիշլի, Պոլիս / Kurtuluş, Şişli, İstanbul - 03.2014

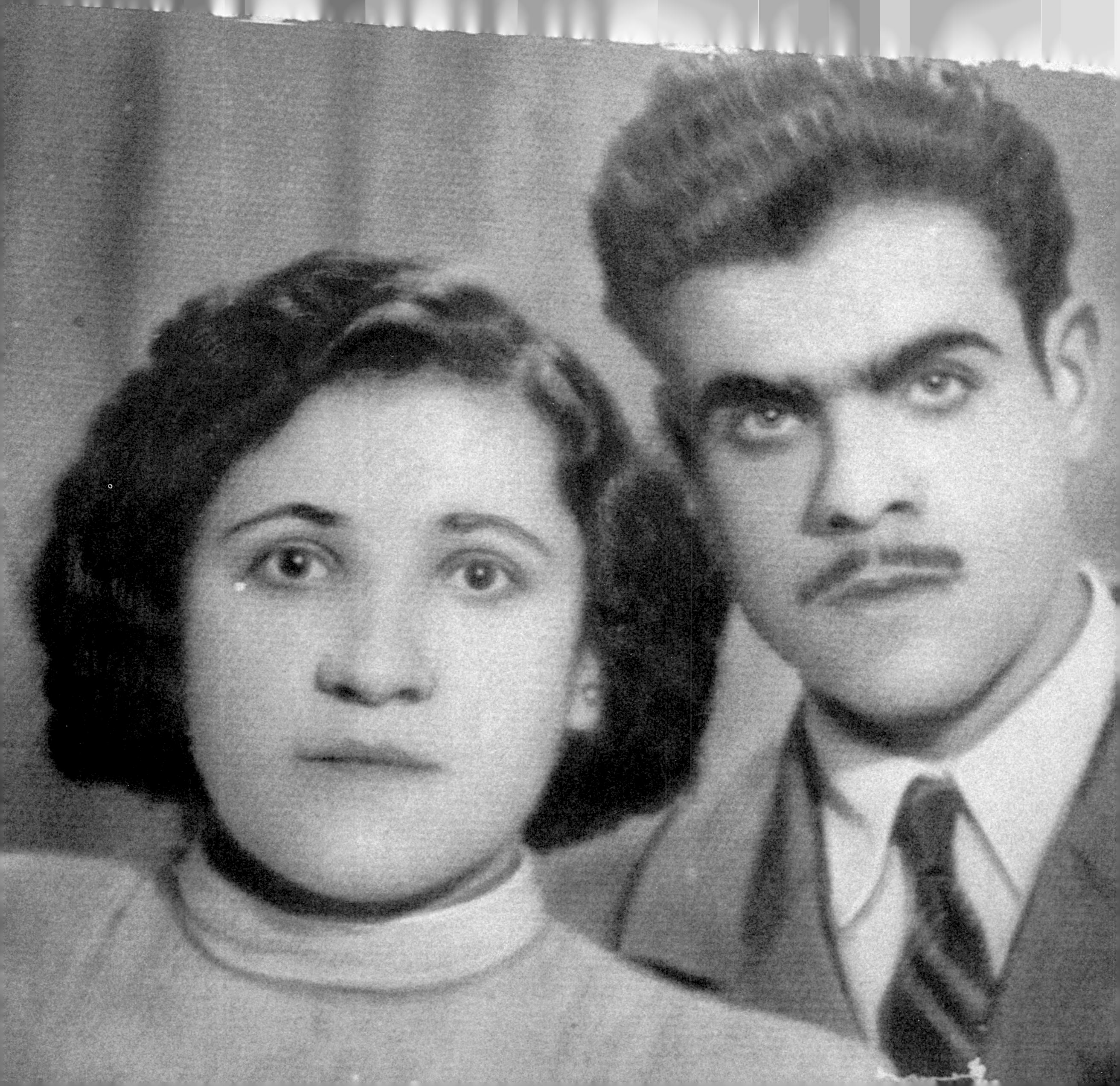

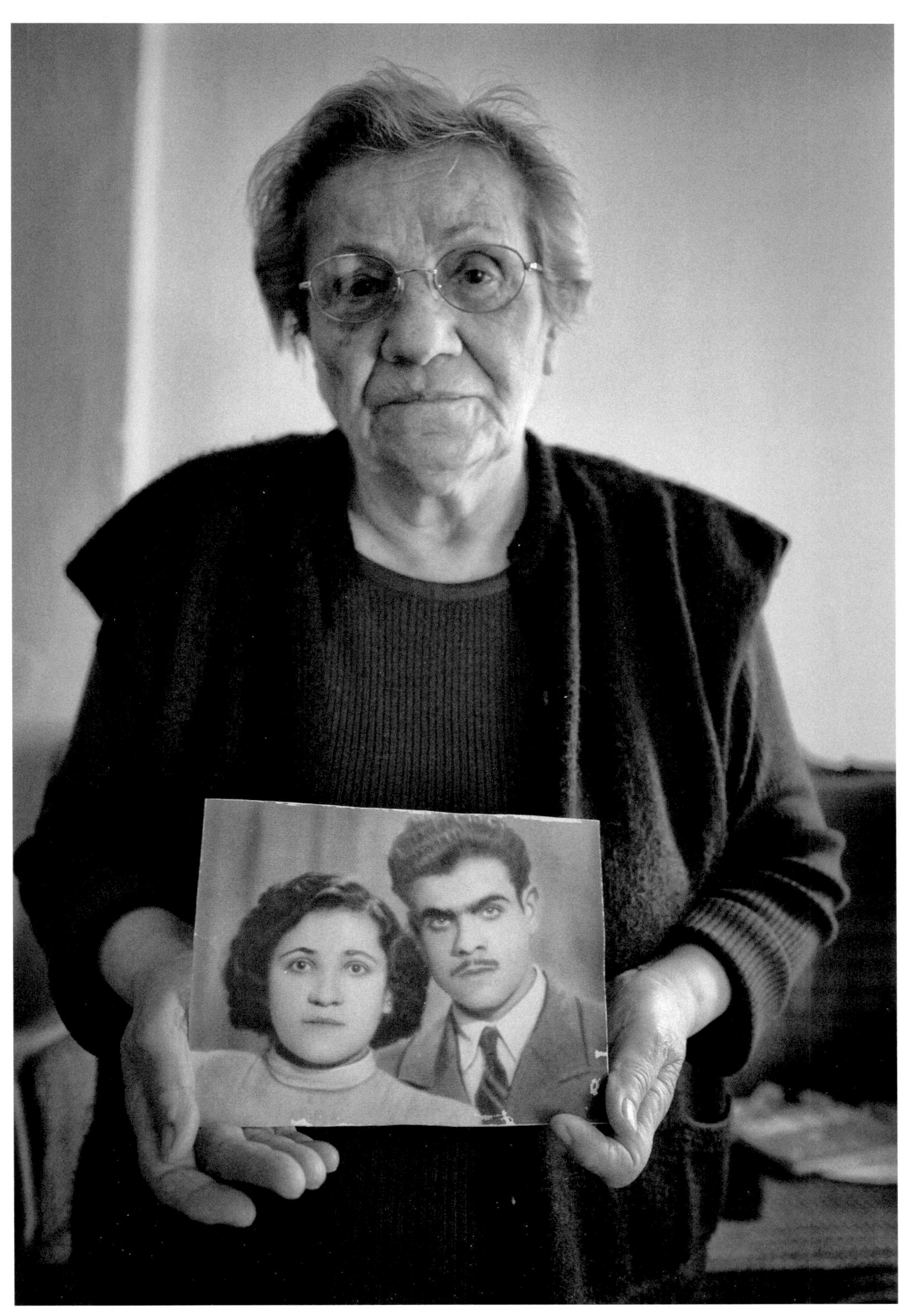

Իսկուհի Թաշճըօղլու կ'երեւի 24 տարի առաջ կորսնցուցած ամուսնոյն հետ լուսանկարուած նկարով: Պէշիկթաշի Սուրբ Աստուածածին եկեղեցւոյ պատկանող տան մէջ:

İsguhi Taşçıoğlu; 24 yıl önce hayata gözlerini yuman eşiyle çekilmiş fotoğrafı. Beşiktaş Surp Asdvadzadzin Ermeni Kilisesi Vakıf Evi.

İsguhi Taşçıoğlu with a photograph of herself and her husband from 24 years before. Beşiktaş Surp Asdvadzadzin Armenian Church Foundation House.

Isguhi Tasçıoğlu avec la photo de son époux décédé il y a 24 ans. Le Foyer de la Fondation de l'église Arménien Sainte-Mère-de-Dieu de Beşiktaş.

Պէշիկթաշ, Պոլիս / Beşiktaş, İstanbul - 05.2014

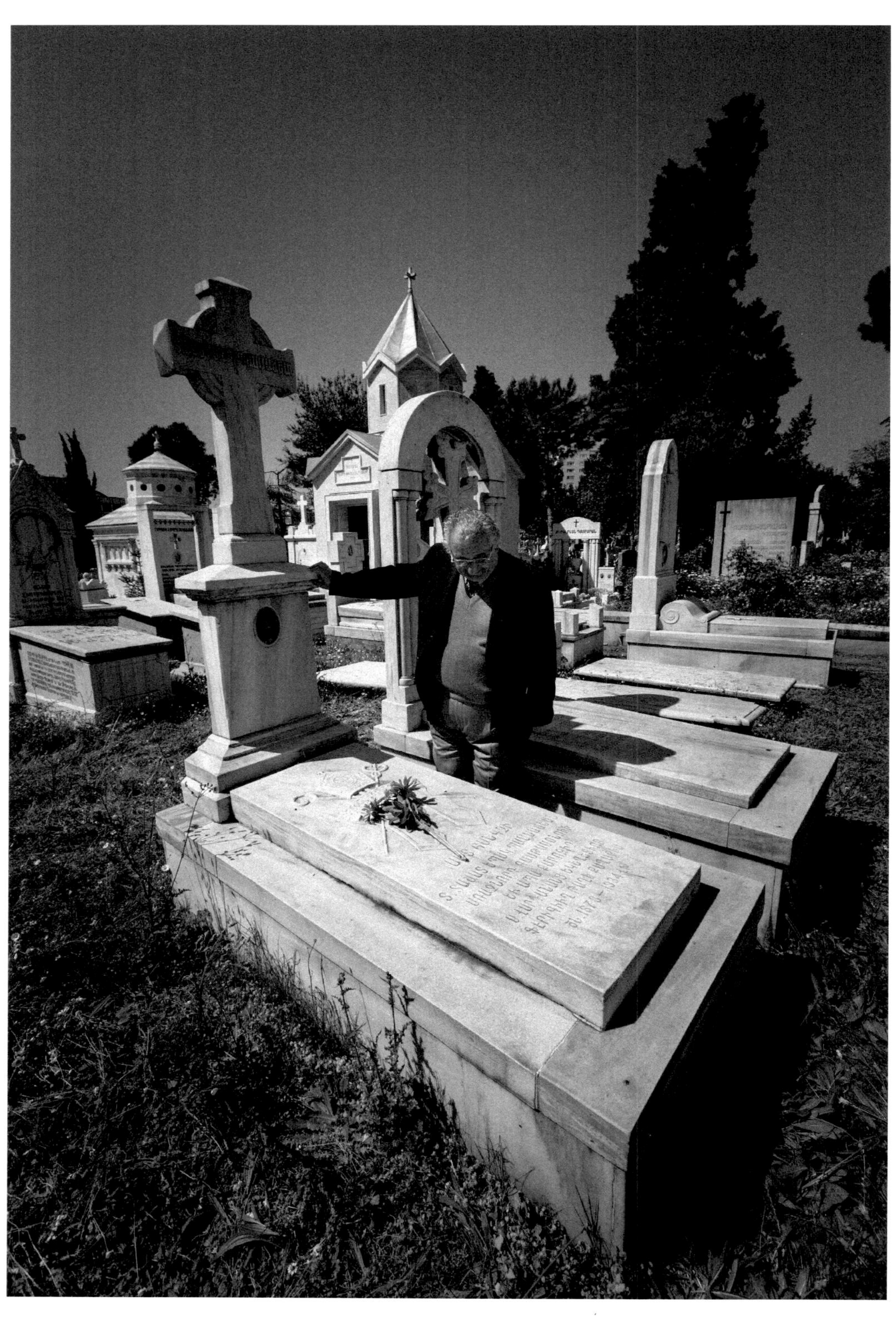

Հայոց գերեզմանատունը:

Ermeni mezarlığı.

Armenian cemetary.

Le cimetière Arménien.

Շիշլի, Պոլիս / Şişli, İstanbul - 04.2012

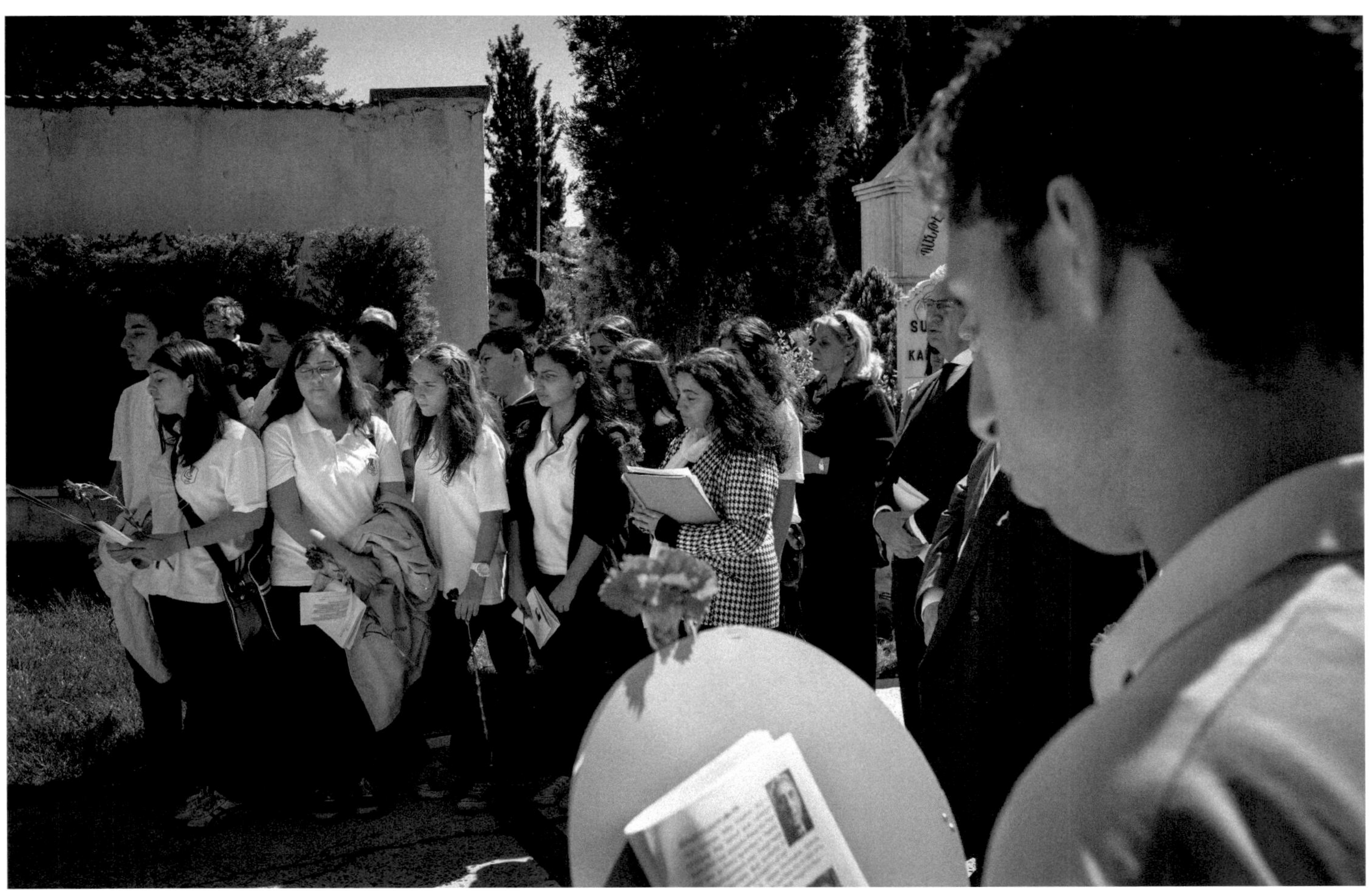

Կեդրոնական վարժարանի 125-ամեակին առթիւ Շիշլիի գերեզմանատան մէջ կ'ոգեկոչուին հանգուցեալ հիմնադիրները, հոգաբարձուները, տնօրէնները, ուսուցիչներն ու շրջանաւարտները:

Getronagan Ermeni Lisesi kuruluşunun 125. yılı vesilesiyle; kurucuları, yönetim kurulu üyeleri, müdür, öğretmen ve mezunlarının, Şişli Ermeni Mezarlığı'nda anılması.

Getronagan Armenian High School's founders, members of the board of directors, principal, teachers, and alumni gathered in the Şişli Armenian Cemetary on the 125th anniversary of the school's founding.

Le Cimetière Arménien de Şişli, commémoration des fondateurs, membres, directeurs, enseignants et élèves du Lycée Arménien Getronagan pour le 125ème anniversaire.

Շիշլի, Պոլիս / Şişli, İstanbul - 04.2012

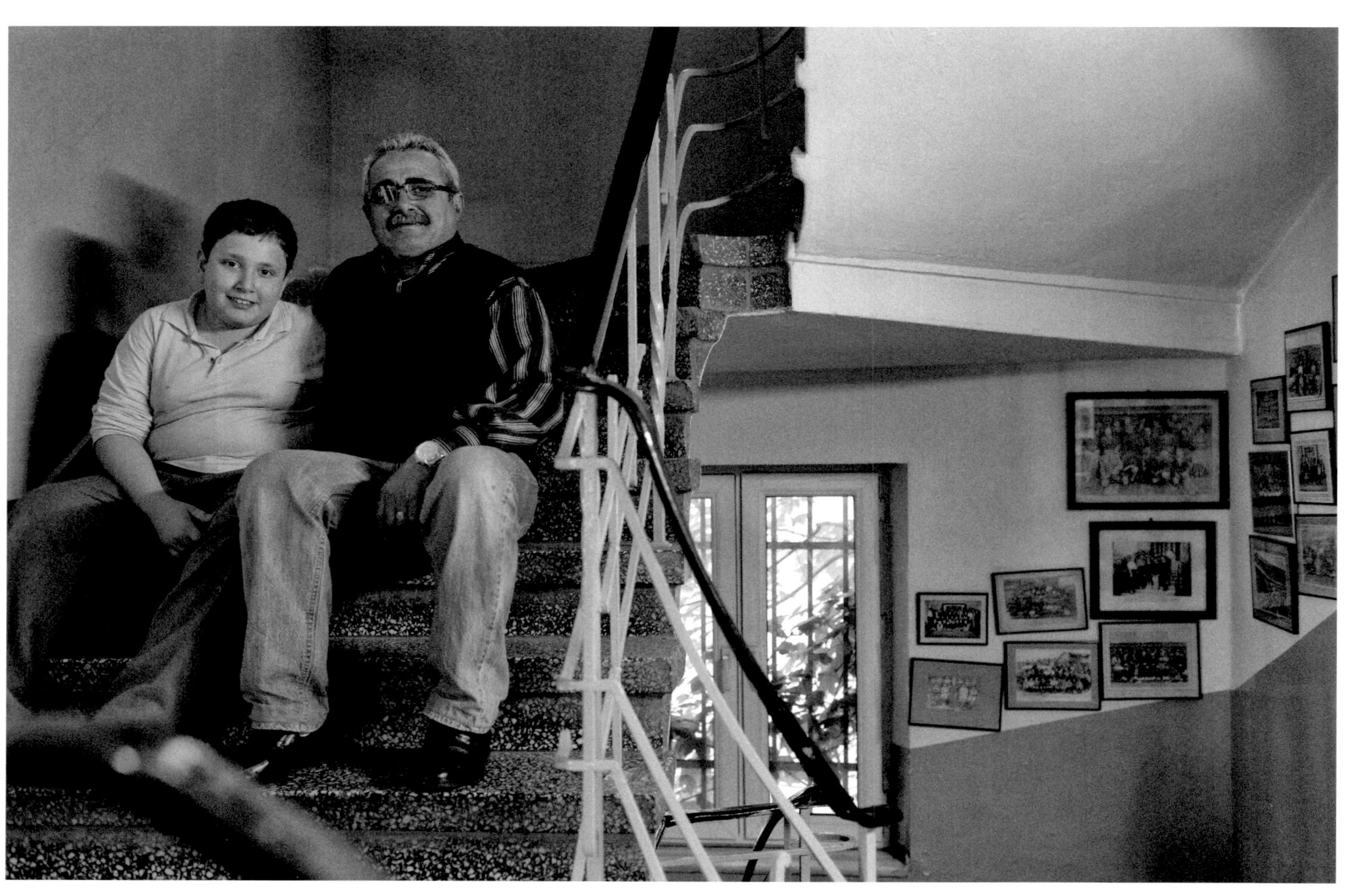

Պոմոնթիի Մխիթարեան նախակրթարանը, որ այժմ ունի 34 աշակերտ:

Günümüzde 34 öğrencisi bulunan, Şişli Bomonti Ermeni Katolik İlköğretim Okulu.

Şişli Bomonti Armenian Catholic Primary School, with 34 current students.

L' École Primaire Arménienne Catholique de Bomonti à Şişli, qui a actuellement 34 élèves.

Պոլիս / İstanbul - 05.2014

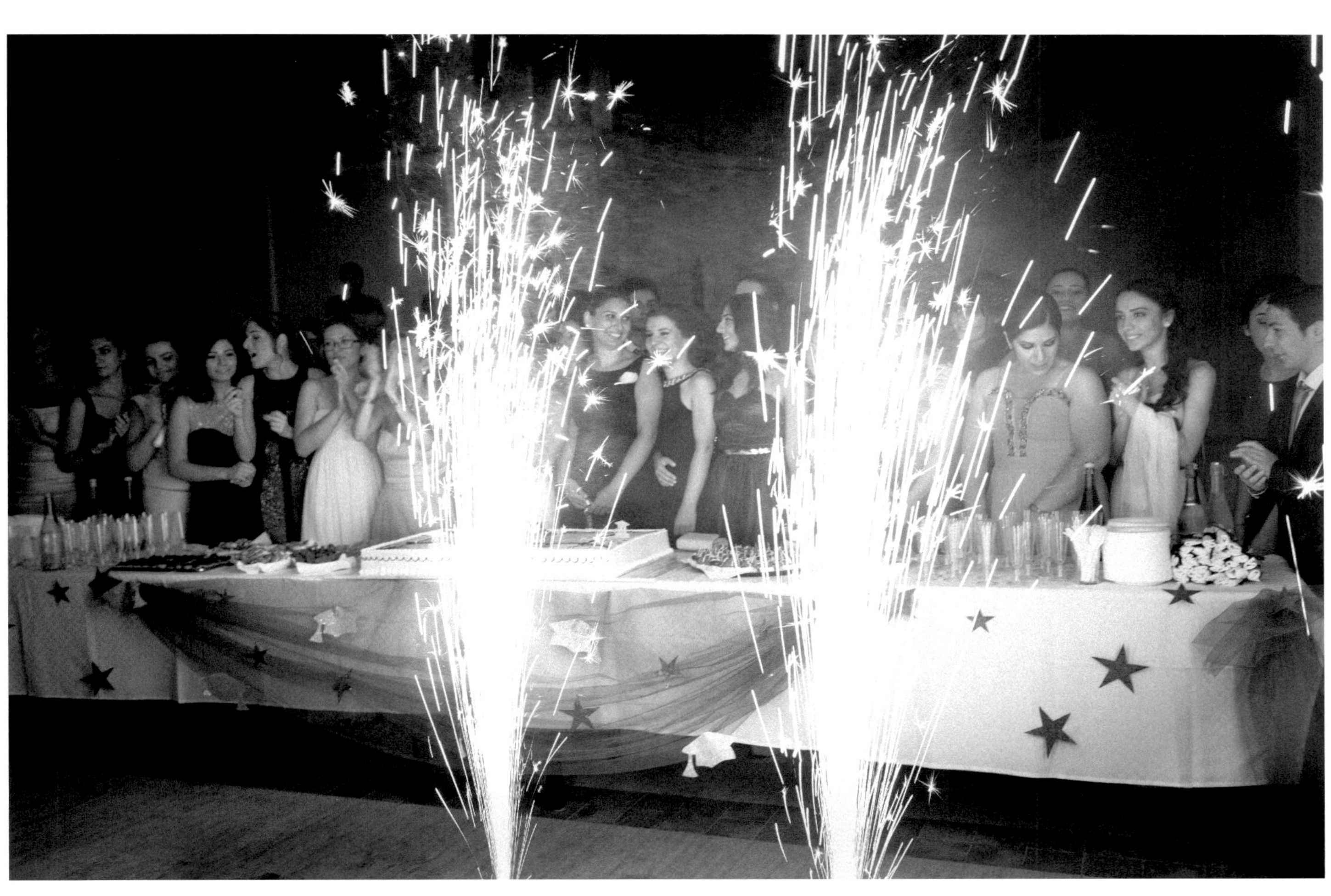

Շրջանաւարտութեան հանդէս Կեդրոնական վարժարանի:

Getronagan Lisesi'nden mezuniyetlerini kutlayan Ermeni gençler.

Getronagan High School alumni celebrate newly graduating Armenians.

Jeunes Arméniens célèbrant leurs diplômes du Lycée Getronagan.

Պոլիս / İstanbul - 06.2013

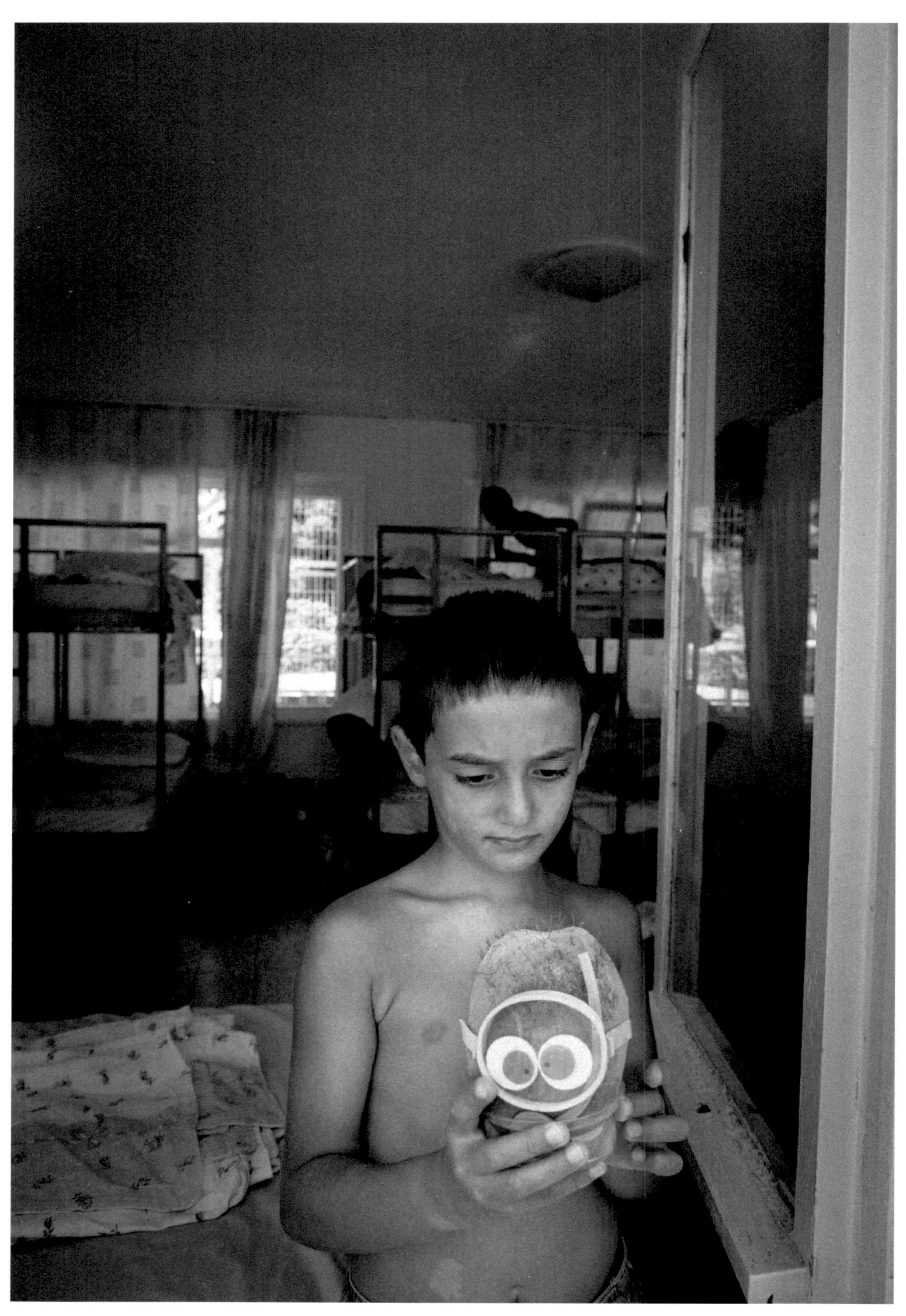

Գարակէօզեան որբանոցի Կազդուրման կայանի արական ննջարանը:

Karagözyan Yetimhanesi Gazturman Gayan Yaz Kampı erkekler yatakhanesi.

Boys' dormitory at Karagözyan Orphanage's Gazturman Gayan Summer Camp.

Le dortoir des garçons du Camp d'été Gazturman Gayan de l'Orphelinat Karagueuzian.

Գնալը կղզի, Պոլիս / Kınalıada, İstanbul, 08.2012

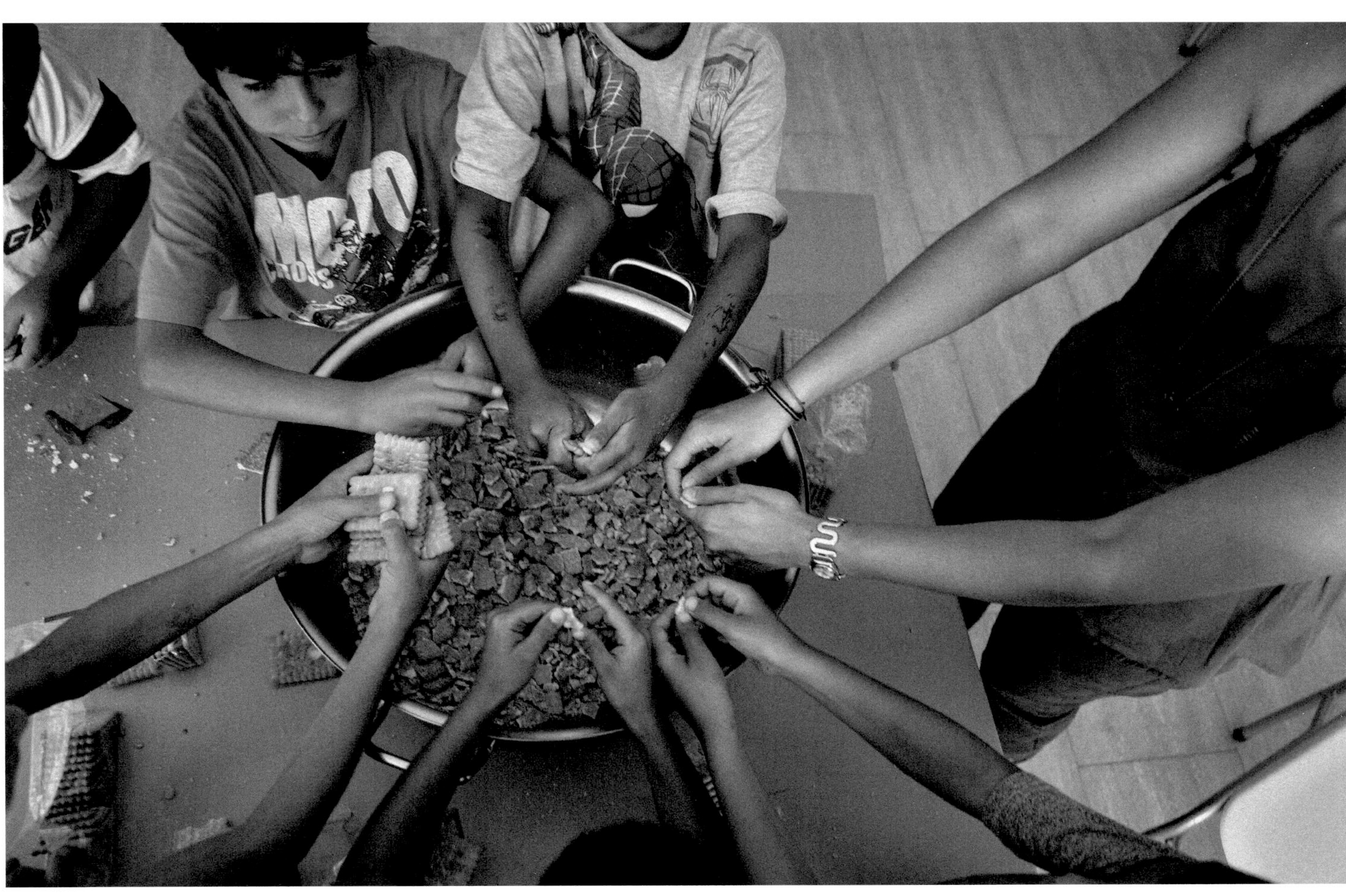

Գարակէօզեան որբանոցի Կազդուրման կայանը:

Karagözyan Yetimhanesi Gazturman Gayan Yaz Kampı.

Karagozyan Orphanage’s Gazturman Gayan Summer Camp.

Le Camp d’été Gazturman Gayan de l’Orphelinat Karagueuzian.

Գնալը կղզի, Պոլիս / Kınalıada, İstanbul - 08.2012

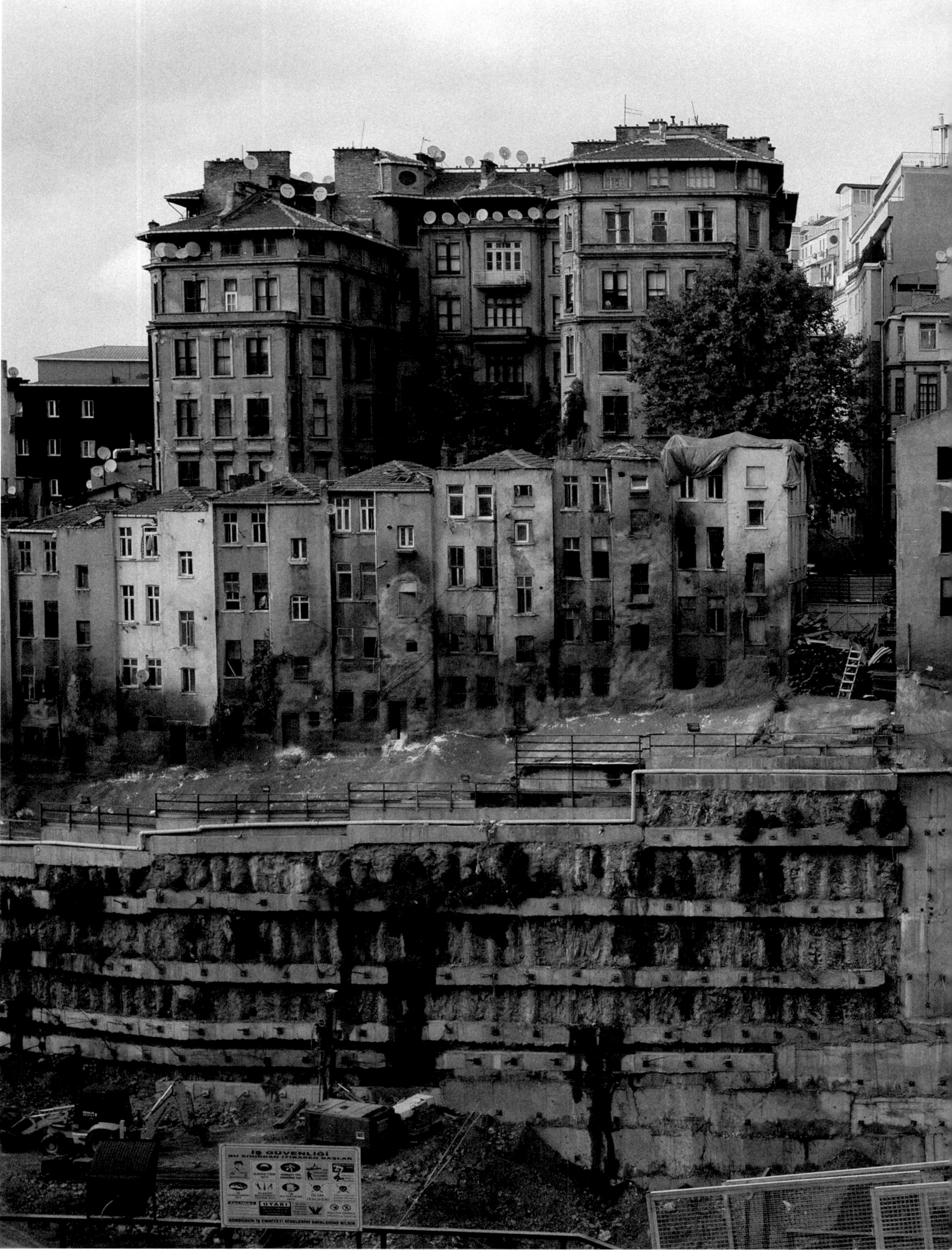
İŞ GÜVENLİĞİ
UYARI

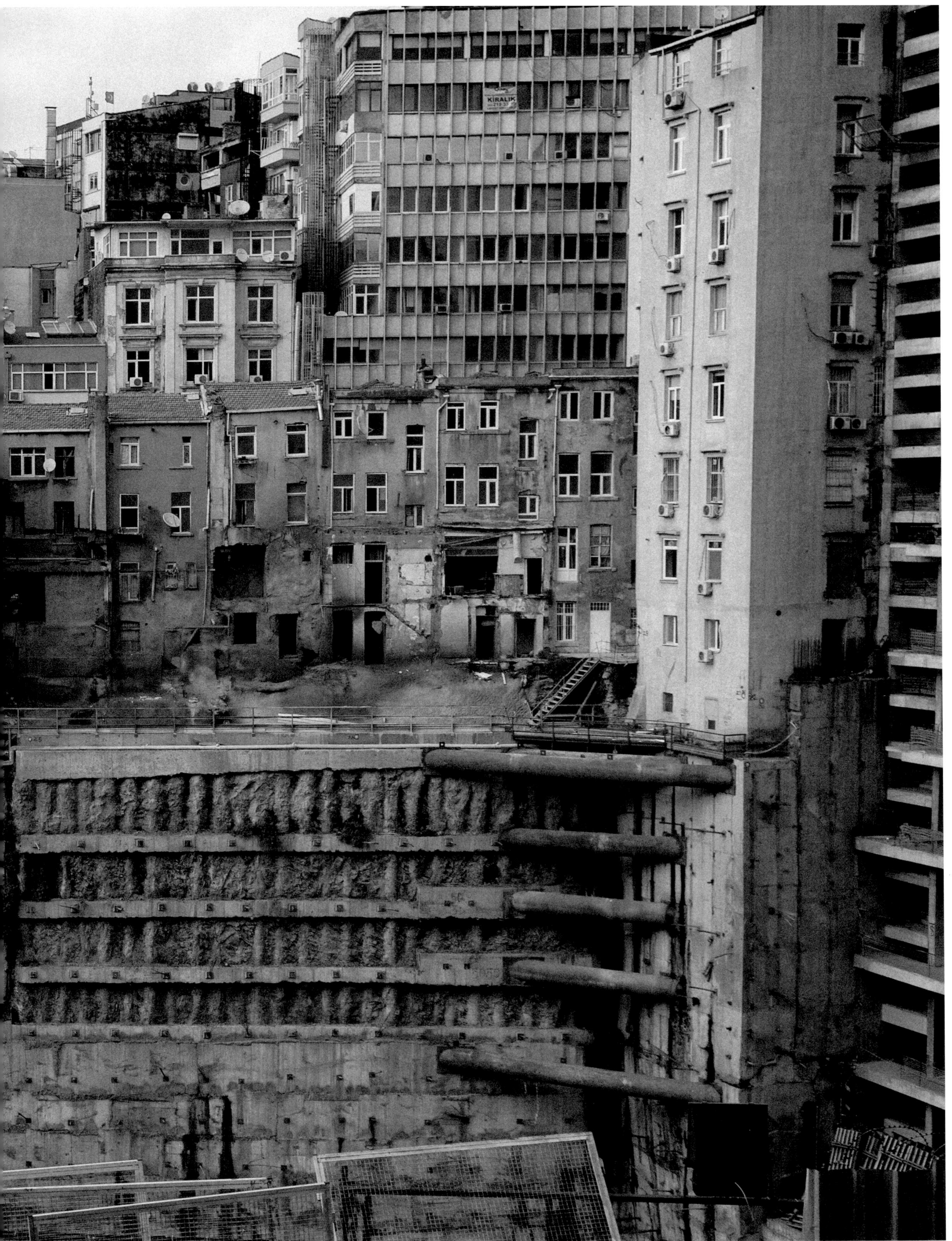
KİRALIK

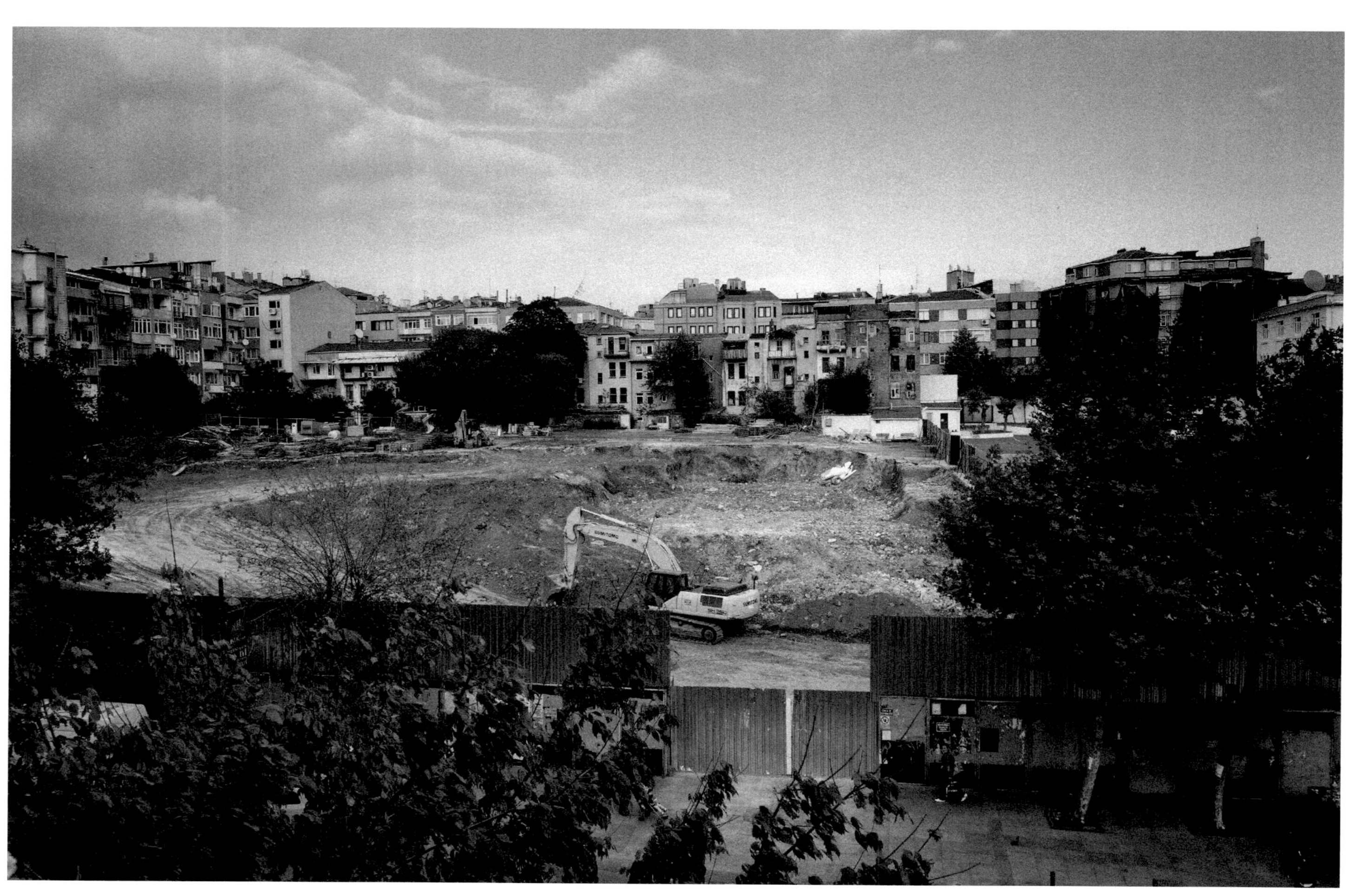

Շինարարական աշխատանք՝ Մխիթարեան միաբանութեան Փանկալթըի վարժարանին պատկանող տարածքին վրայ:

Pangaltı Ermeni Katolik Mıhitaryan Okul Vakfı'na ait tarihi İnci sinemasının da bulunduğu arazide inşaat çalışması.

Construction on the site where historic cinema "İnci" belonged to the Pangaltı Armenian Catholic Mıhitaryan School Foundation.

Travaux de construction sur le terrain de la salle de cinéma historique İnci, appartenant à la Fondation de l' École Arménienne Catholique Mıhitarian à Pangaltı.

Պոլիս / İstanbul - 10.2014

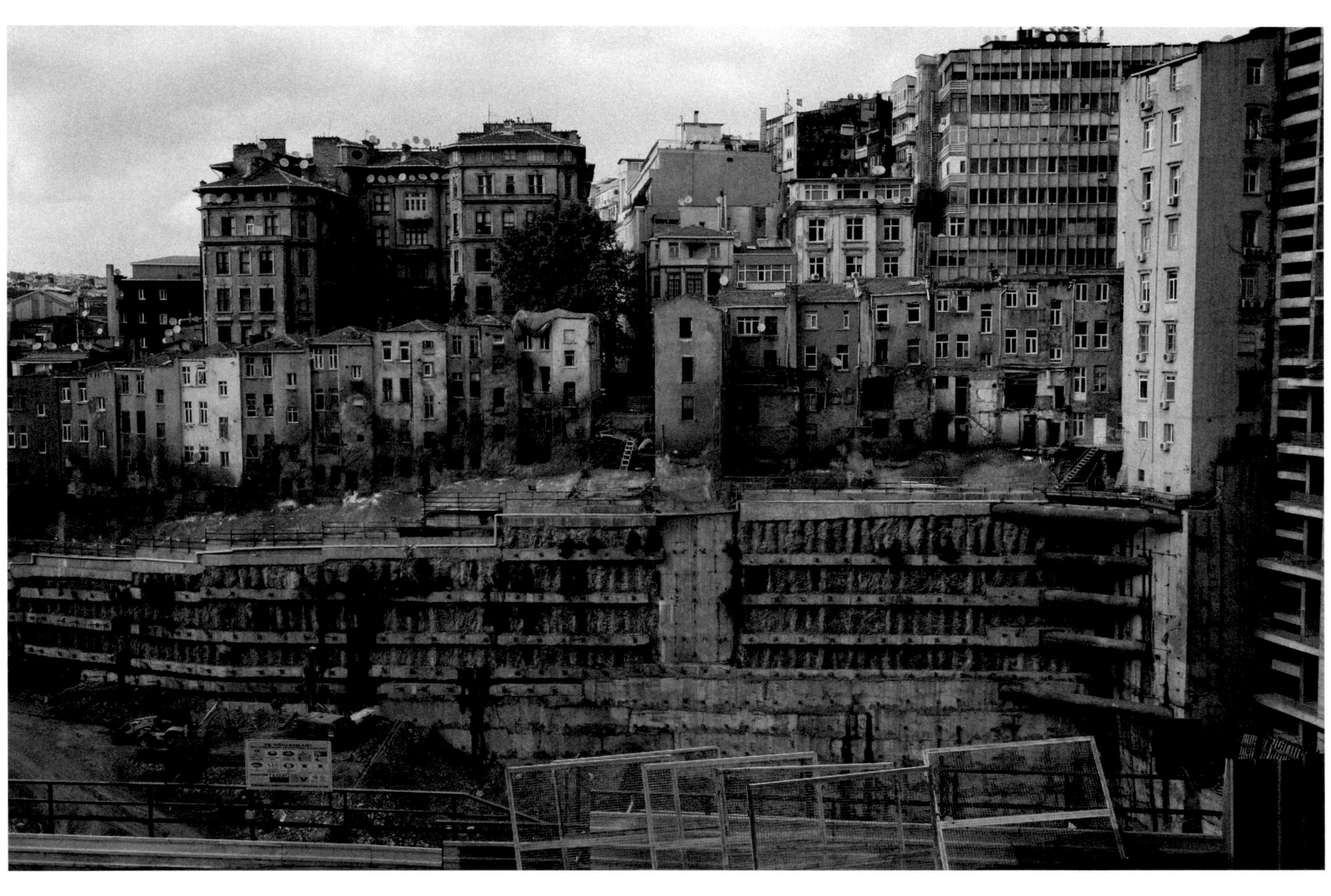

Ս. Յակոբ հիւանդանոցի տարածքը, որ վերածուած է շինարարական հրապարակի մը։

Surp Agop Hastanesi'nin inşaat alanına dönmüş arazisi.

The Saint Agop Hospital area turned into a construction site.

Le terrain de l'Hôpital Saint-Jacques transformée en terrain de construction.

Էլմատաղ, Թաքսիմ, Պոլիս / Elmadağ, Taksim, İstanbul - 10.2014

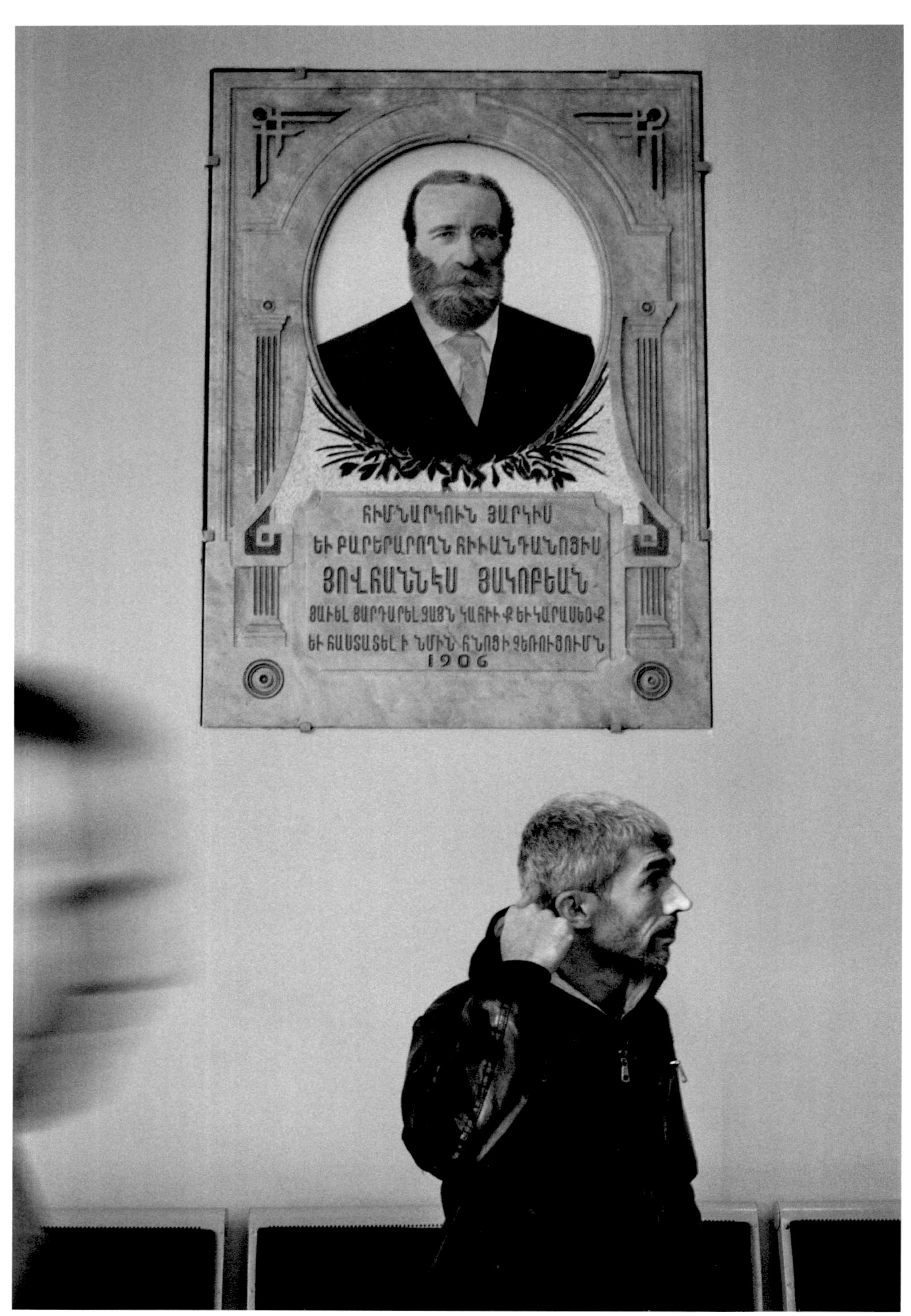

Սուրբ Փրկիչ Ազգային հիւանդանոց:
Surp Pırgiç Ermeni Hastanesi.
Saint Prgiç Armenian Hospital.
L'Hôpital Arménien Saint Sauveur.

Քազլըչեշմէ, Պոլիս / Kazlıçeşme, İstanbul - 12.2014

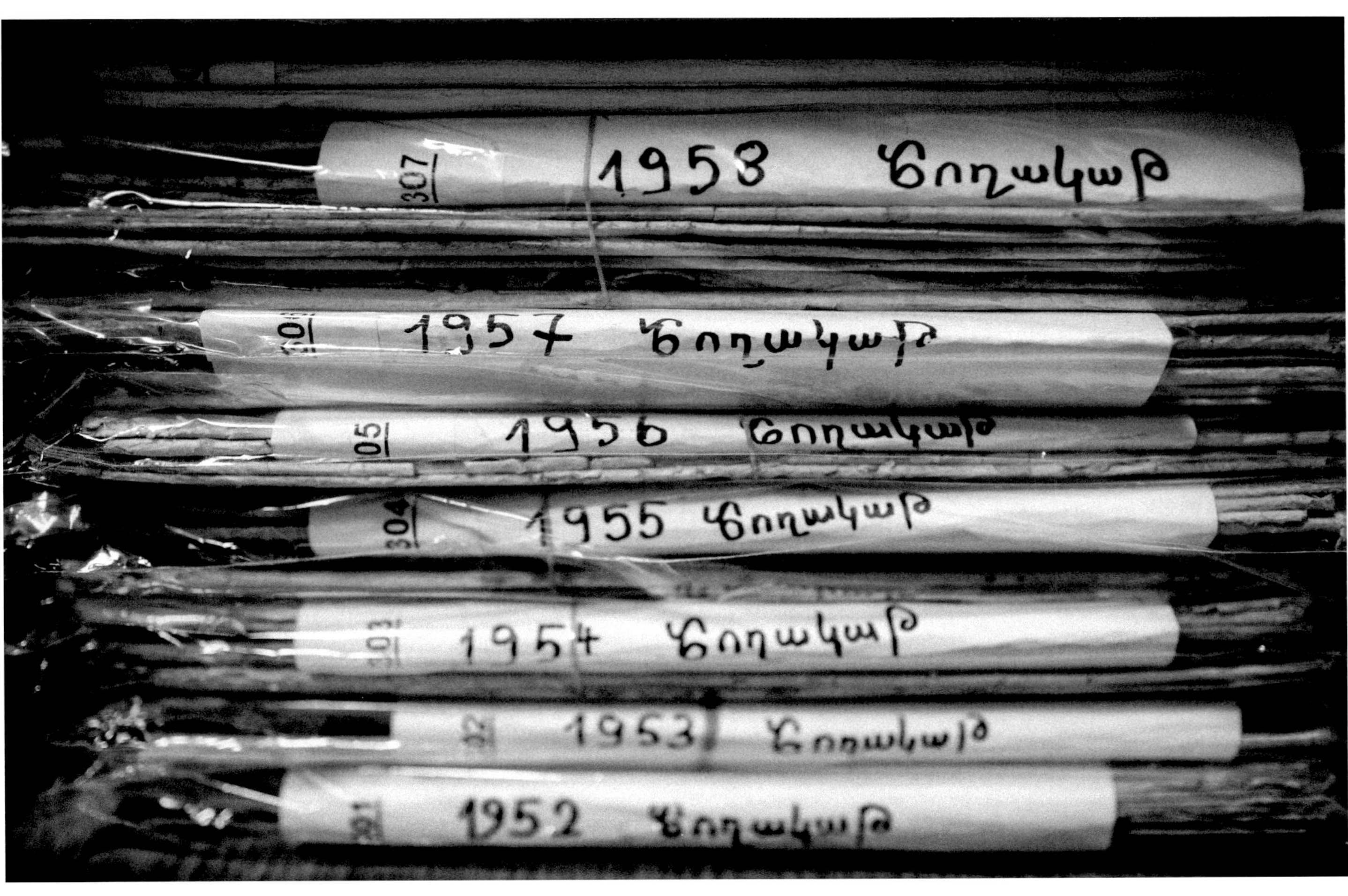

Սուրբ Փրկիչ Ազգային հիւանդանոցին արխիւը։

Surp Pırgiç Ermeni Hastanesi arşivi.

Saint Prgiç Armenian Hospital archives.

Les archives de l'Hôpital Arménien Saint Sauveur.

Քազլըչեշմէ, Պոլիս / Kazlıçeşme, İstanbul - 12.2014

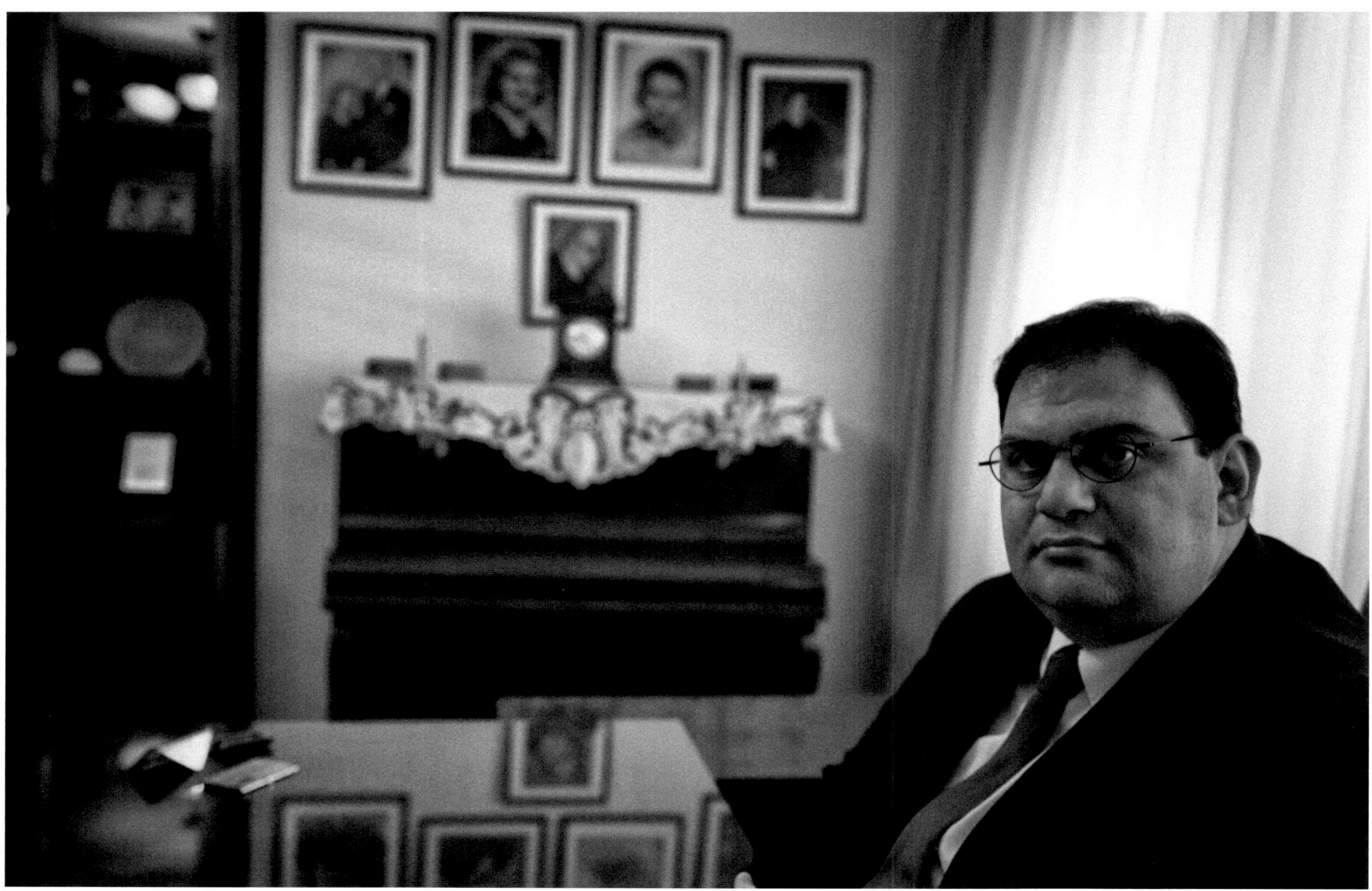

1908-էն ի վեր անխափան հրատարակուող, Թուրքիոյ եւ հայաշխարհի հնագոյն օրաթերթին՝ «Ժամանակ»ին չորրորդ սերունդը՝ Արա Գօչունեան. «Ժամանակ» օրաթերթ:

1908 ‘den beri Türkiye’de aralıksız yayınlanan Jamanak Gazetesi’nin dördüncü kuşaktan torunu olan Ara Koçunyan. Jamanak Gazetesi.

Ara Koçunyan, fourth generation publisher of Jamanak Newspaper, which has been published since 1908 - the longest continuous running daily in Turkey. Jamanak Newspaper.

Ara Koçunyan, arrière-petit-fils (quatrième génération) de la famille qui publie le journal Arménien le plus ancien (Jamanak) en Turquie, sans interruption depuis 1908. Le journal Jamanak.

Ֆերիգիւղ, Շիշլի, Պոլիս / Feriköy, Şişli, İstanbul - 08.2014

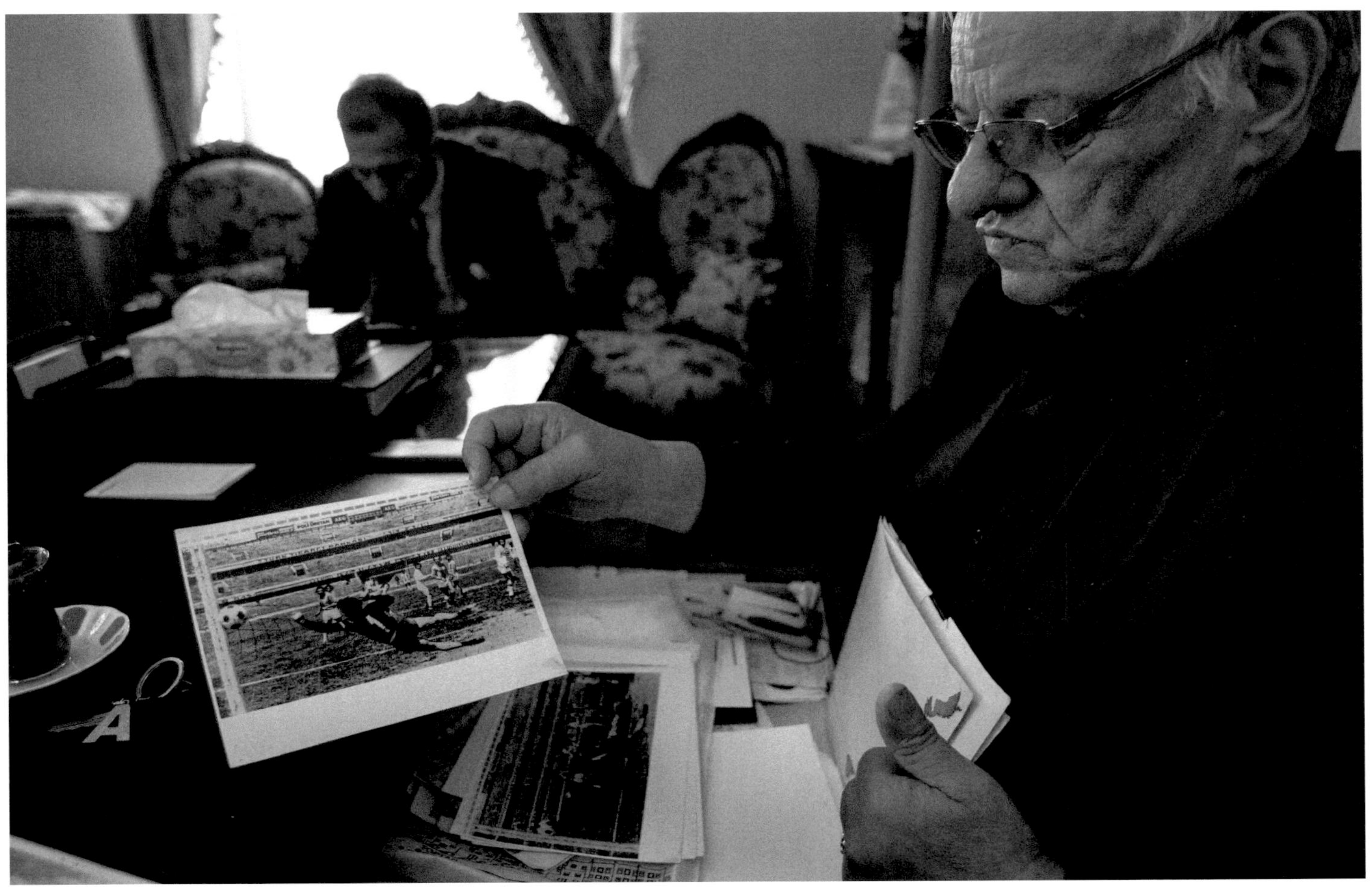

71 տարեկանին մահացած, թրքական ֆութպոլի անմոռանալի դարպասապահներէն մին՝ Ալեքսան Տատեան, որ հանդէս եկած է «Սարըյէր»ի, «Պէյքոզ»ի, «Թաքսիմսփոր»ի նման մարզակումբներուն, ինչպէս նաեւ Բանակի ազգային հաւաքականին կազմին մէջ:

71 yaşında hayata gözlerini yuman; Sarıyer, Beykoz, Taksimspor gibi kulüplerin yanısıra Ordu Milli Takımı'nda da görev almış, Türk futbolunun unutulmaz kalecilerinden Aleksan Dadyan.

Aleksan Dadyan who passed away at 71-year-old, was one of unforgettable goal keepers of Turkish football history. He played for the National Army Team as well as clubs like Sarıyer, Beykoz, Taksimspor.

Aleksan Dadian, gardien de but inoubliable du football en Turquie; il avait joué aux équipes de Sarıyer, Beykoz, Taksimspor et l'Equipe Nationale Militaire. Décédé à 71 ans.

Շիշլի, Պոլիս / Şişli, İstanbul - 04.2012

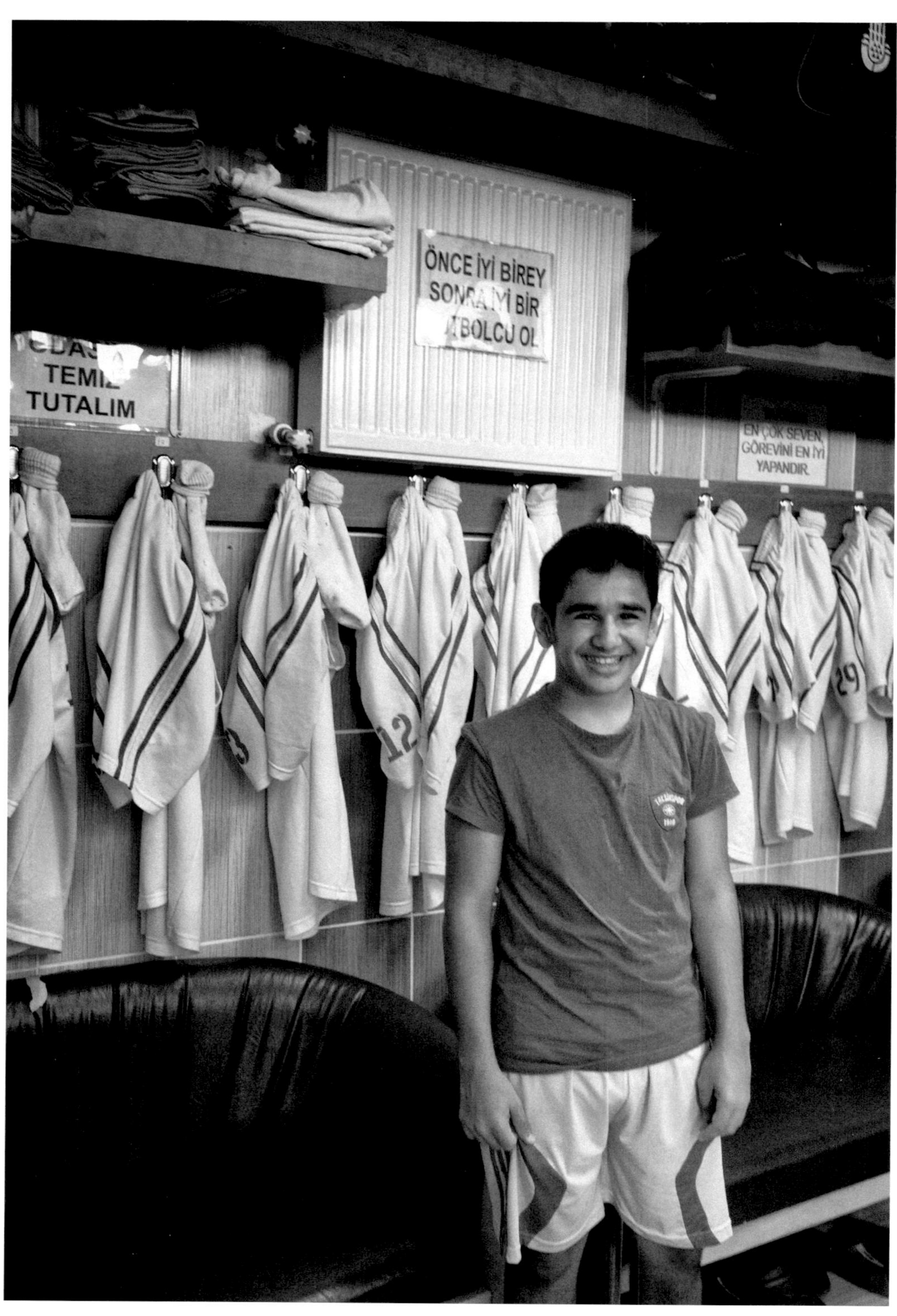

«Թաքսիմ» մարզակումբի մինչեւ 15 տարեկան խումբին աւագը՝ Սերտար: «Թաքսիմ» մարզակումբ.

Taksimspor Kulübü U15 takım kaptanı Serdar. Taksimspor Kulübü.

Taksimspor Club's captain Serdar, jersey number U15. Taksimspor Club.

Serdar, le capitaine de l'équipe U15 du club Taksimspor. Le Club Taksimspor.

Շիշլի, Պոլիս / Şişli, İstanbul - 08.2014

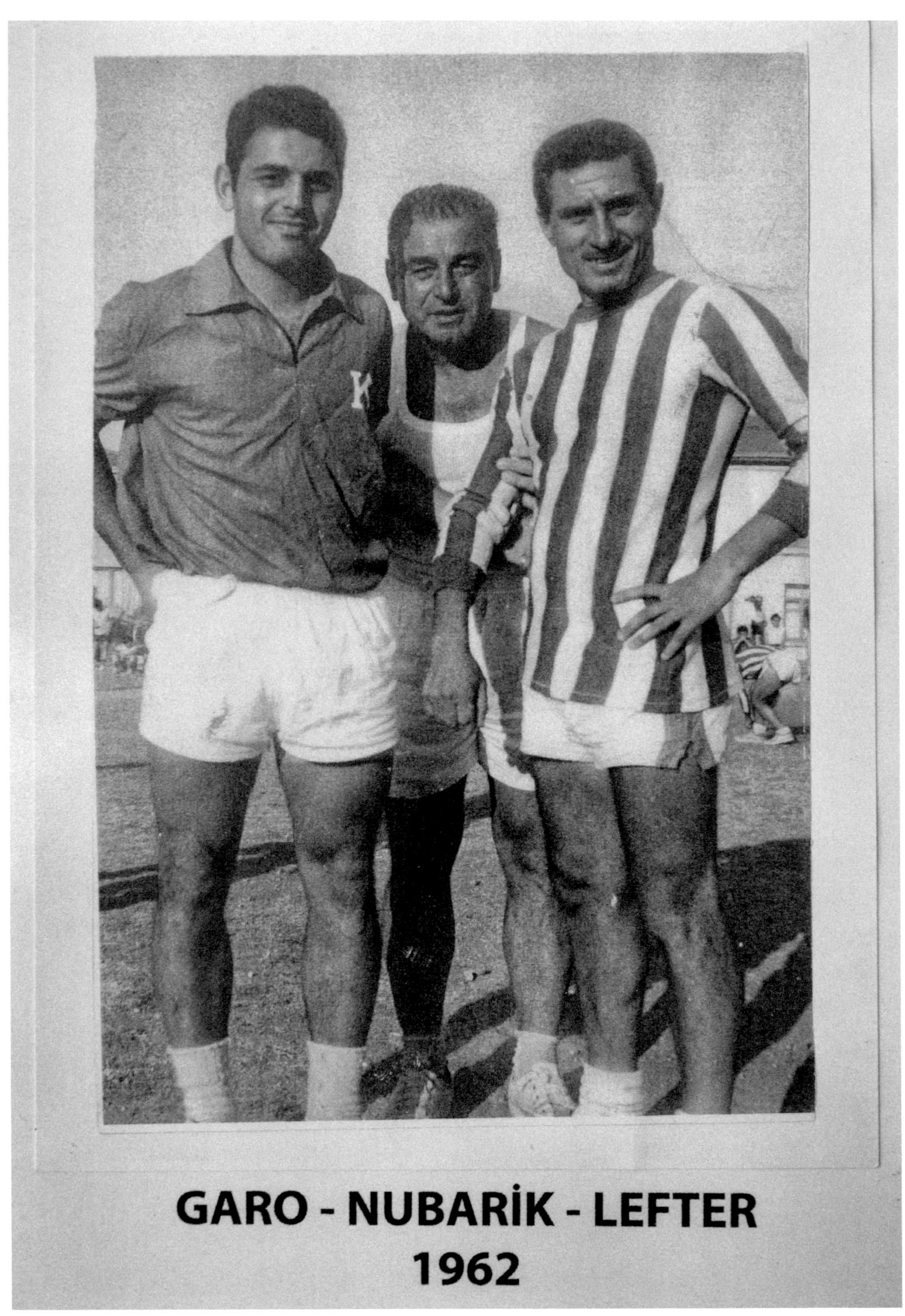

«Թաքսիմ» մարզակումբը:

Taksimspor Kulübü.

The Taksimspor Club.

Le Club Taksimspor.

Շիշլի, Պոլիս / Şişli, İstanbul - 08.2014

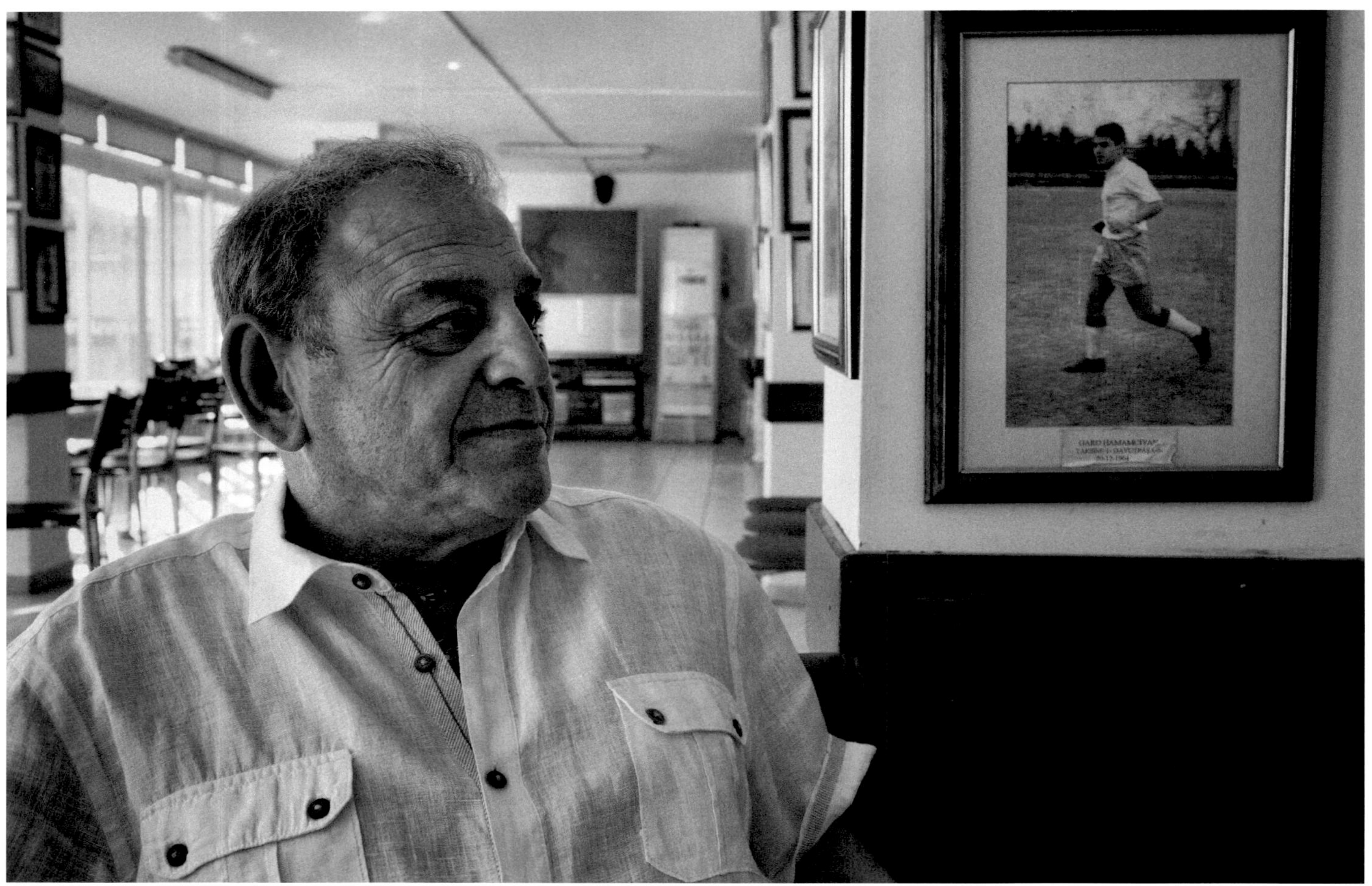

Կարօ Համամճեան, որ երկար տարիներ մաս կազմած է «Սարըյեր»ի ֆութպոլի խումբին, 14 տարիէ ի վեր ատենապետն է «Թաքսիմ» մարզակումբին, որու երդիքին տակ կան 650 մարզիկներ, որոնցմէ 400-ը սաներն են մարզադպրոցին: «Թաքսիմ» մարզակումբ:

Uzun yıllar Sarıyer'de top koşturan ve halihazırda çeşitli yaş gruplarından 400 tanesi spor okulu ta ebesi olmak üzere toplam 650 tane sporcusu bulunan Taksimspor kulübünün 14 yıldır başkanlığını yürüten Garo Hamamcıcğlu. Taksimspor Kulübü.

A formidable player for the Sarıyer Club, Garo Hamamcıoğlu ran the Taksimspor Club for 14 years. Hamamcıoğlu worked with 400 sport clubs dealing with all different ages, and found 650 professional players in his time. Taksimspor Club.

Garo Hamamcıoğlu, qui a joué au football pendant des années à Sarıyer, et président depuis 14 ans du Club de Taksimspor qui a 650 sportifs inscrits, dont 400 élèves d'âges différents. Le Club Taksimspor.

Շիշլի, Պոլիս / Şişli, İstanbul - 06.2014

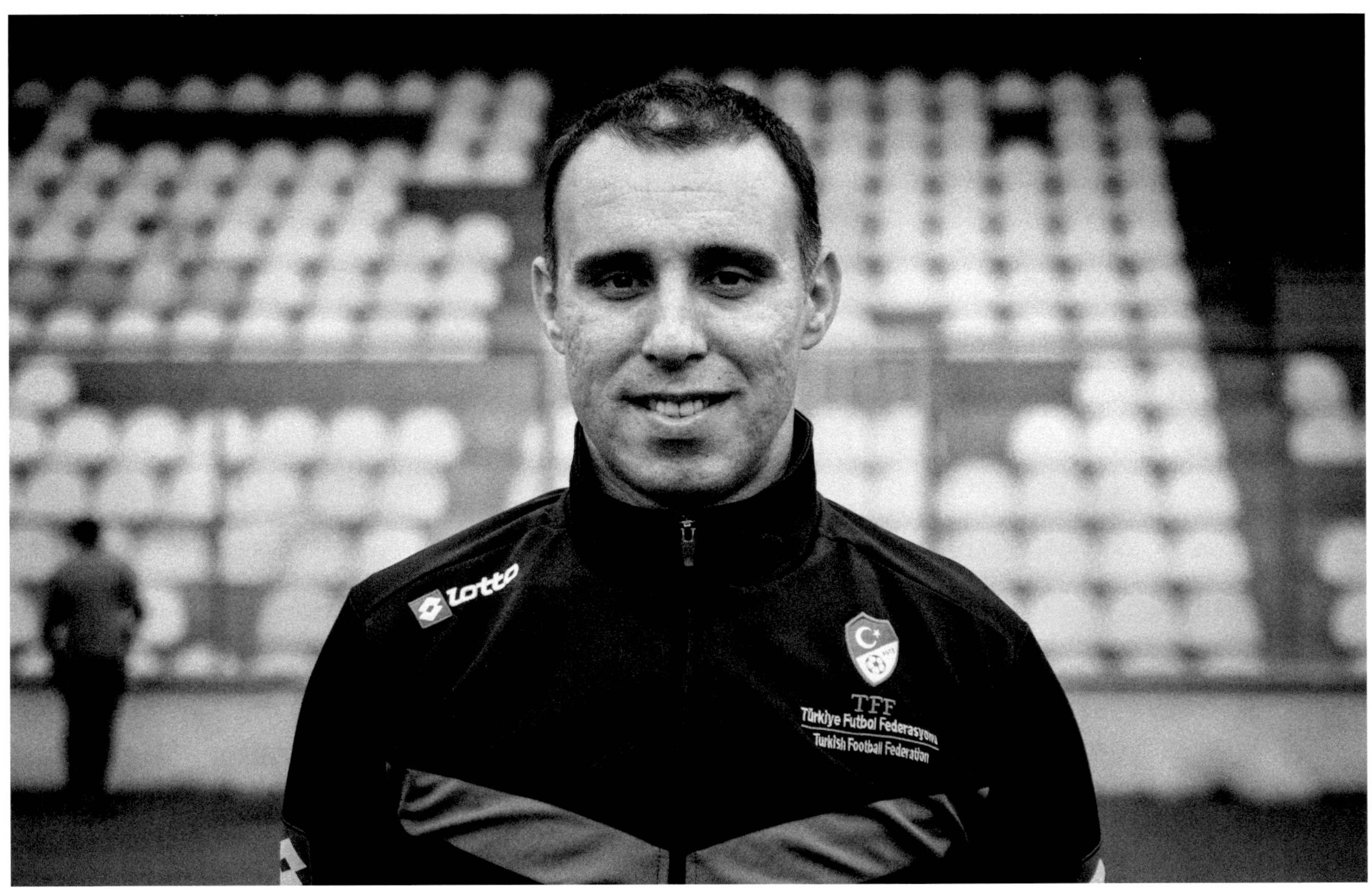

ՖԻՖԱ-ի արտօնագրով օժանդակ մրցավար Ալեքս Թաշճըօղլու, որ կը գործէ Թուրքիոյ ֆութպոլի դաշնակցութեան մականին տակ:

Türkiye Futbol Federasyonu'na bağlı, FİFA kokartlı yardımcı hakem Aleks Taşçıoğlu.

Aleks Tasçıoğlu, who works for Turkish Football Federation, is an assistant referee with FIFA cockade.

Arbitre assistant Aleks Taşçıoğlu, attaché à la Fédération de Football de Turquie, sélectionné par la FIFA pour les rencontres internationales.

Անատոլու Հիսար,Պէյքոզ, Պոլիս / Anadolu Hisarı, Beykoz, İstanbul - 10.2014

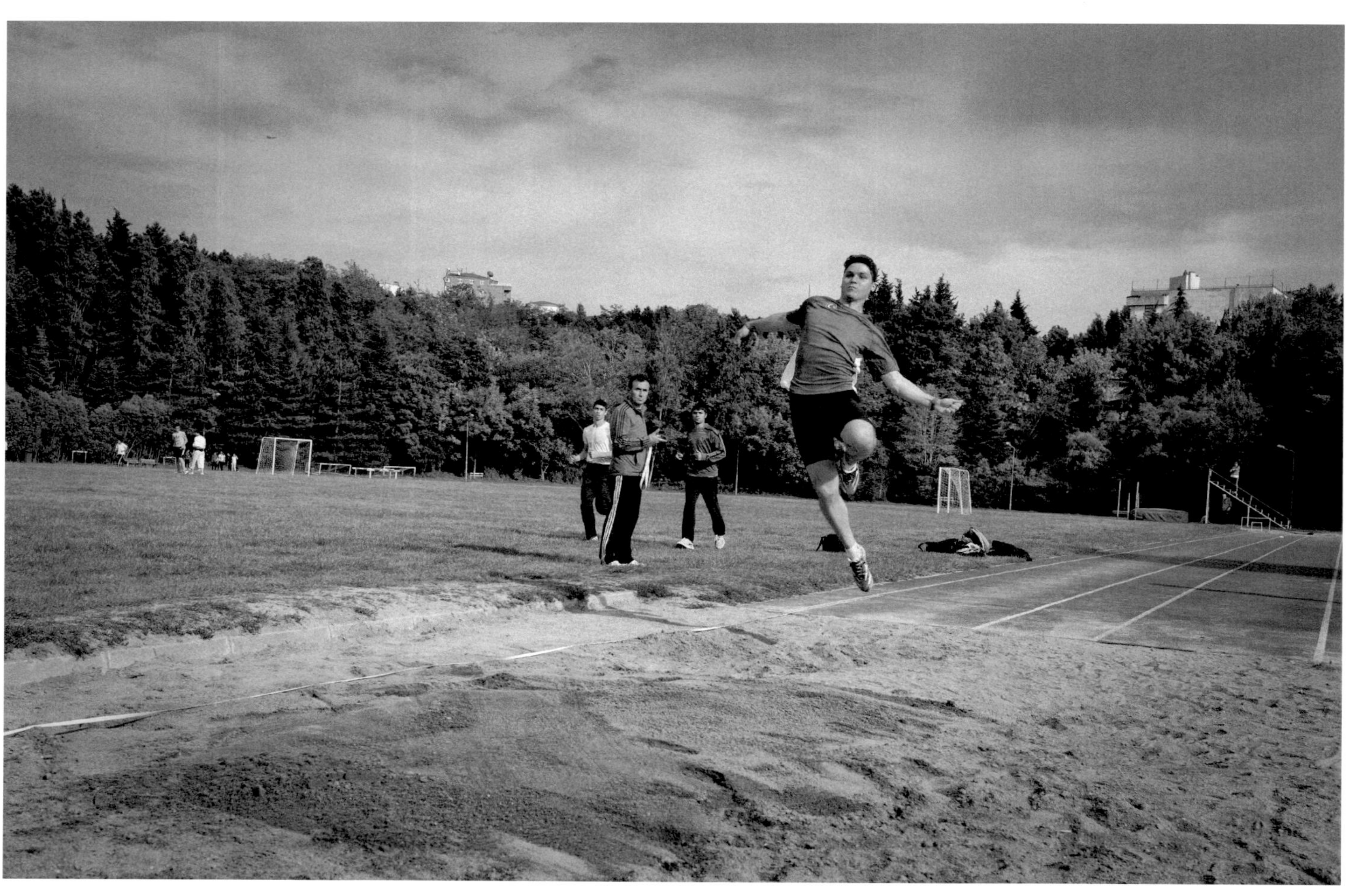

Թորոս Փիլիքօղլու, որ մարմնամարզութեան ոլորտէն ներս, նուաճած է բազմաթիւ ախոյեանութիւններ՝ ազգային եւ միջազգային բազմաթիւ մրցումներու արդիւնքին:
«Էնքա» մարզակումբ:

Atletizm dalında, ulusal ve uluslararası yarışmalarda birçok şampiyonluğu olan milli sporcu Toros Pilikoğlu. Enka Spor Kulübü tesisleri.

Toros Pilikoğlu, national athletic champion in national and international competitions. Enka Sports Club facilities.

Toros Pilikoğlu, sportif national qui a été plusieurs fois champion aux concours d'atlétisme nationaux et internationaux. Clup Sportif d'Enka.

Իսթինյէ, Պոլիս / İstinye, İstanbul - 05.2014

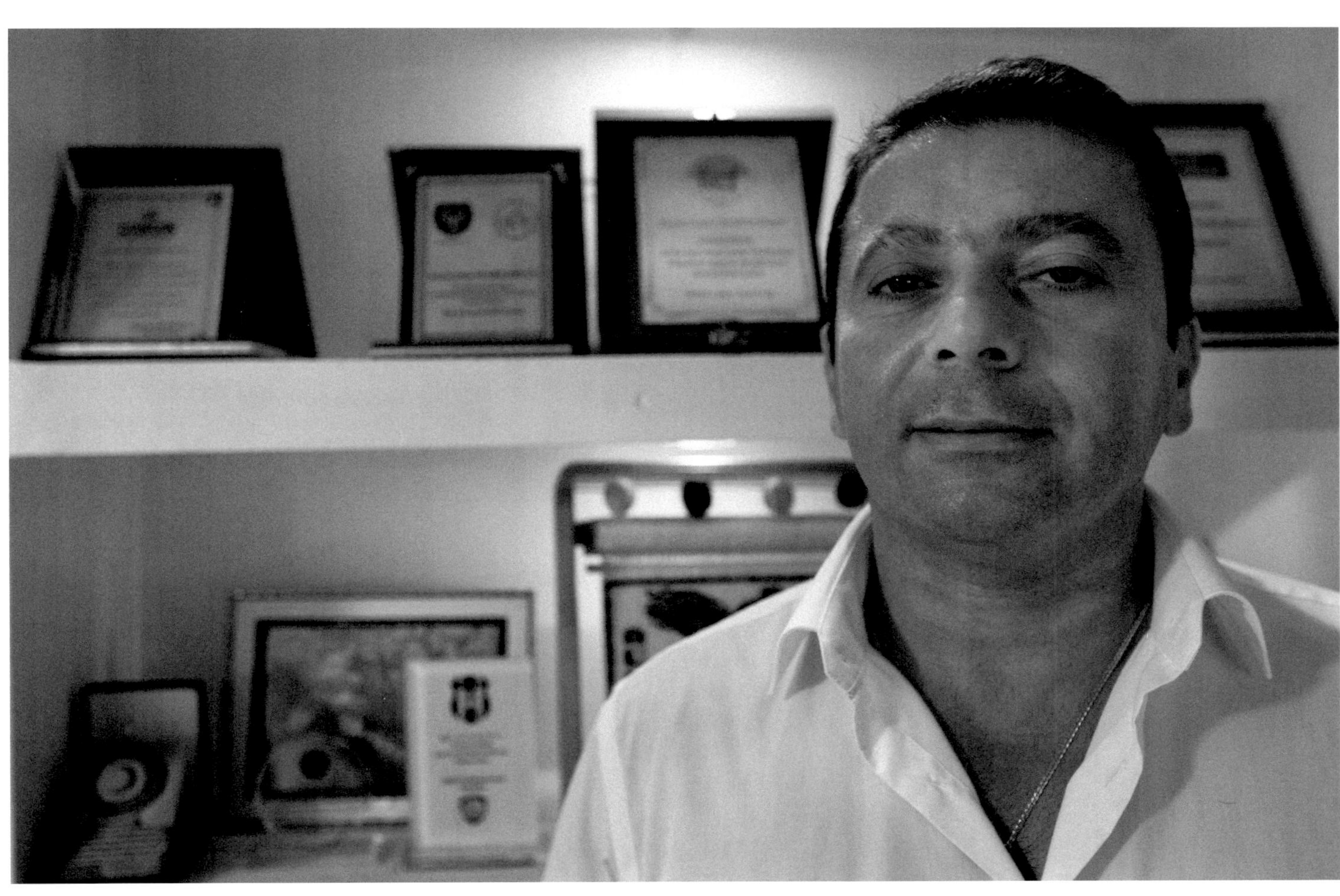

Ալեն Մարգարեան, որ անցեալին եղած է «Պաշիքթաշ»ի համակիրներուն ղեկավարը։
Geçmiş yıllarda Beşiktaş'ta tribün liderliği yapmış olan Alen Markaryan.
Alen Markaryan who was tribune leader in the past years.
Alen Markaryan, qui a été leader de tribune au stade de Beşiktaş.

Պալմումճու, Պոլիս / Balmumcu, İstanbul - 08.2014

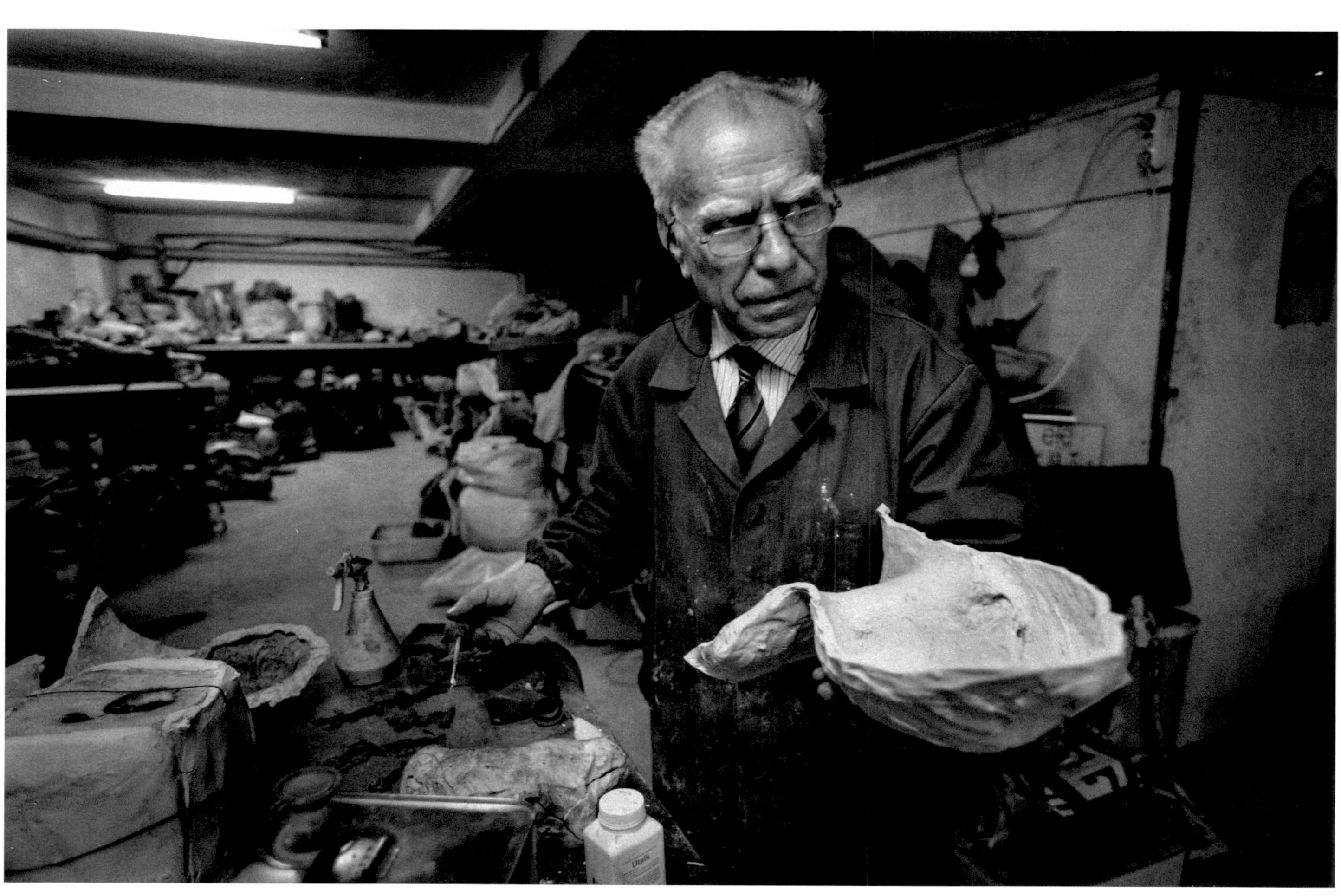

Հայ արհեստաւոր Յովհաննէս վարպետ:

Ermeni zanaatkâr Ohannes Usta.

Armenian artisan Ohannes Usta.

Maître Ohannes, artisan Arménien.

Ֆերիգիւղ, Շիշլի, Պոլիս / Feriköy, Şişli, İstanbul - 05.2012

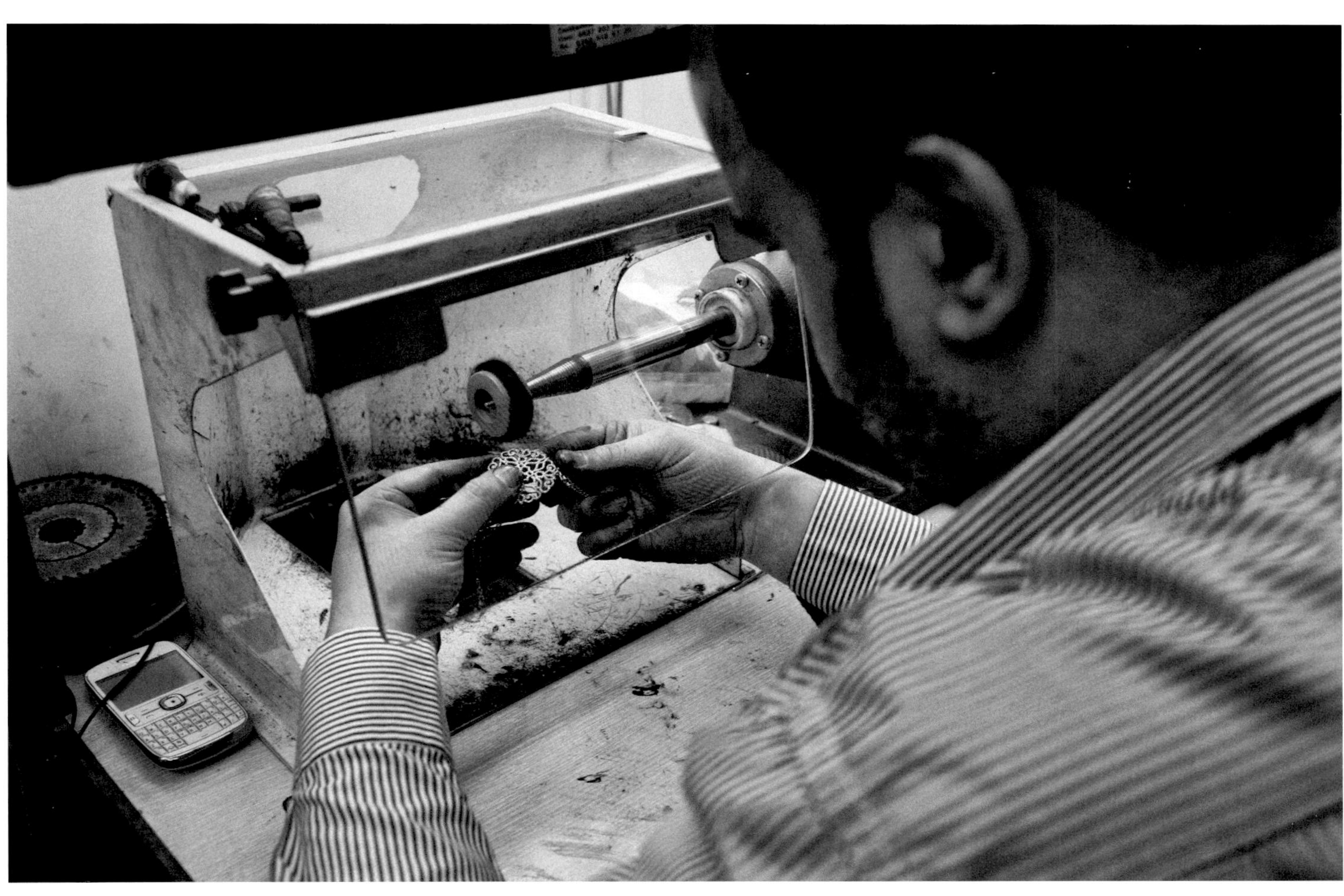

Հայ ոսկերիչ վարպետ մը: Գոց շուկայ:

Ermeni bir kuyumcu ustası. Kapalıçarşı.

An Armenian jewellery expert. The Grand Bazaar.

Un maître orfèvre Arménien. Le Grand Bazaar.

Պոլիս / İstanbul, 04.2014

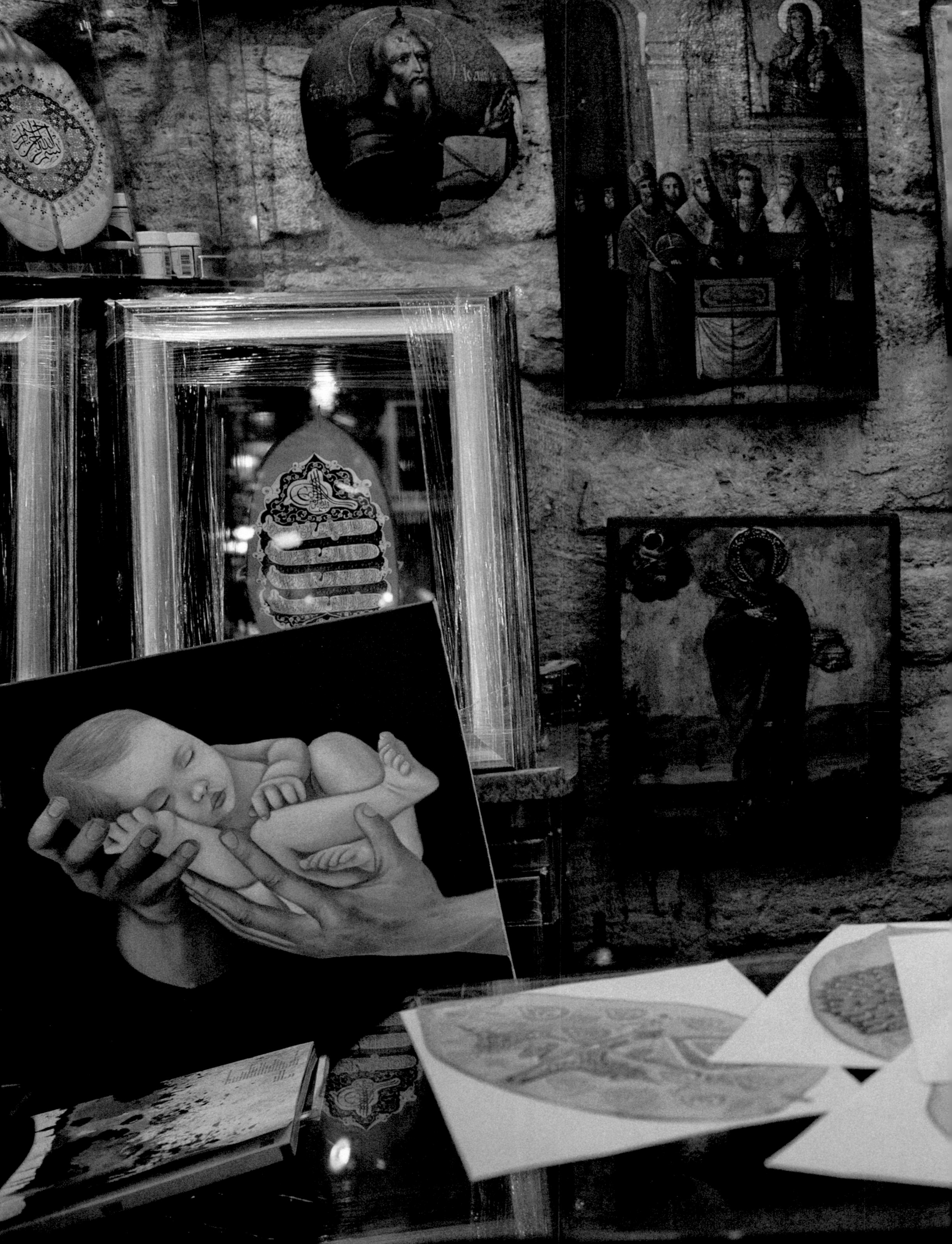

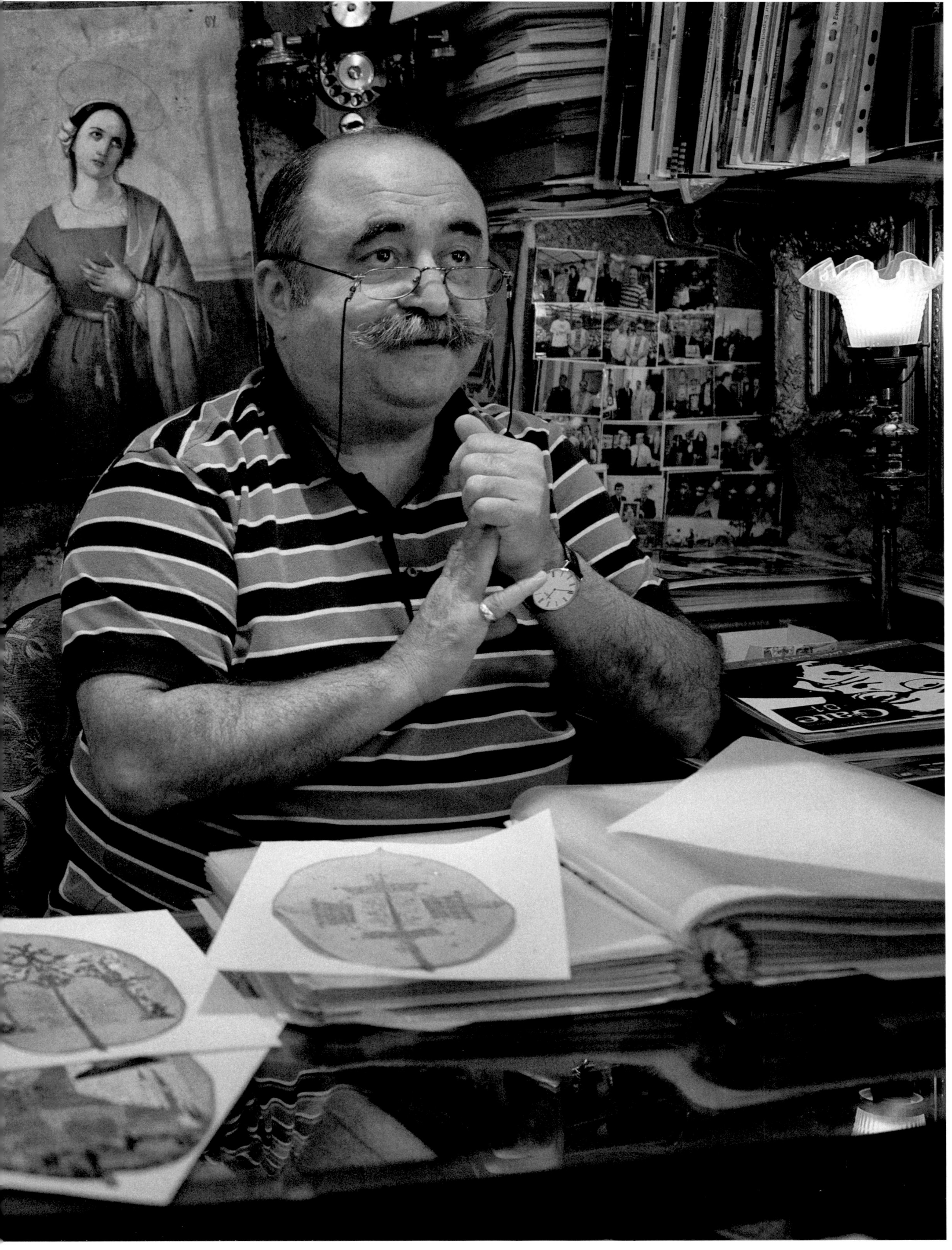

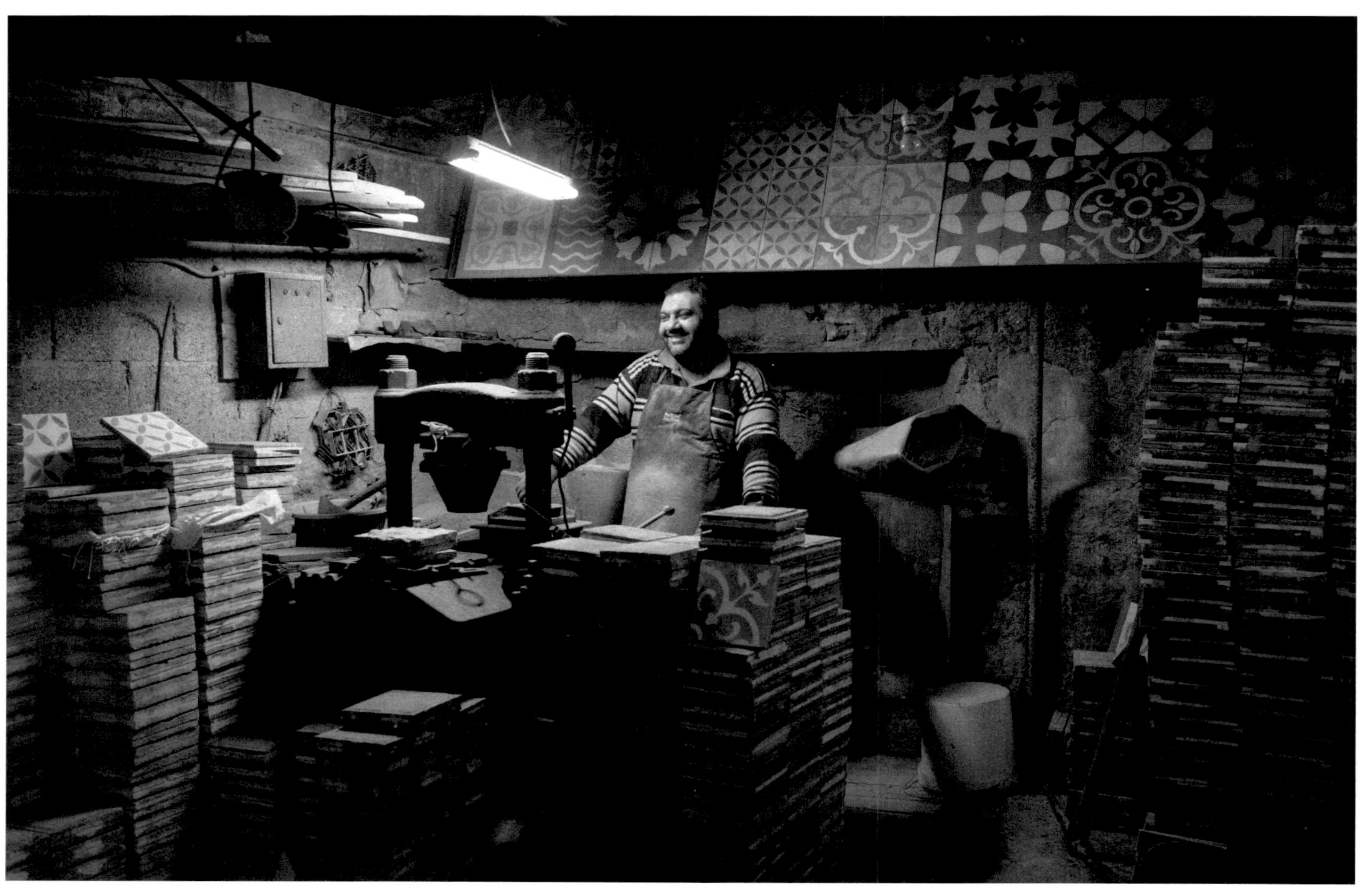

Արամ Եօլտաշ, որպէս ընտանիքին երրորդ սերունդը, կը ջանայ ապրեցնել յախճապակիի արտադրութեան արհեստանոցը, որ հիմնադրուած է 1951թուականին, Օրթագիւղի մէջ:

1951 yılında Ortaköy'de kurulan çini üretim atölyesinde zanaatı yaşatmaya devam eden, ailenin üçüncü kuşağı Aram Yoldaş.

Aram Yoldaş, the third generation continuing the tradition of working in the family's decorative tile studio founded in 1951 in Ortaköy.

Aram Yoldaş continue à faire vivre son atelier de carreaux de ciment à Ortaköy fondé en 1951, métier de famille depuis trois générations.

Օրթագիւղ, Պոլիս / Ortaköy, İstanbul - 03.2014

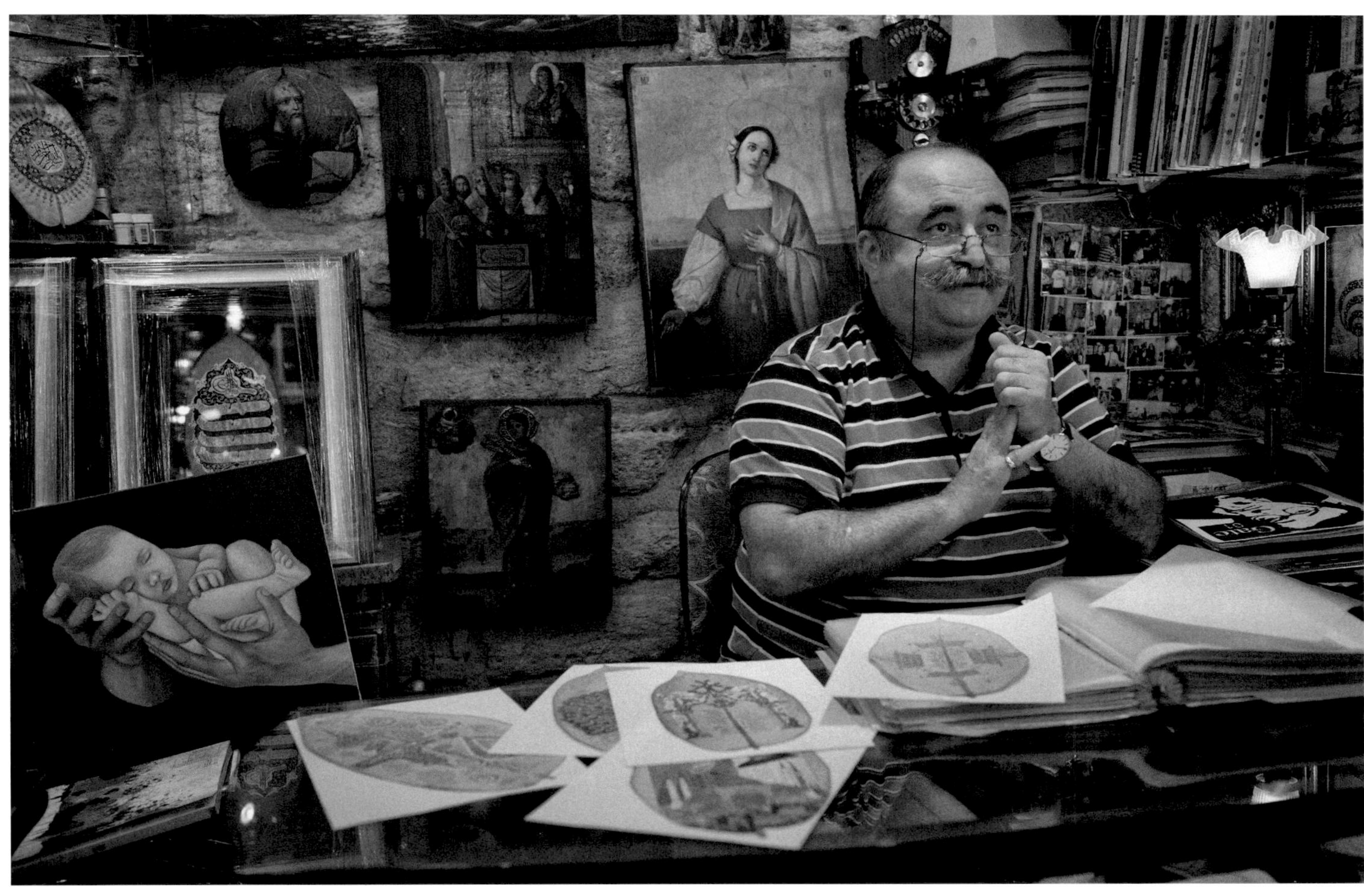

Նիք Մերտենեան, որ շուրջ մէկուկէս տարի չորցուող տիֆենպահիայի տերեւներուն վրայ կեանք կու տայ զանազան պատմութիւններու: Իչպետեսթեն, Գոց շուկայ:

Ortalama bir buçuk yıl kurutulan difenbahya yaprakları üzerinde farklı öykülere can veren Nick Merdenian. İçbedesten, Kapalıçarşı.

Nick Merdenian, who brings different stories to life on the dried leaves of dieffenbachia-plant. İçbedesten, The Grand Bazaar.

Nick Merdenian qui réanime difféntes histoires sur des feuilles de dieffenbachia séchées pendant un an et demi en moyenne. İçbedesten, Le Grand Bazaar.

Պոլիս / İstanbul - 07.2014

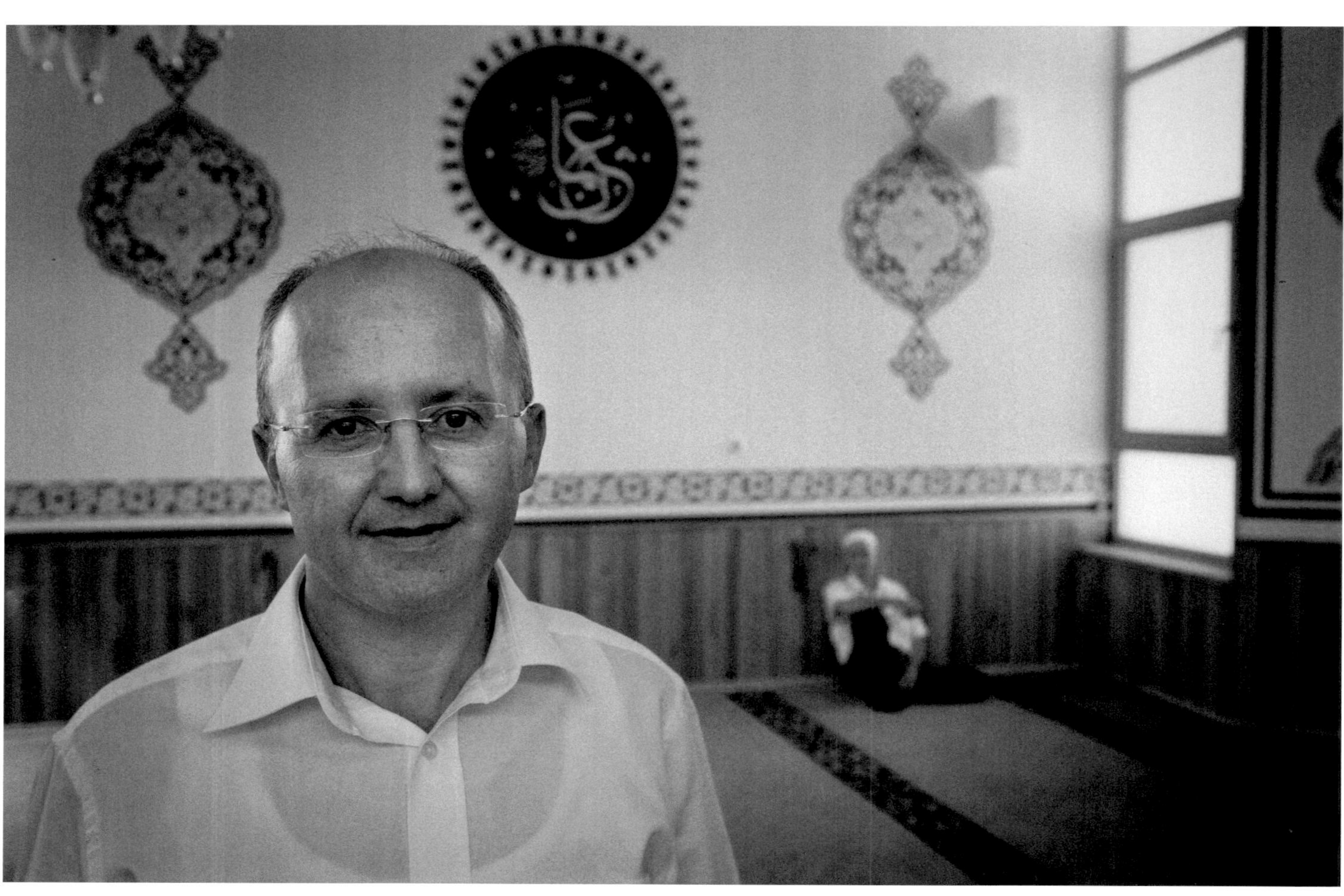

Փլեվնէի մզկիթին մալաթիացի ճարտարապետը՝ Գէորգ Էօզքարակէօզ:
Plevne Camii'nin Malatya doğumlu mimarı Kevork Özkaragöz.
Kevork Özkaragöz, the Malatya-born architect of the Plevne Mosque.
Kevork Özkaragöz, né à Malatya, architecte de la Mosquée de Plevne.

Կէօնեն, Պալիքէսիր / Gönen, Balıkesir - 10.2014

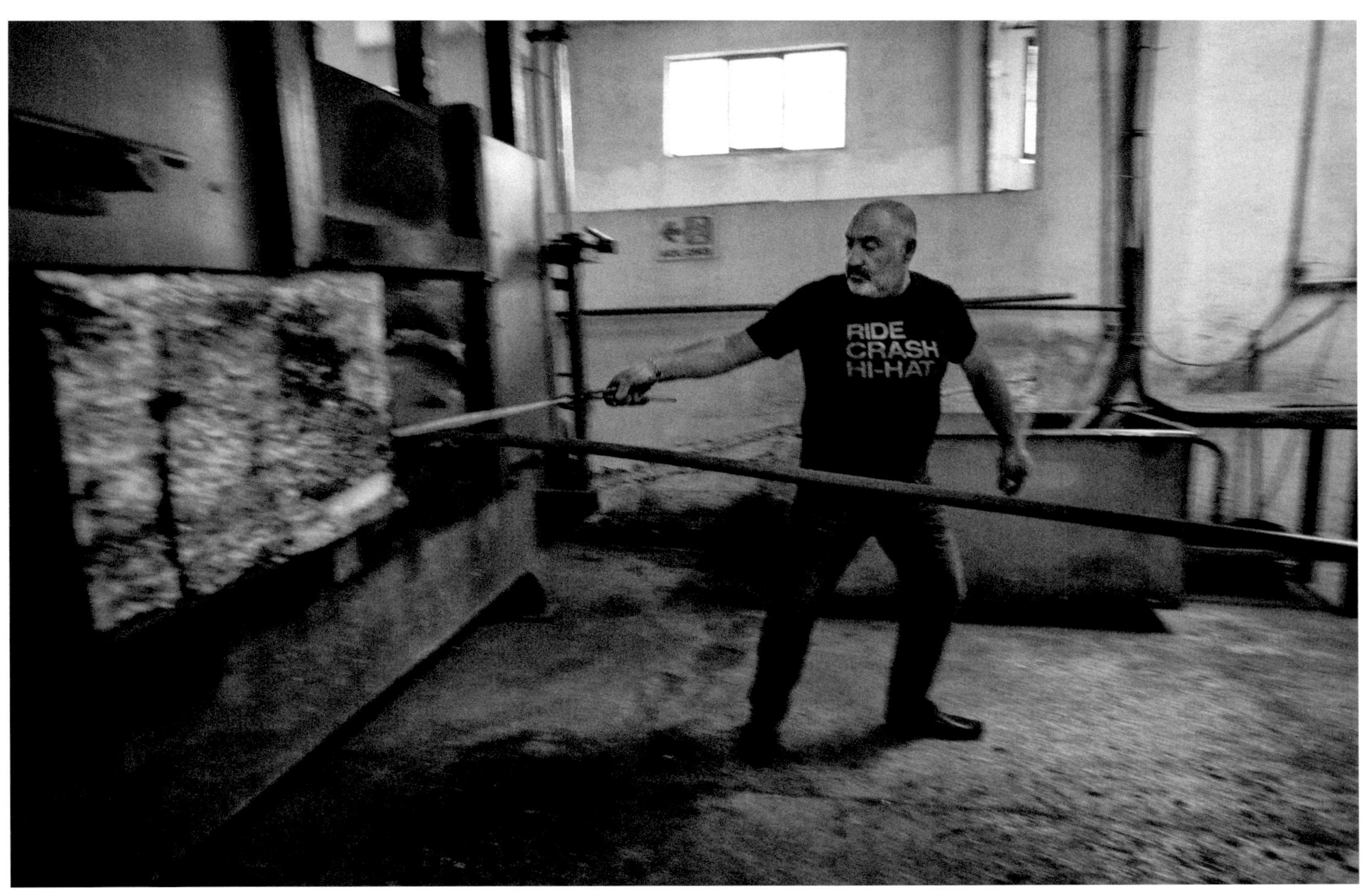

Արման եւ Սարգիս կը շարունակեն իրենց հօրմէն՝ 1996-ին մահացած պարոն Յակոբէն ժառանգուած ձեռագործ «Ակոբ» ծնծղայ արտադրանքը:

1996 yılında Agop Bey'in vefatı sonrası oğulları Arman ve Sarkis, baba yadigarı İstanbul AGOP marka el yapımı zillerin üretimini sürdürmektedirler.

After their father Agop passed away in 1996, brothers Arman and Sarkis have continued to produce AGOP brand handmade bells in his honor.

Arman et Sarkis continuent à la fabrication des cymbales AGOP, qu'ils ont hérité de leur père Monsieur Agop, décédé en 1996.

Պոլիս / İstanbul, 10.2014

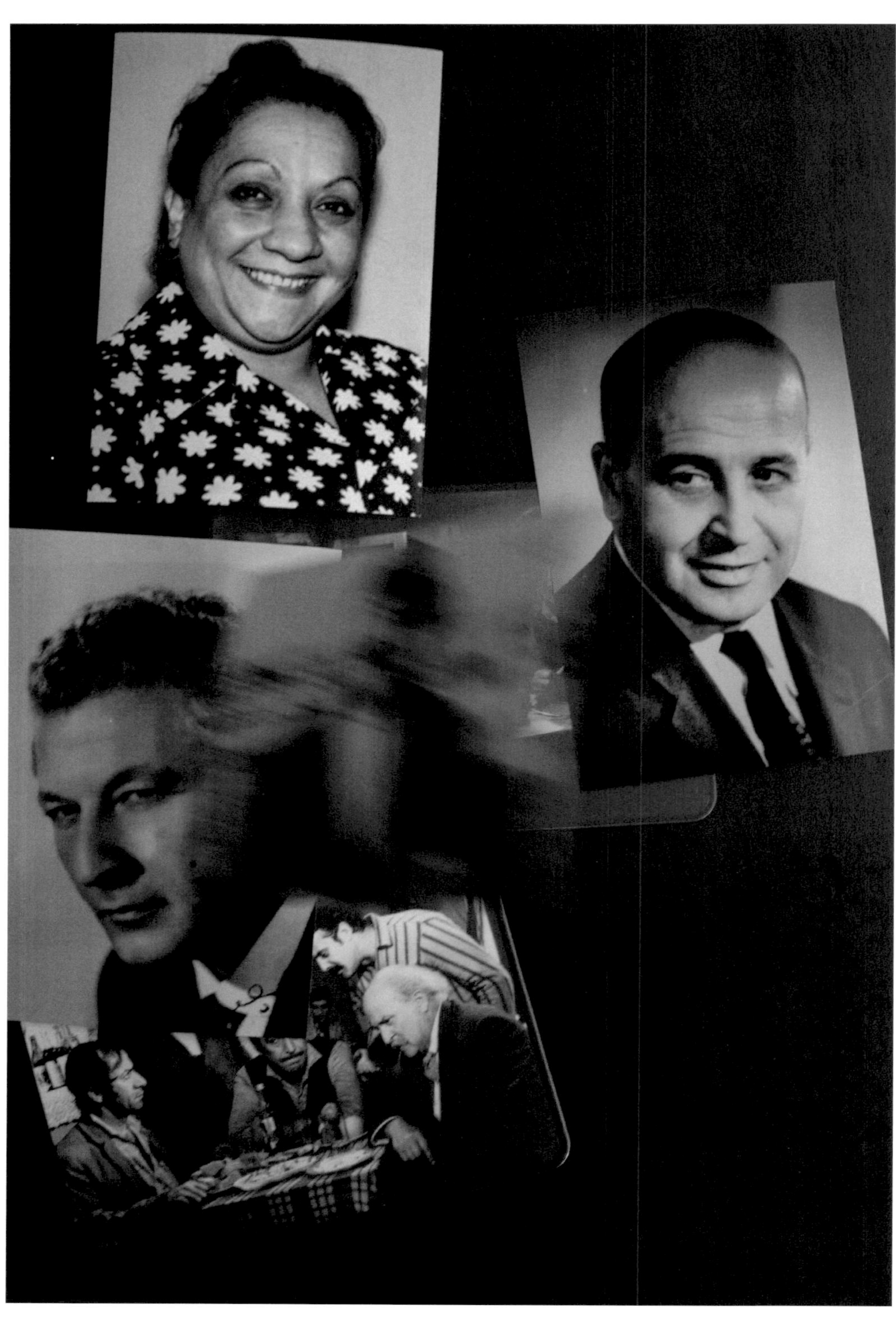

Եշիլչամի հայազգի բազմաթիւ նուիրեալներ ապրած են գրեթէ աներեւոյթ դարձնելով իրենց ինքնութիւնը։

Birçok Ermeni Yeşilçam emekçisi, kimliklerini adeta görünmez kılarak yaşamlarını sürdürmüşlerdir.

A number of Armenian stars of the era of Yeşilçam films had to hide their identities.

Plusieurs travailleurs Arméniens du cinema Turc ont pu mener leurs vies en rendant leur identité presque invisible.

Պոլիս / İstanbul, 02.2015

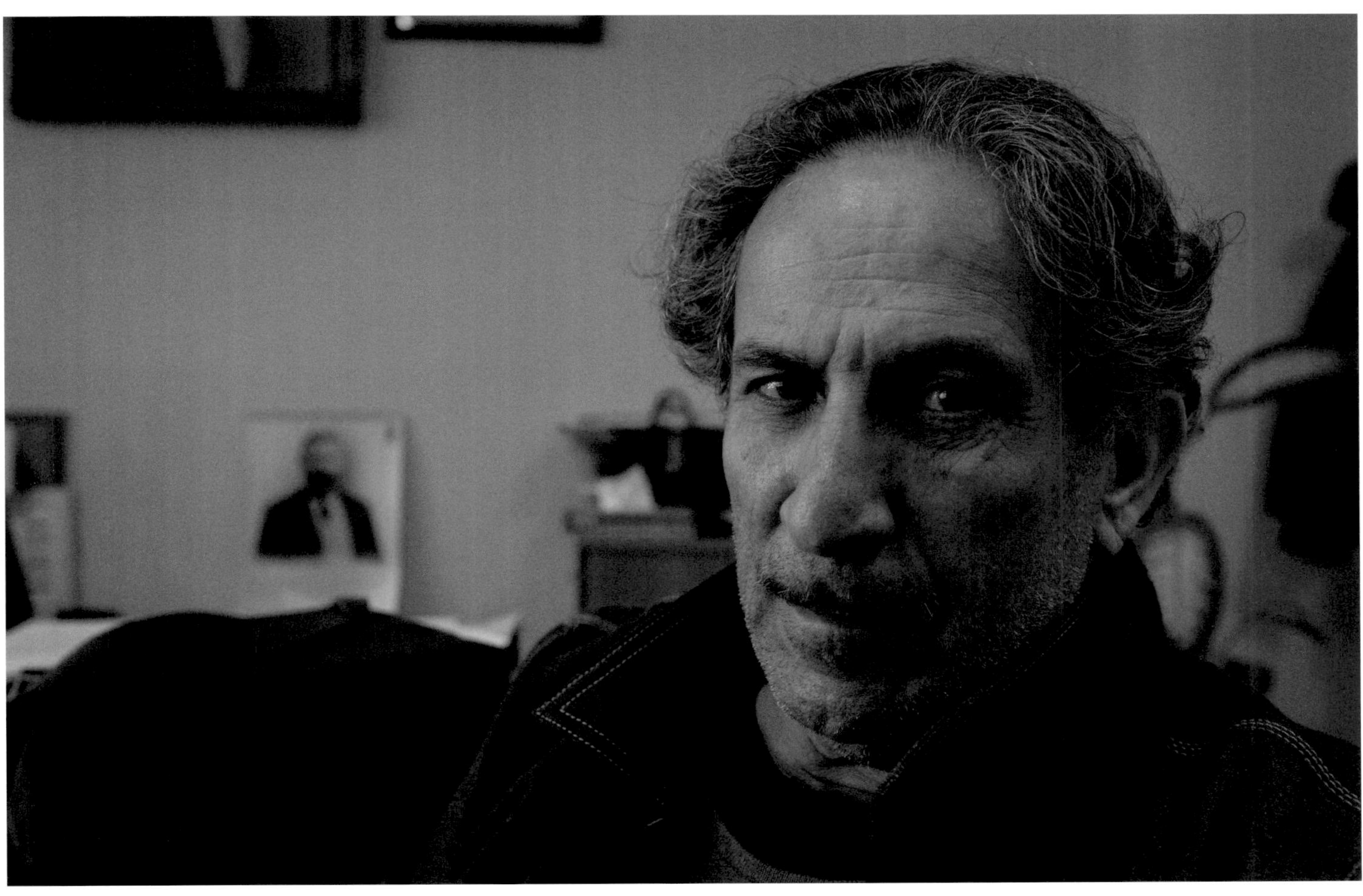

Գէորգ Մալիքեան, որ դերեր ստանձնած է Յոլիվուտի շարք մը ժապաւէններուն, թրքական շարժանկարներուն եւ հեռատեսիլի շարաֆիլմերուն մէջ:

Bazı Hollywood filmlerinde yer alan, Türk Sineması ve TV dizilerinde de rol almış olan Kevork Malikyan.

Actor Kevork Malikyan has been in a number of Hollywood films, and has also acted in Turkish films and TV shows.

Kevork Malikyan, acteur du cinéma Turc et des feuilletons télé, qui a aussi joué dans quelques films de Hollywood.

Պոլիս / İstanbul - 03.2015

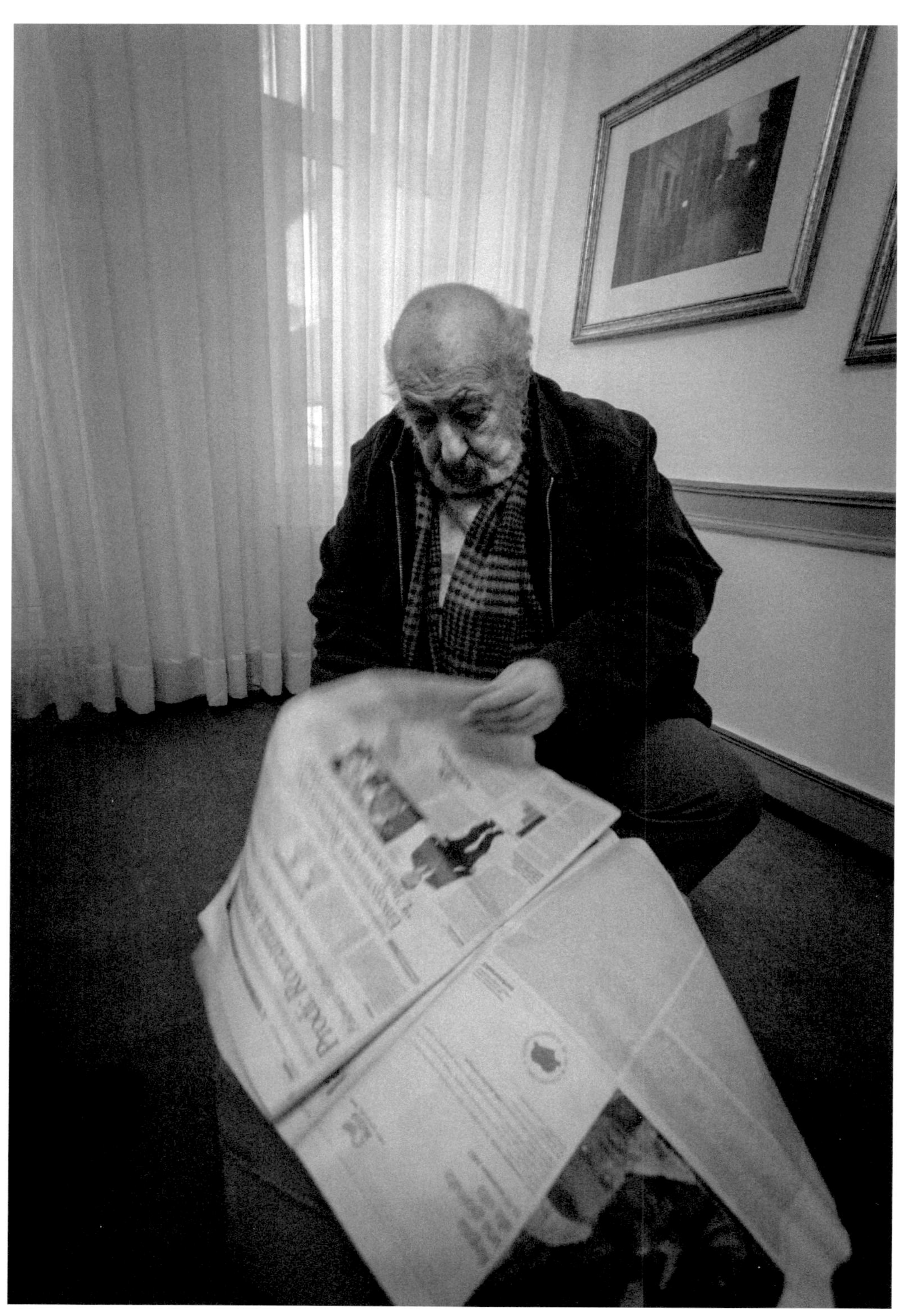

Ֆոթօ-թղթակից Արա Կիւլեր:
Foto muhabiri Ara Güler.
Photojournalist Ara Güler.
Ara Güler le photographe.

Թաքսիմ, Պոլիս / Taksim, İstanbul - 11.2007

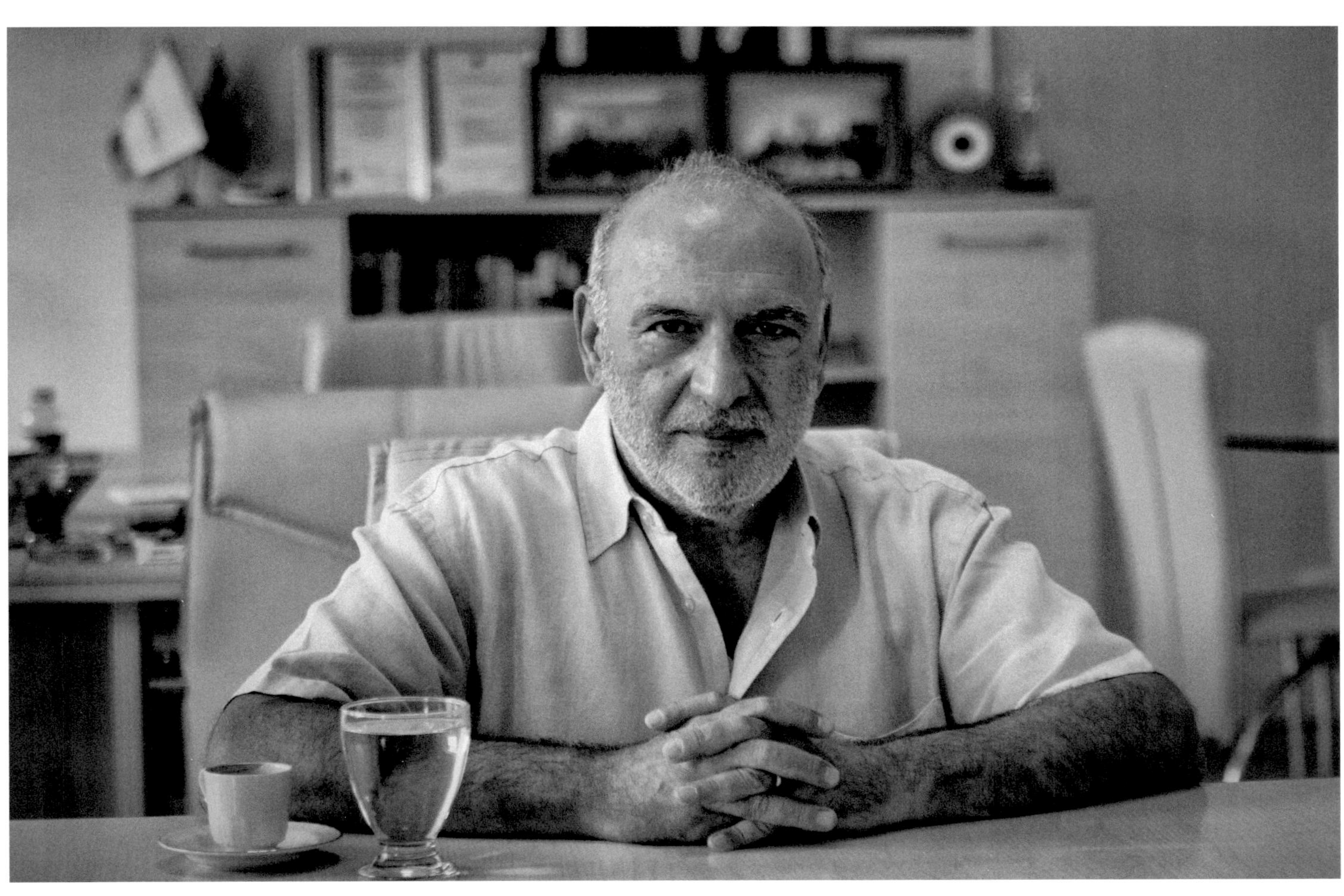

Կարօ Մաֆեան, որ Թուրքիոյ մէջ հեղինակած է բազմաթիւ երաժշտական գործեր: «MSG»-ի գրասենեակ:

Türkiye'deki bir çok ünlü müzik projesinde imzası bulunan Garo Mafyan. MSG ofisi.

Garo Mafyan, the creator of many famous music projects in Turkey. MSG Office.

Garo Mafyan, créateur de plusieurs projets musicaux célèbres en Turquie. Le siège de MSG.

Պալմումճու, Պոլիս / Balmumcu, İstanbul - 08.2014

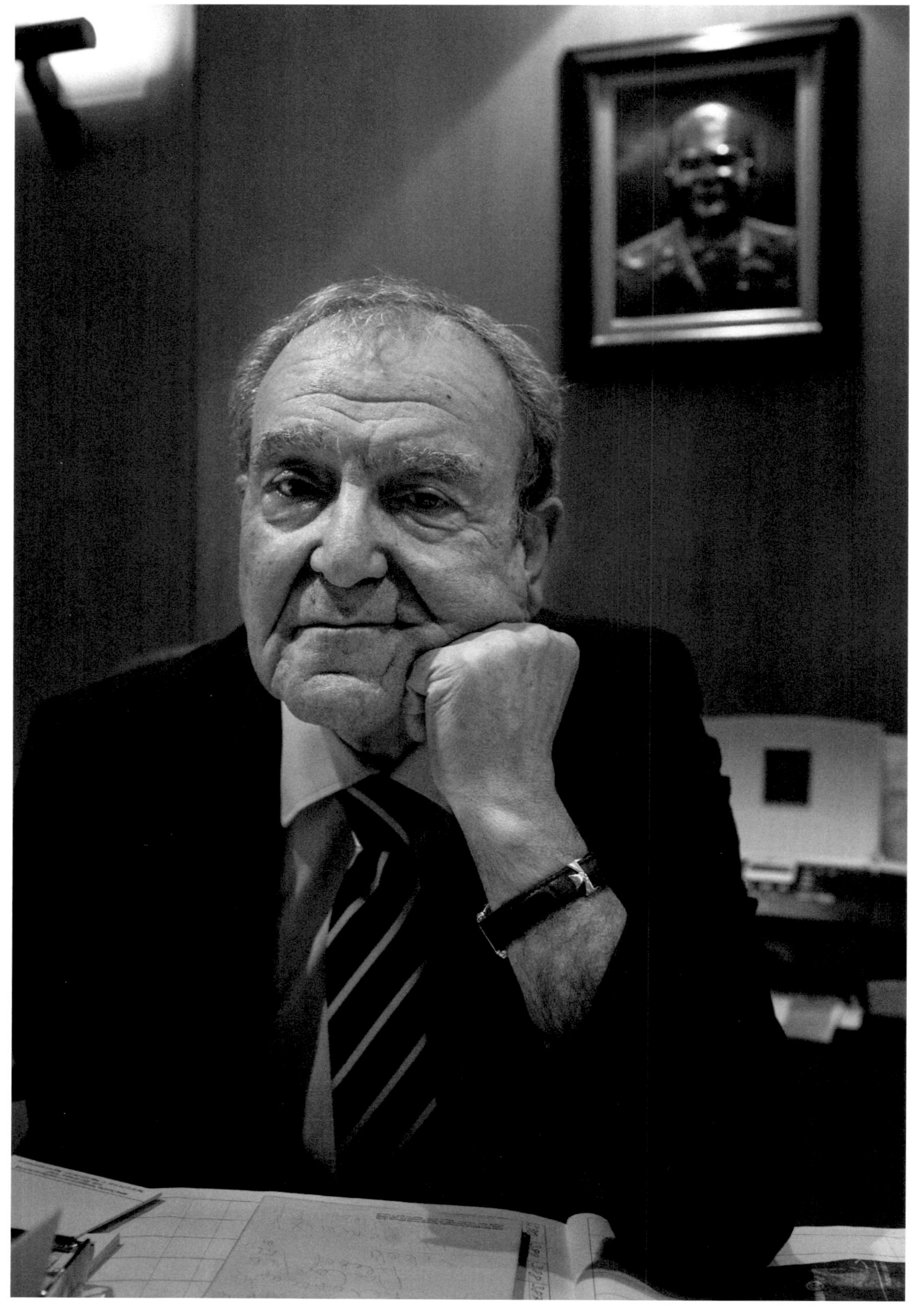

Տքթ. Յակոբ Կոթողեան, որ երկար տարիներ վարած է Իսթանպուլի համալսարանի մաշկաբանութեան բաժինն ու եղած է Մաշկային ու սեռային հիւանդութիւններու միութեան ատենապետը:

Uzun yıllar İstanbul Üniversitesi Cerrahpaşa Tıp Fakültesi Dermatoloji Anabilim Dalı ve Deri ve Zührevi Hastalıklar Derneğinin başkanlığı yürüten Dr. Agop Kotoğyan.

Dr. Agop Kotoğyan, the head of the Istanbul University Cerrahpaşa Medical Faculty's Dermatology Department and the Association for Skin and Venereal Diseases for many years.

Dr. Agop Kotoğyan, qui a été pendant longtemps le Président du département de dermatologie de la Faculté de Médecine Cerrahpaşa à l'Université d'Istanbul et de l'Association des dermatoses et des maladies sexuellement transmissibles.

Շիշլի, Պոլիս / Şişli, İstanbul, 02.2015

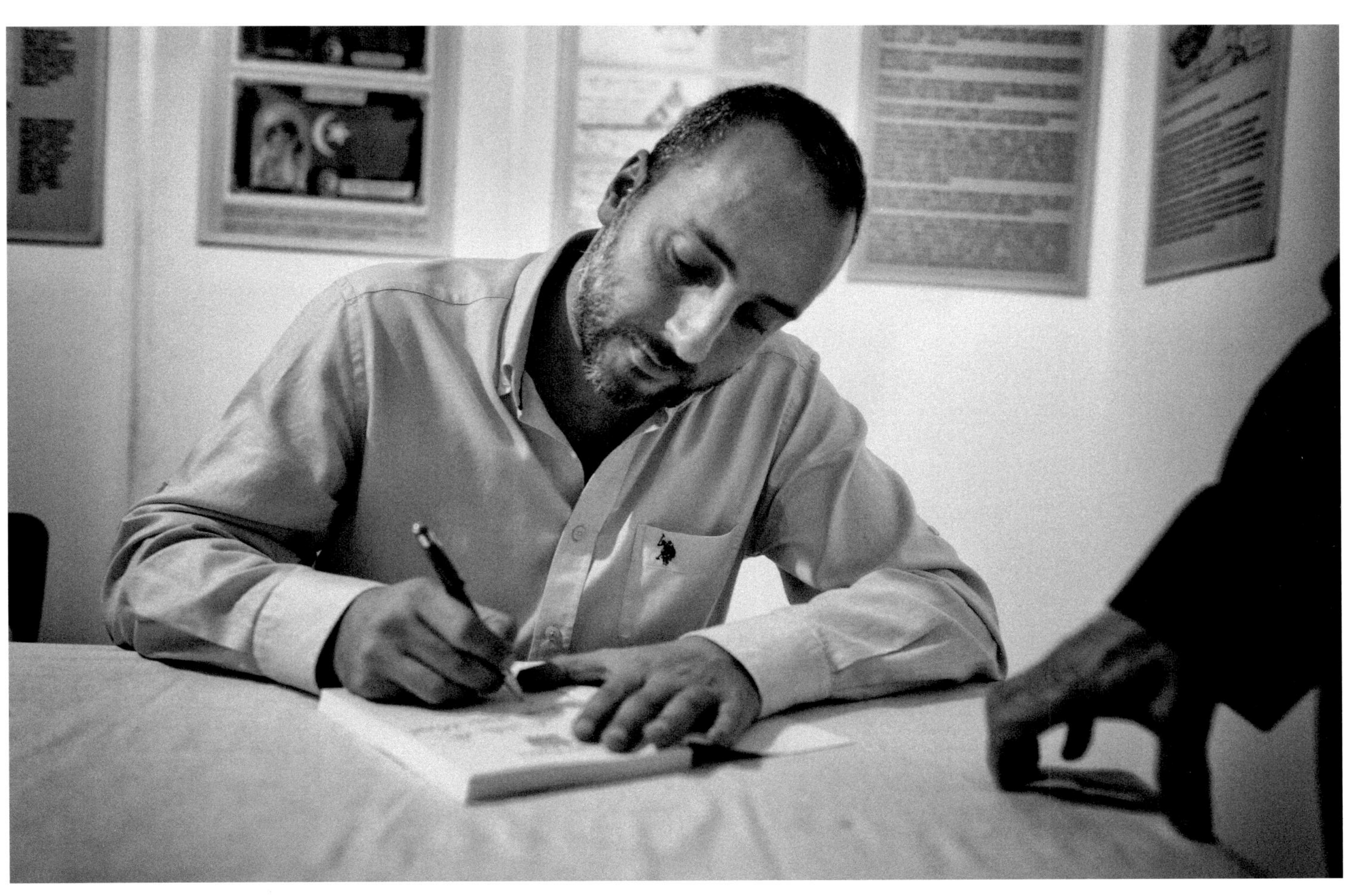

Յայկօ Պաղտատի «Սալյանկոզ» գիրքը եւ այդ առթիւ կայացած գիրքերու մակագրում ու ասուլիս: «Նոստալժի քիւլթիւր»:

Hayko Bağdat'ın "Salyangoz" kitabı, imza ve söyleşisi. Nostalji Kültür.

The causerie, book signing for "Salyangoz" (The Snail) by Hayko Bağdat. Nostalji Kültür.

Hayko Bağdat, au lancement de son livre "Salyangoz" (Escargot) avec dédicace et entretien. Nostalji Kültür.

Օսմանպէյ, Շիշլի, Պոլիս / Osmanbey, Şişli, İstanbul - 10.2014

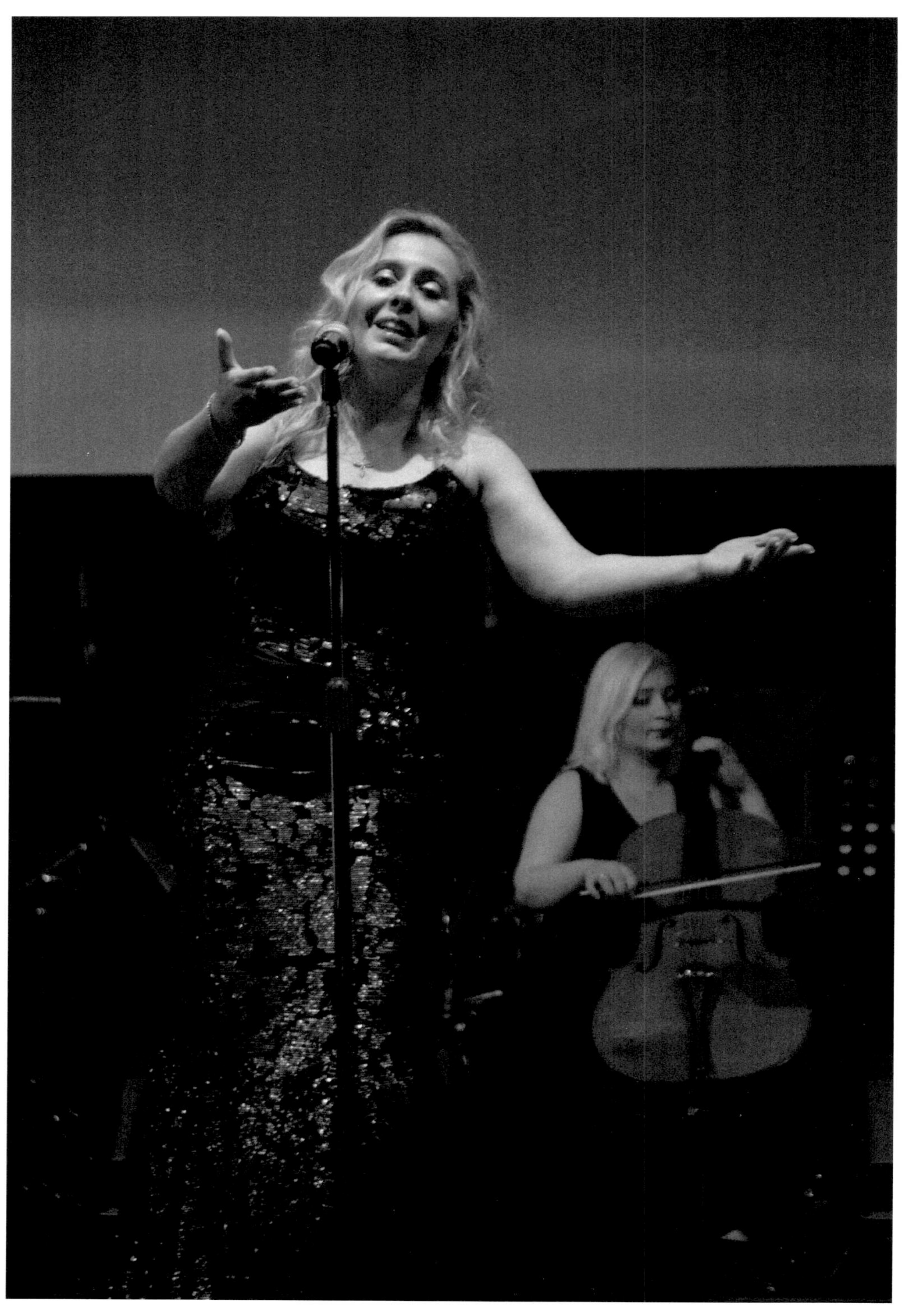

Յանուն առանց խտրականութեան կրթութեան, վիրաբոյժ բժ. Քարին Ճուպուքճեան-Պոզքուրթ սարքեց համերգ մը՝ ի նպաստ Գթութեան յարկին՝ «Տարրիւշշաֆաքա»ի:
Eğitimde fırsat eşitliği için, Darüşafaka yararına konser veren Soprano Op. Dr. Karin Çubikciyan Bozkurt.
Soprano Op. Dr. Karin Çubikciyan Bozkurt giving a concert at a fundraiser for the Darüşafaka school for orphans and the indigent.
Soprano médecin-chirurgienne Karin Çubikciyan Bozkurt en concert de soutien pour Darüşşafaka, et pour l'égalité des chances en éducation.

Շիշլի, Պոլիս / Şişli, İstanbul - 06.2014

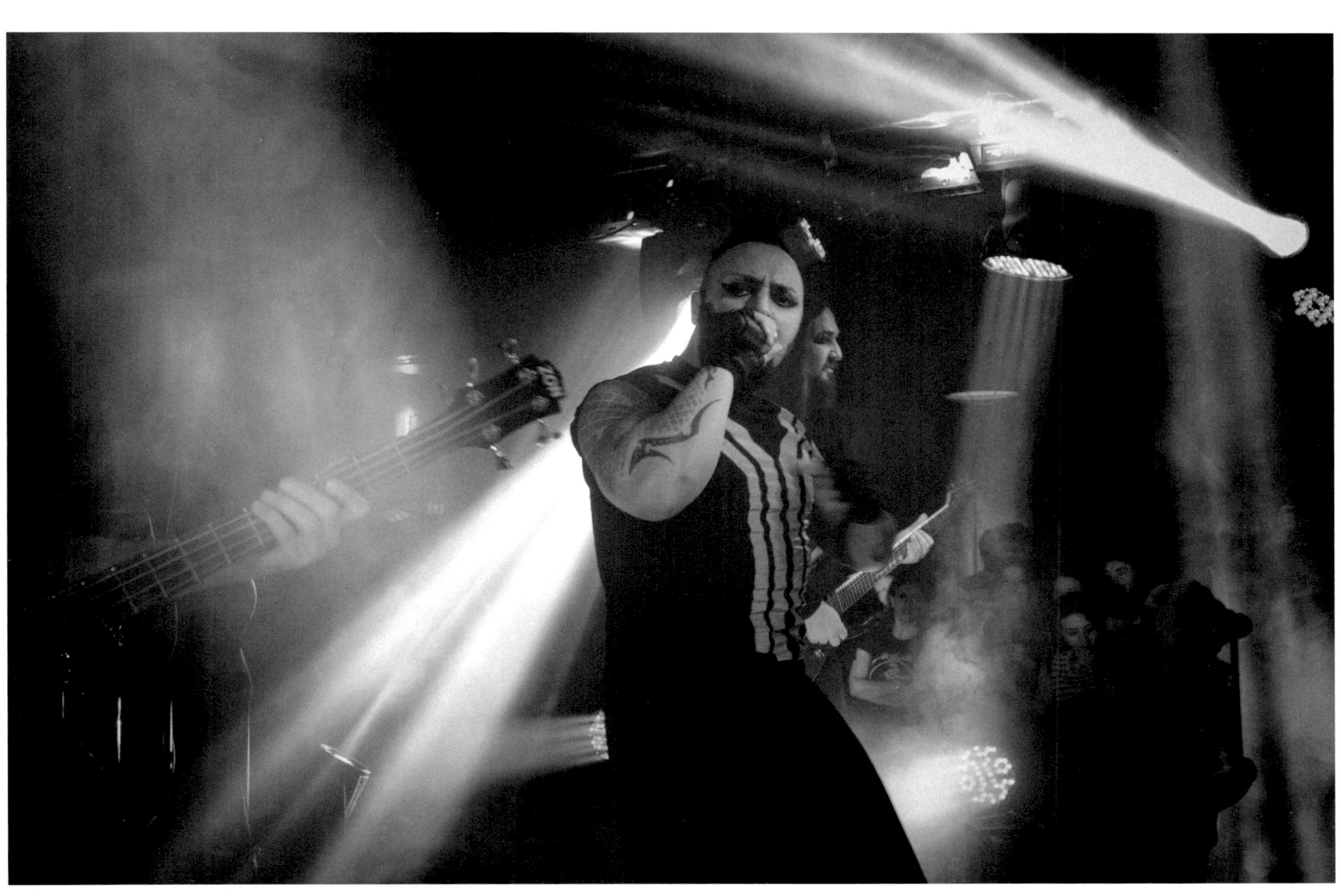

Երգիչ Հայքօ Ճեփքինի համերգը: «Քատըքէօյ սահնէ»:

Şarkıcı Hayko Cepkin konseri. Kadıköy Sahne.

Concert given by singer Hayko Cepkin. Kadıköy Sahne.

Le concert du chanteur Hayko Cepkin. Kadıköy Sahne.

Պոլիս / İstanbul - 02.2015

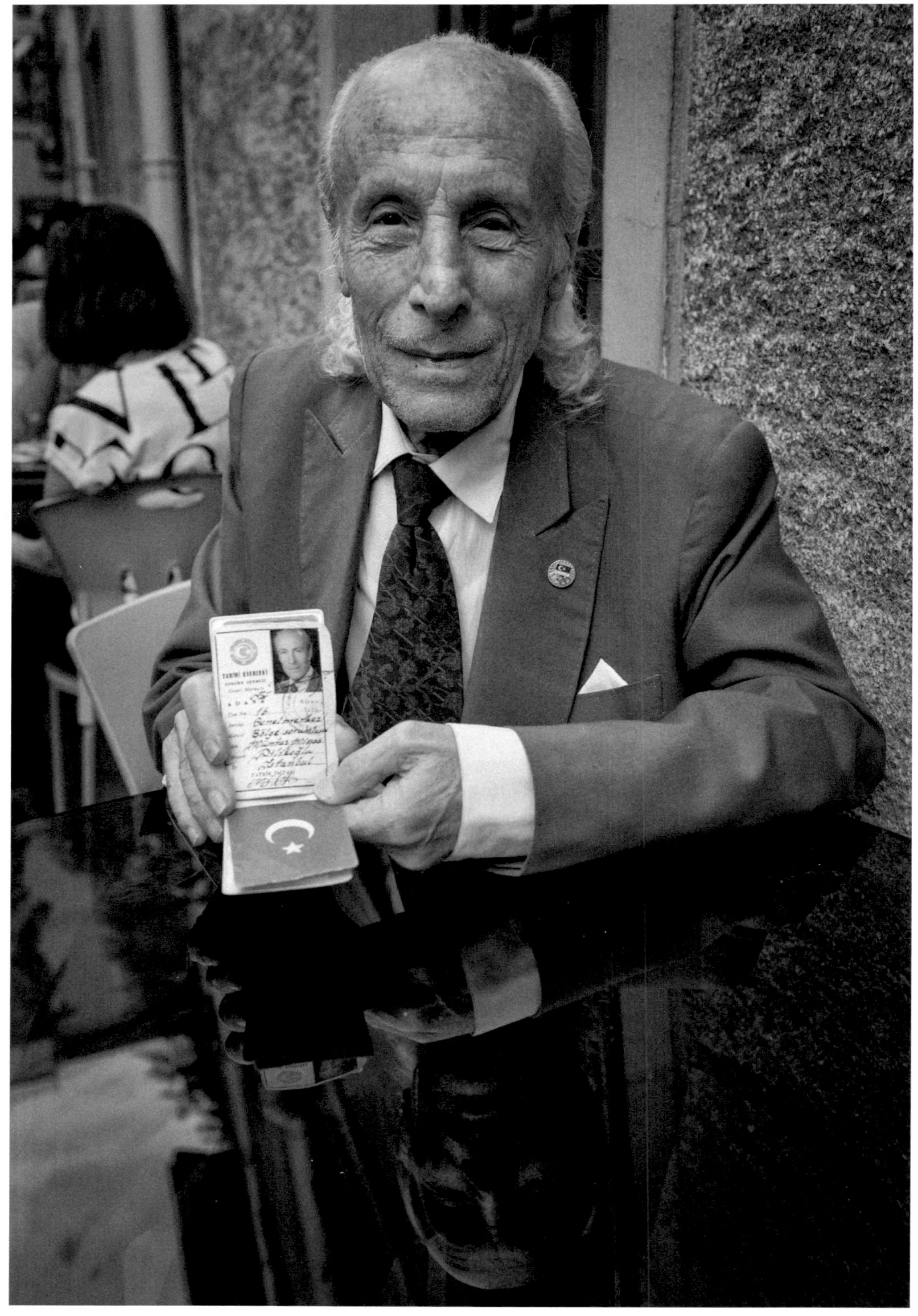

Վկայեալ գանձախոյզ եւ Պատմական յուշարձաններու պահպանութեան միութեան անդամ Մինաս Փիլիքօղլու: Շատ մը հայ քաղաքացիներու նման, ան եւս ընտրած է թրքական անուն մը՝ Միւմթազ: «Նազըմ Հիքմեթ» մշակոյթի կեդրոն:

Resmi belgeli define arayıcısı ve aynı zamanda Tarihi Eserleri Koruma Derneği üyesi Minas Pilikoğlu. Bir çok Ermeni vatandaşın takma kullandığı isim gibi o da kendisine bir Türk ismi olan “Mümtaz” adını seçmiş. Nazım Hi<met Kültür Merkezi.

Minas Pilikoğlu is an official-document treasure hunter as well as a member of the Association for Historical Preservation. Like many Armenians who have taken Turkish nicknames, he has chosen the name “Mümtaz”. Nazım Hikmet Cultural Center.

Minas Pilikoğlu, chercheur de trésor officiel, et membre de l’Associaton pour la Protection d’Œuvres Historiques. Comme beaucoup d’autres citoyens Arméniens, il a choisi un prénom Turc: Mümtaz. Centre Culturel de Nazım Hikmet.

Գատըգիւղ, Պոլիս / Kadıköy, İstanbul - 06.2014

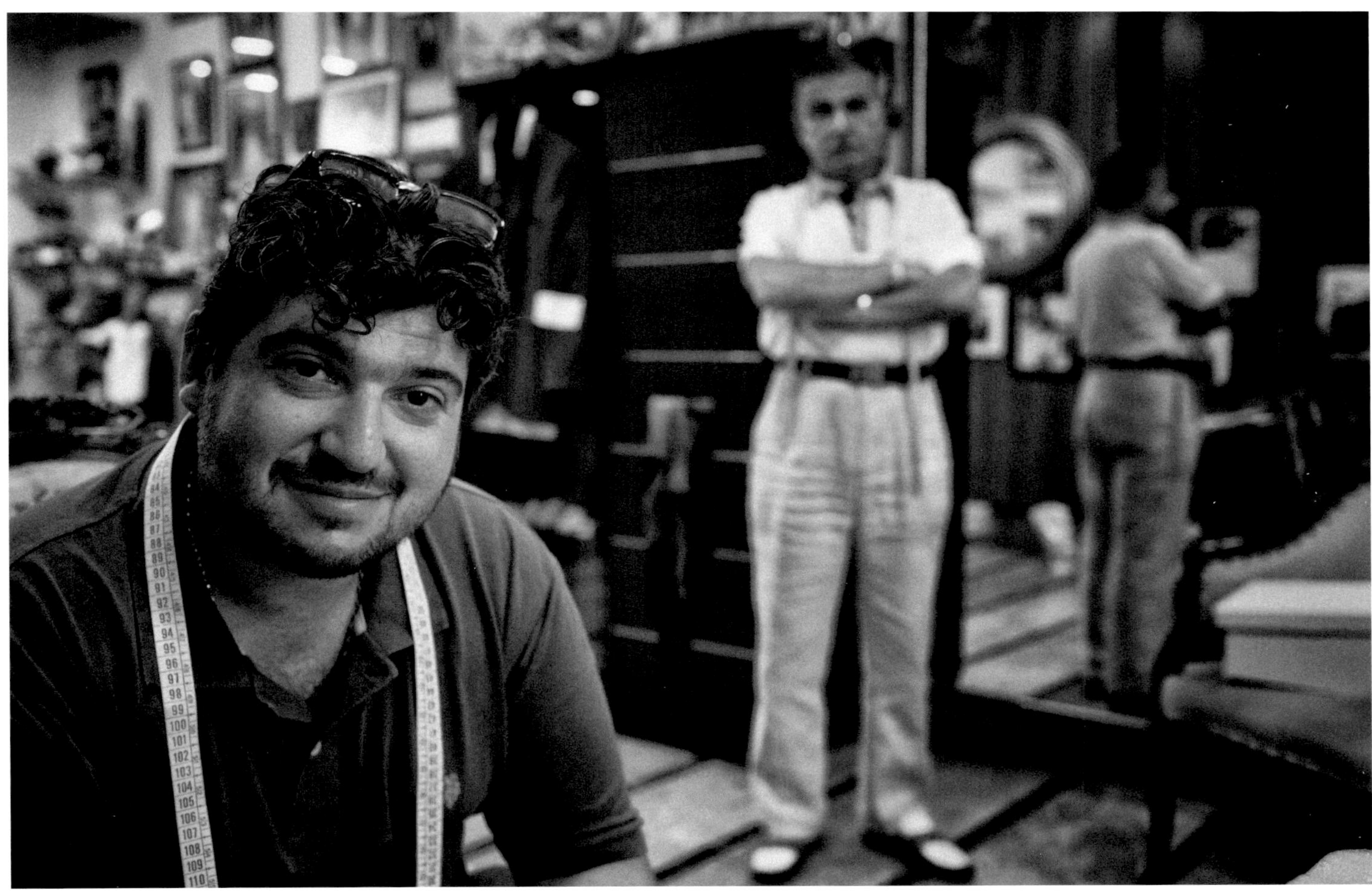

Գլխաւորութեամբ Աթաթիւրքի, բազմաթիւ պետական կամ համբաւաւոր անձերու սմոքին պատրաստած Քորտոնճեան ընտանիքի չորրորդ սերունդի ներկայացուցիչը՝ Լեւոն Քորտոնճեան, կը շարունակէ պապենական արհեստը:

Atatürk başta olmak üzere bir çok devlet adamı ve ünlüye smokin diken Kordonciyan ailesinin dördüncü kuşak torunu Levon Kordonciyan zanaatı devam ettirmektedir.

Levon Kordonciyan is the fourth generation to continue the Kordonciyan family's artisanal tailoring. The Kordonciyans made tuxedos for Atatürk and many other famous government figures.

Levon Kordonciyan qui continue comme quatrième génération le métier familial de couturier de smoking pour les hommes d'État, à commencer par Atatürk. et les célèbrités.

Էլմատաղ, Պոլիս / Elmadağ, İstanbul - 08.2014

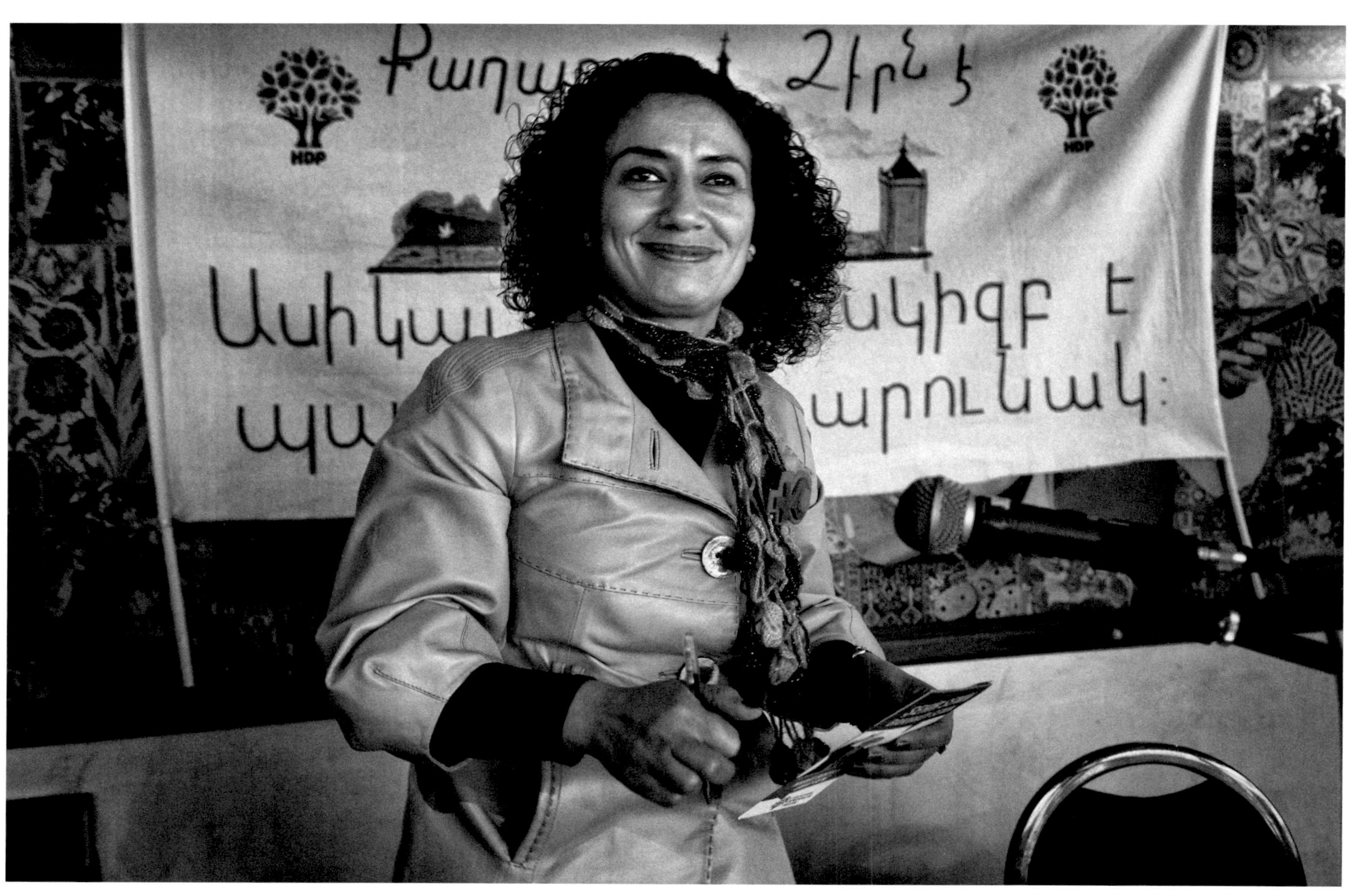

2014 քաղաքապետական ընտրութիւններու ժամանակ Պաքըրքիւղի համաքաղաքապետի HDP-ի թեկնածու Նուարդ Պաքըրճըօղլու։

2014 Belediye seçimlerinde, HDP Bakırköy Belediyesi eş başkan adayı Nıvart Bakırcıoğlu.

Nıvart Bakırcıoğlu, candidate of People's Democratic Party for the co-mayor for the Bakırköy district in the 2014 local elections.

Nivart Bakırcıoğlu, co-candidat de HDP aux élections municipales de 2014 à Bakırköy.

Պաքըրքիւղ, Պոլիս / Bakırköy, İstanbul - 03.2014

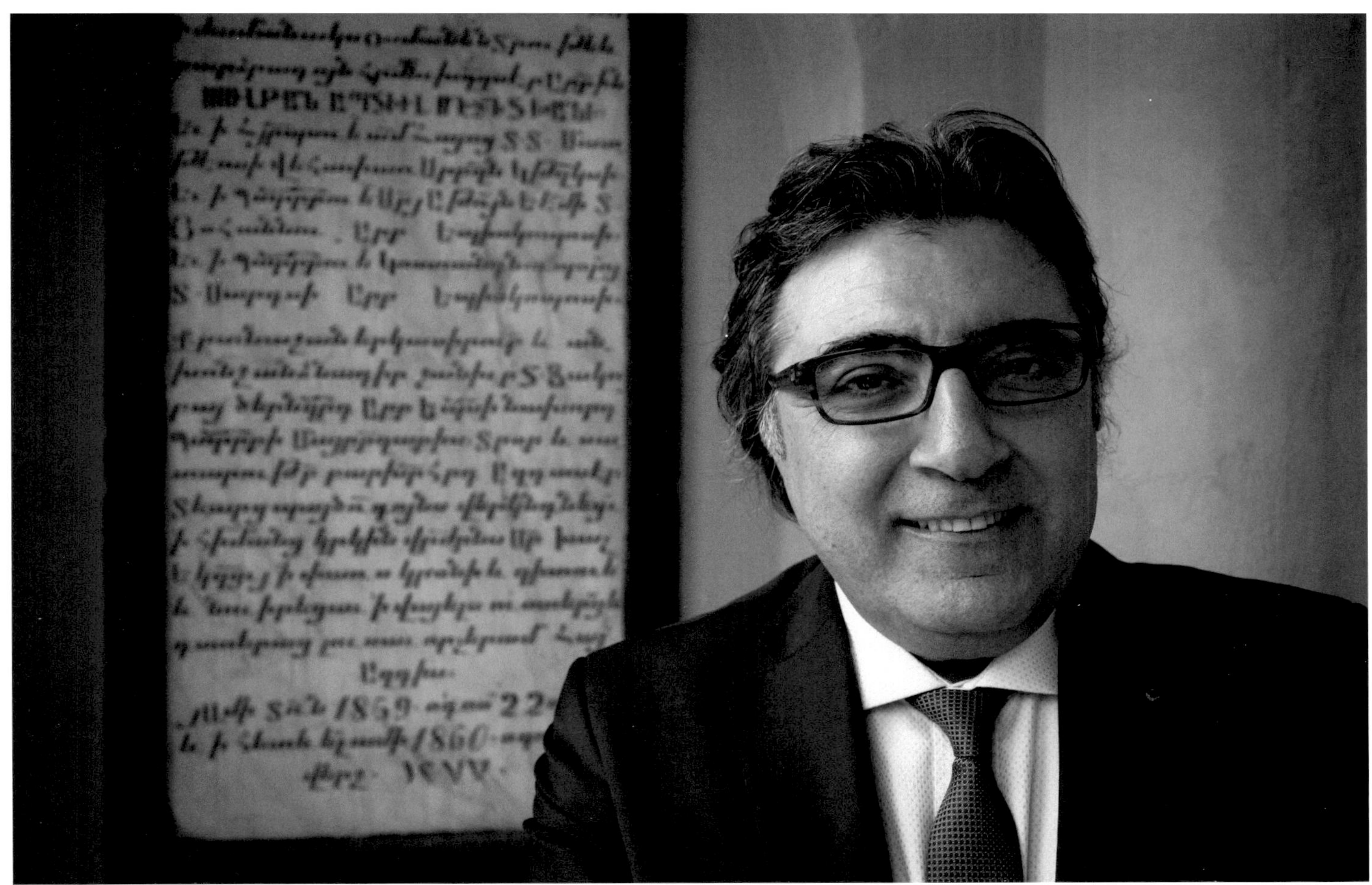

Տոց. Տքթ. Թորոս Ալճան, որ Փոքրամասնական վաքըֆներու ներկայացուցիչ ընտրուեցաւ՝ հայկական, յունական, հրէական, ասորական եւ պուլկարական 166 վաքըֆներու քուէով:

Ermeni, Rum, Musevi, Süryani ve Bulgar vakıflarından oluşan toplam 166 vakfın oylarıyla; Azınlık Vakıfları Temsilcisi seçilen Doç. Dr. Toros Alcan.

Associate Professor Toros Alcan, elected representative of the Minorities Foundations by vote of 166 Armenian, Greek, Jewish, Syrian Christian, and Bulgarian foundations.

Dr. maître de conférences Toros Alcan, représentant des fondations de minorités Arménienne, Grecque, Juive, Assyrienne et Bulgare, qui a été élu avec les voix de 166 fondations.

Պոլիս / İstanbul - 03.2015

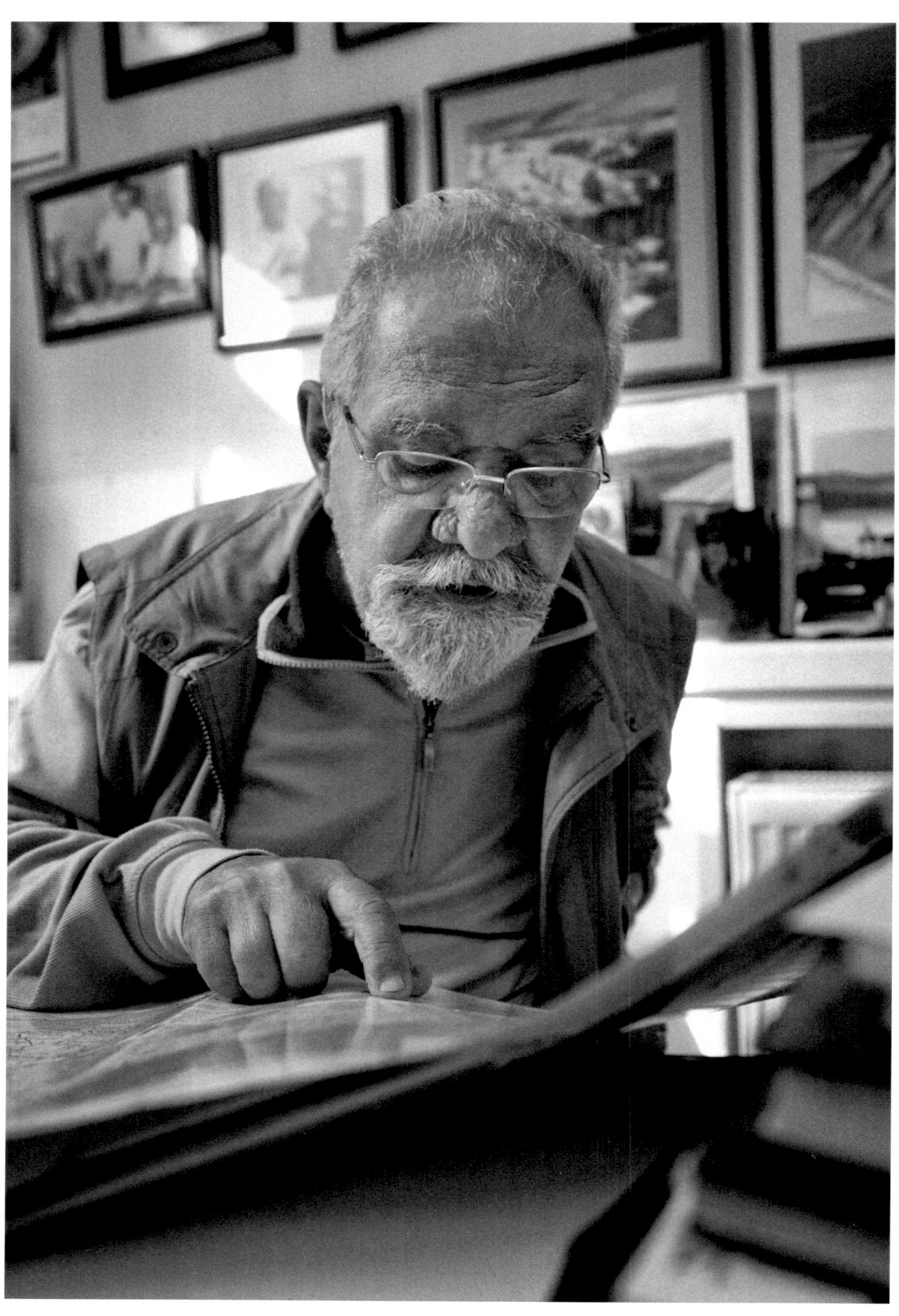

«Ակօս» շաբաթաթերթի խմբագիրներէն Սարգիս Սերովբեան:

Agos Gazetesi yazarı Sarkis Seropyan.

Agos Newspaper writer Sarkis Seropyan.

Sarkis Seropyan, journaliste à Agos.

Շիշլի, Պոլիս / Şişli, İstanbul - 10.2014

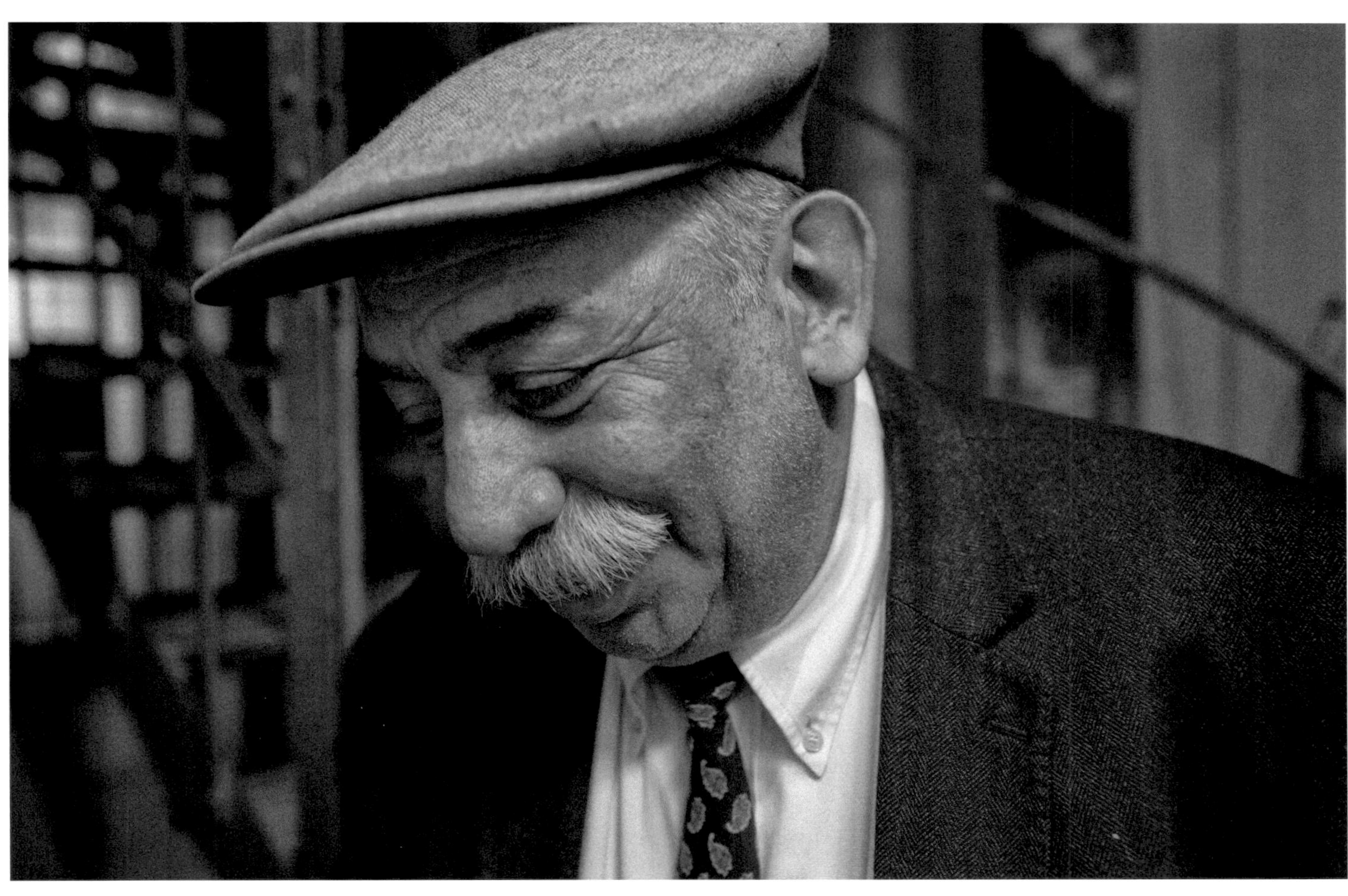

«Ակօս» շաբաթաթերթի խմբագիրներէն Բագրատ Էսդուքեան։

Agos Gazetesi yazarı Pakrat Estukyan.

Agos Newspaper writer Pakrat Estukyan.

Pakrat Estukyan, journaliste à Agos.

Շիշլի, Պոլիս / Şişli, İstanbul - 10.2014

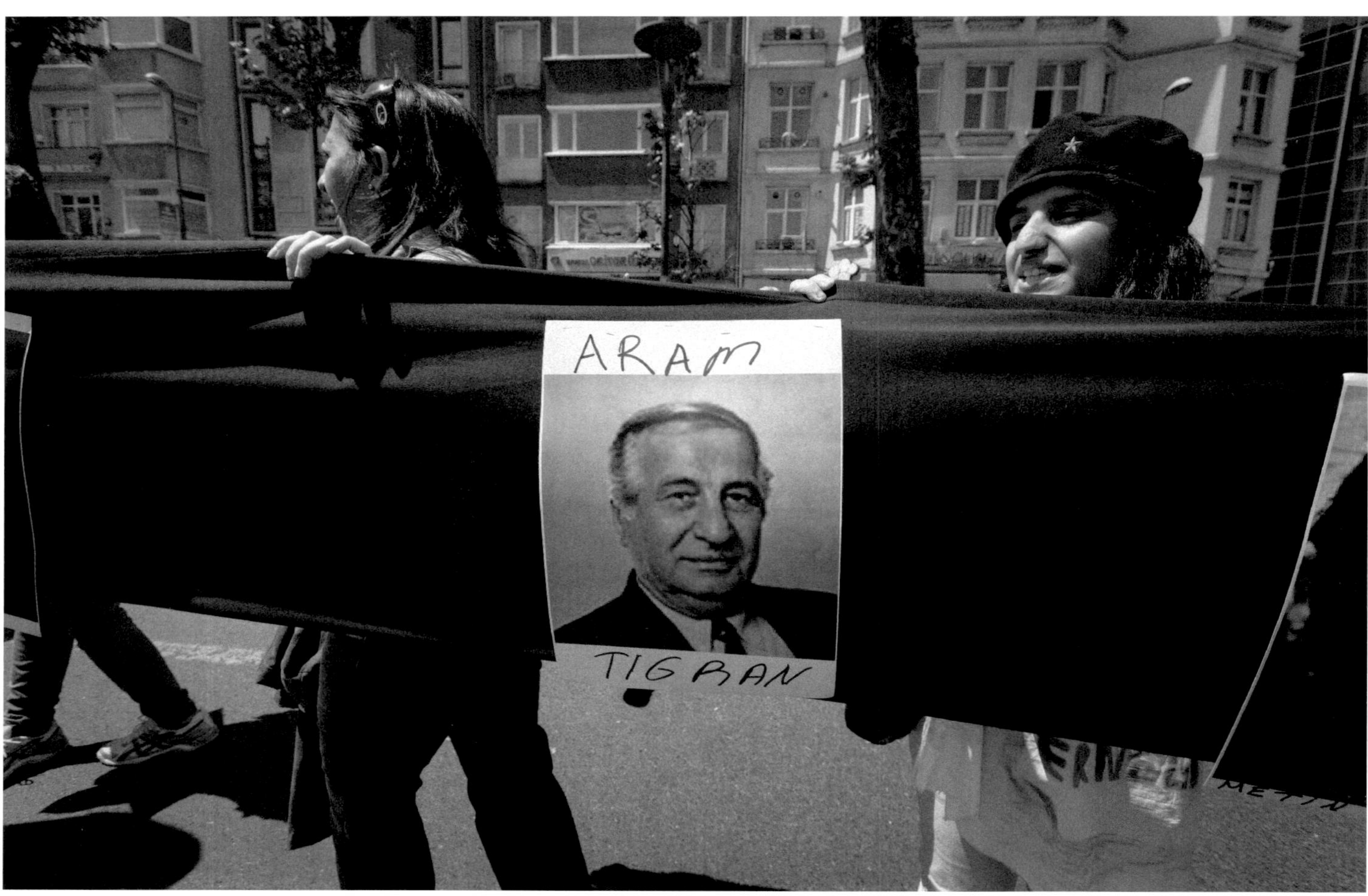

Դիմանկար անուանի երաժիշտ Արամ Տիգրանի, որուն իր ծննդավայրին՝ Տիգրանակերտին մէջ թաղուելու վերջին փափաքը մերժուեցաւ թրքական կառավարութեան կողմէ եւ ան 17 Օգոստոս 2009-ին հողին յանձնուեցաւ Պրիւքսէլի մէջ: Մայիս 1-ի քայլերթ:

Türkiye Cumhuriyeti Devleti resmi makamlarınca, Diyarbakır'a gömülmek isteğine onay verilmemesi nedeniyle 17 Ağustos 2009 tarihinde, Brüksel'de toprağa verilen Diyarbakır kökenli müzisyen Aram Tigran'ın portresi. 1 Mayıs şenliği.

Portrait of Aram Tigran, a musician of Diyarbakır origin who was buried in Brussels on 17 August, 2009, because of an official Government of the Republic of Turkey court order refusing his desire to have his remains interred in Diyarbakır. First of May celebration.

Le portrait d'Aram Tigran, originaire de Diyarbakır, inhumé à Bruxelles le 17 août 2009, à cause du rejet par les autorités officielles de l' État Turc de la demande d'enterrement à Diyarbakır. La Fête du 1er mai.

Թաքսիմ, Պոլիս / Taksim, İstanbul - 05.2012

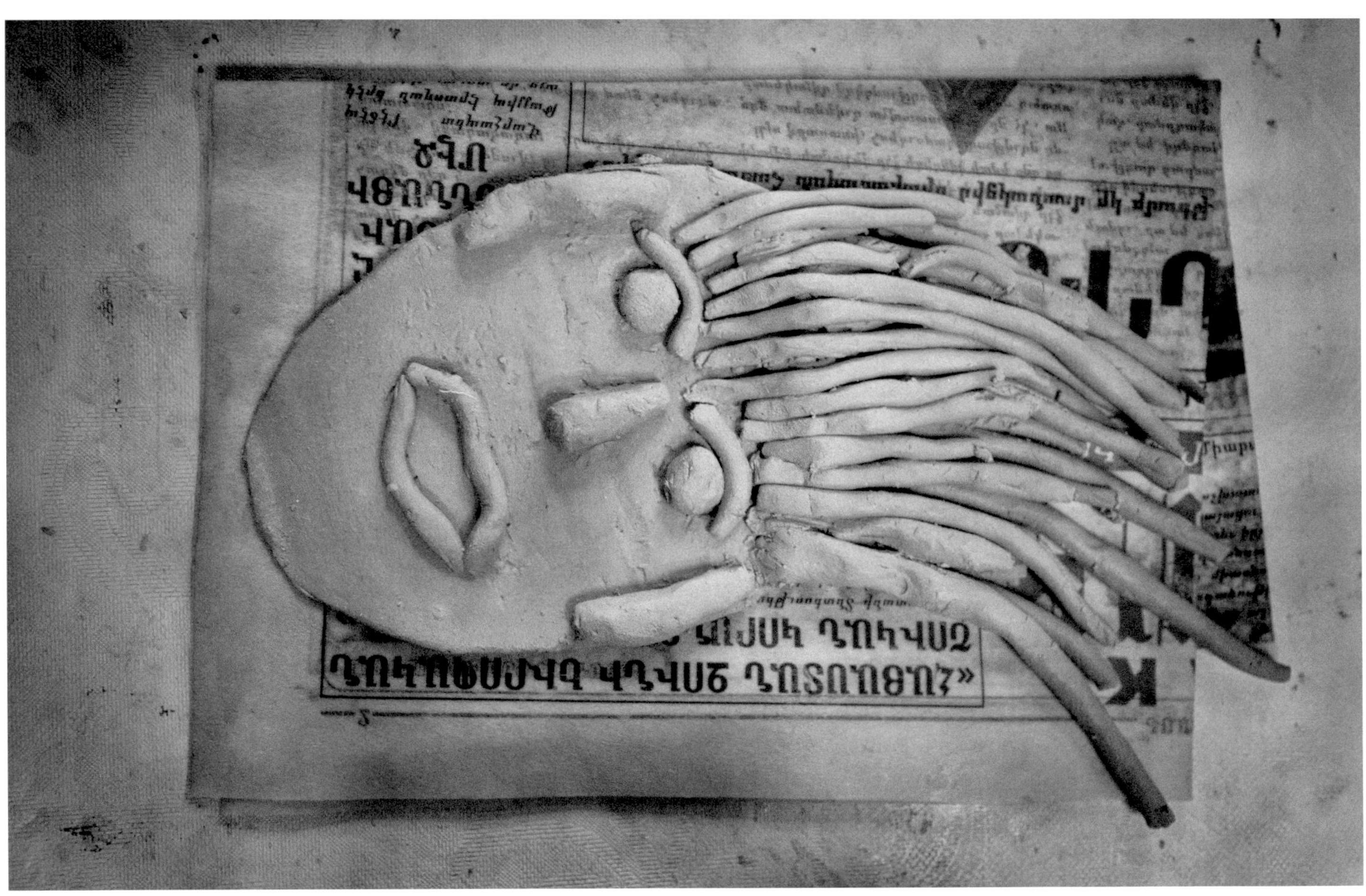

Խեցեղէն աշխատանք մը՝ պատրաստուած ԶԻՊԷՉ-ի երդիքին տակ, որ Ս. Փրկիչ Ազգ. հիւանդանոցի մէկ բաժանմունքն է՝ մտաւոր եւ մարմնական թերիներ ունեցող մանուկներուն յատուկ: Ս. Փրկիչ Ազգ. հիւանդանոց:

Surp Pırgiç Ermeni Hastanesi bünyesinde faaliyetini yürüten, Zihinsel ve Bedensel Engelli Çocuklara hizmet sağlayan ZİBEÇ'te yapılan seramik çalışması. Surp Pırgiç Ermeni Hastanesi.

A ceramic work at ZİBEÇ, the unit at Saint Prgiç Armenian Hospital dedicated to children with mental and physical disabilities. Saint Prgiç Hospital.

Travaux de céramique à ZIBEÇ qui sert les enfants handicapés mentaux ou physiques à l'Hôpital Arménien de Saint Sauveur. L'Hôpital Saint Sauveur.

Քազլըչեշմէ, Պոլիս / Kazlıçeşme, İstanbul - 08.2014

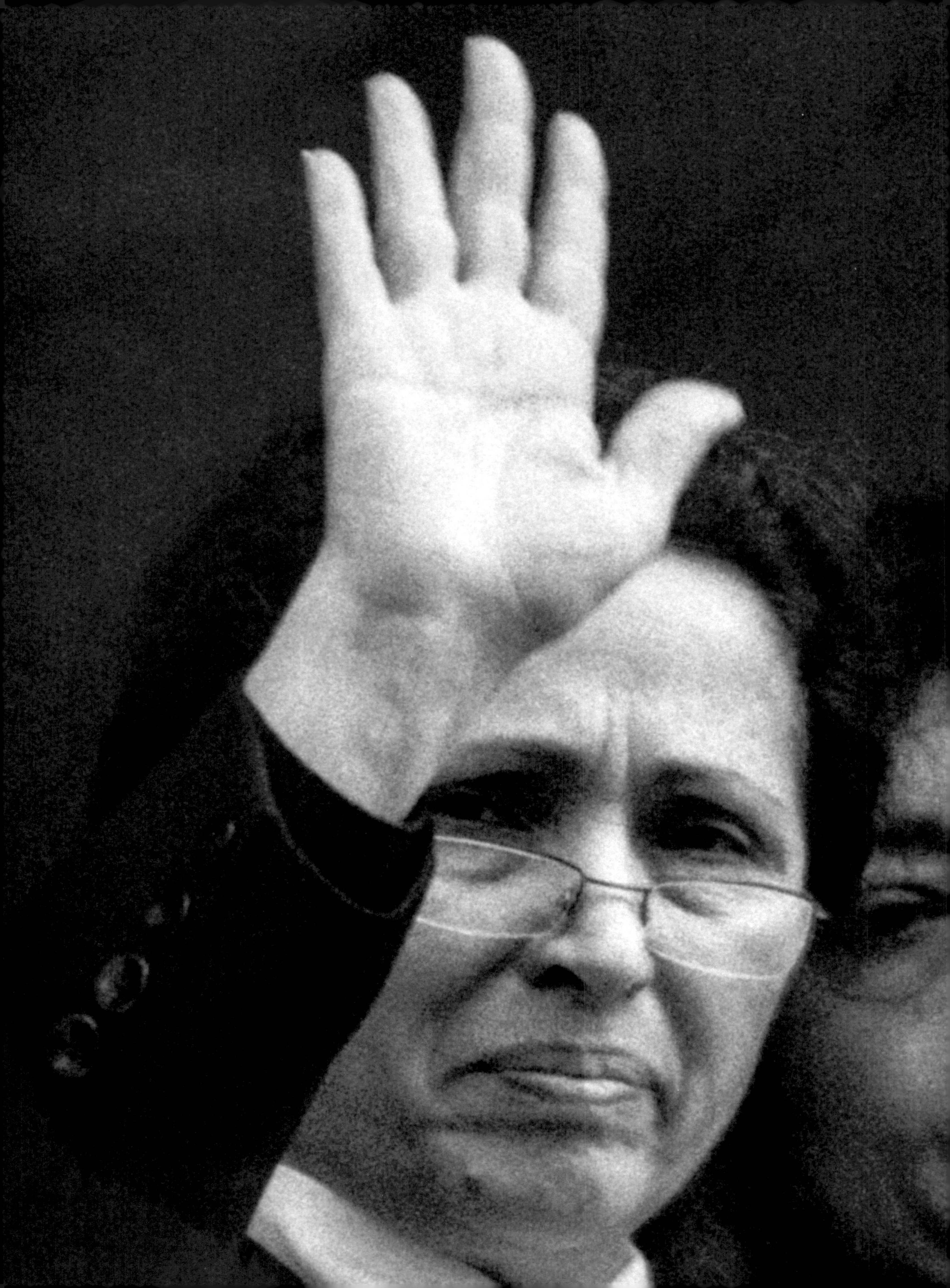

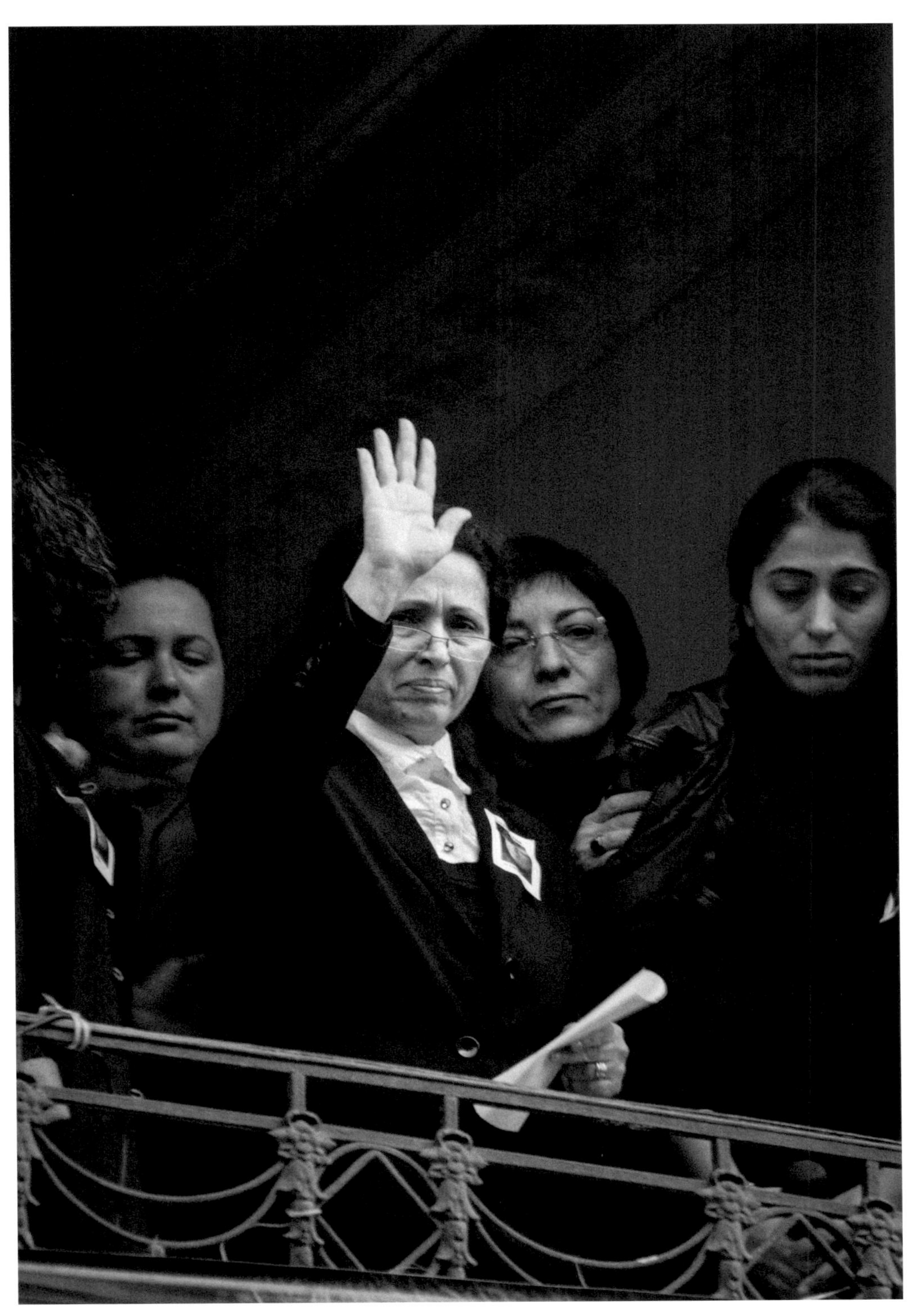

Հրանդ Տինքի տարելիցը: «Ակօս» շաբաթաթերթ:

Hrant Dink ölüm yıl dönümü. Agos Gazetesi.

Anniversary of Hrant Dink's death. Agos Newspaper.

L'anniversaire de la mort de Hrant Dink. Le Journal Agos.

Պոլիս / İstanbul - 01.2008

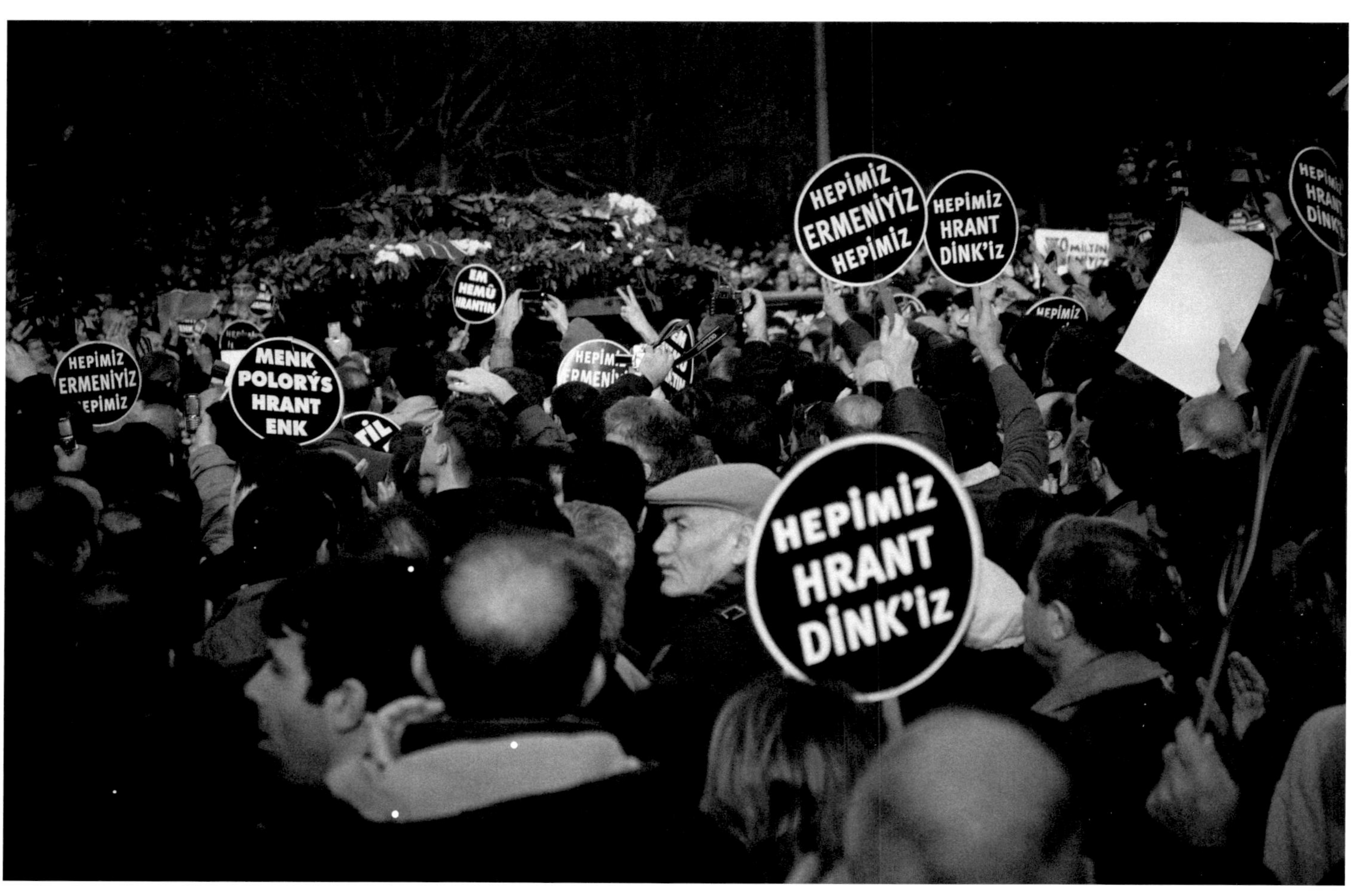

Յրանդ Տինքի յուղարկաւորութիւնը:

Hrant Dink cenaze töreni.

Hrant Dink funeral procession.

Les funérailles de Hrant Dink.

Ենիքափու, Պոլիս / Yenikapı, İstanbul - 01.2007

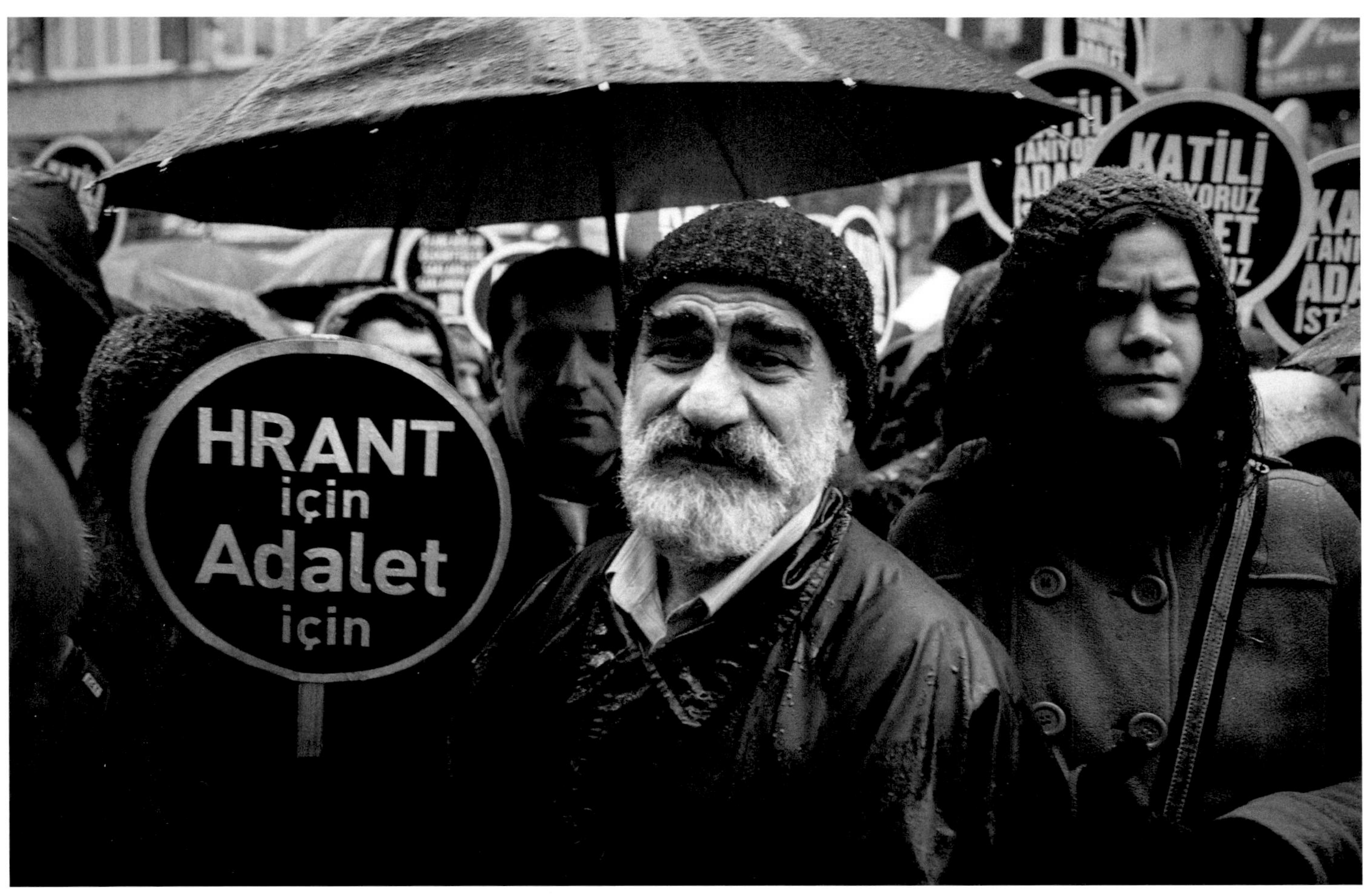

Հրանդ Տինքի տարելիցը:

Hrant Dink ölüm yıl dönümü.

Anniversary of Hrant Dink's death.

L'anniversaire de la mort de Hrant Dink.

Պոլիս / İstanbul - 01.2010

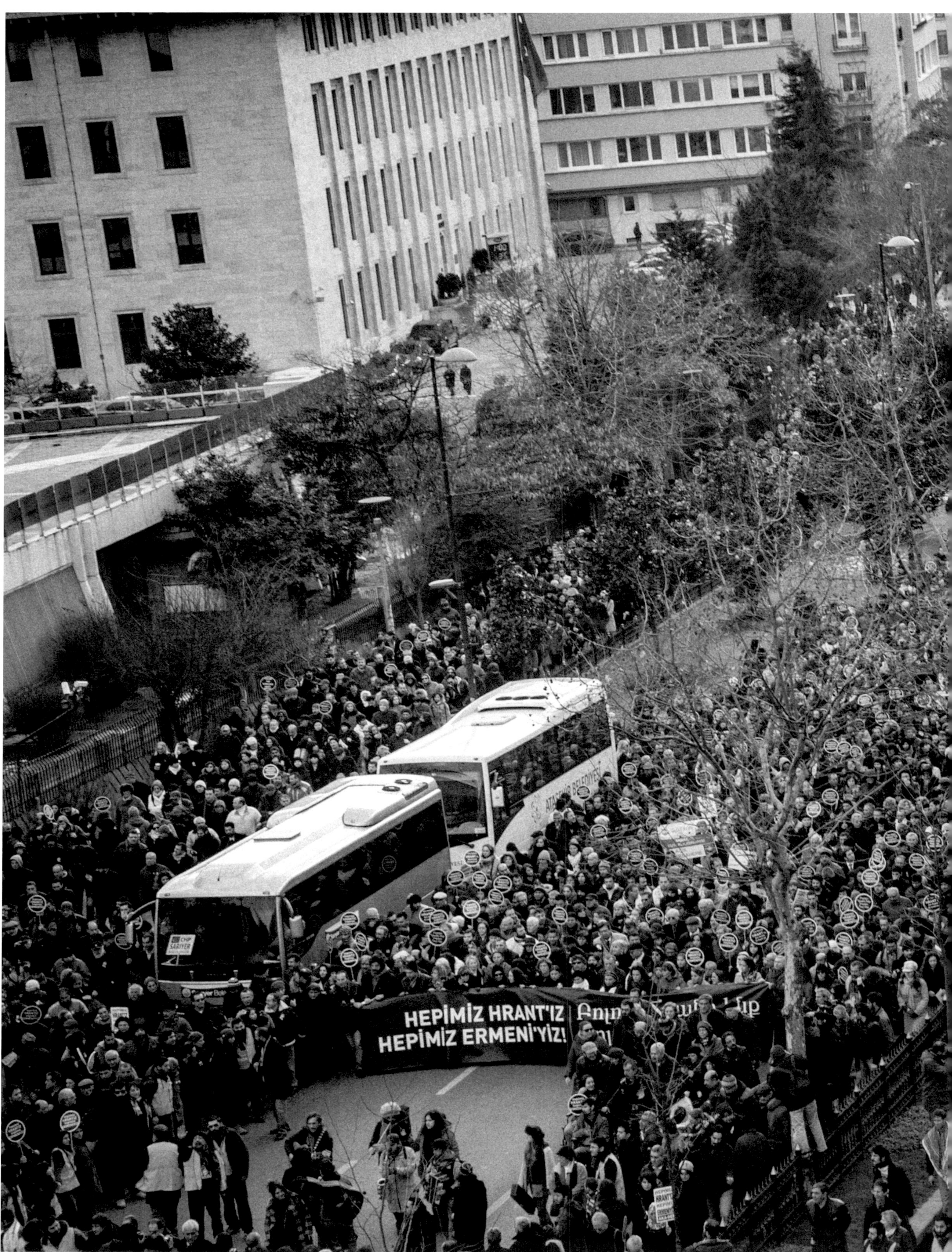
HEPİMİZ HRANT'IZ
HEPİMİZ ERMENİ'YİZ!

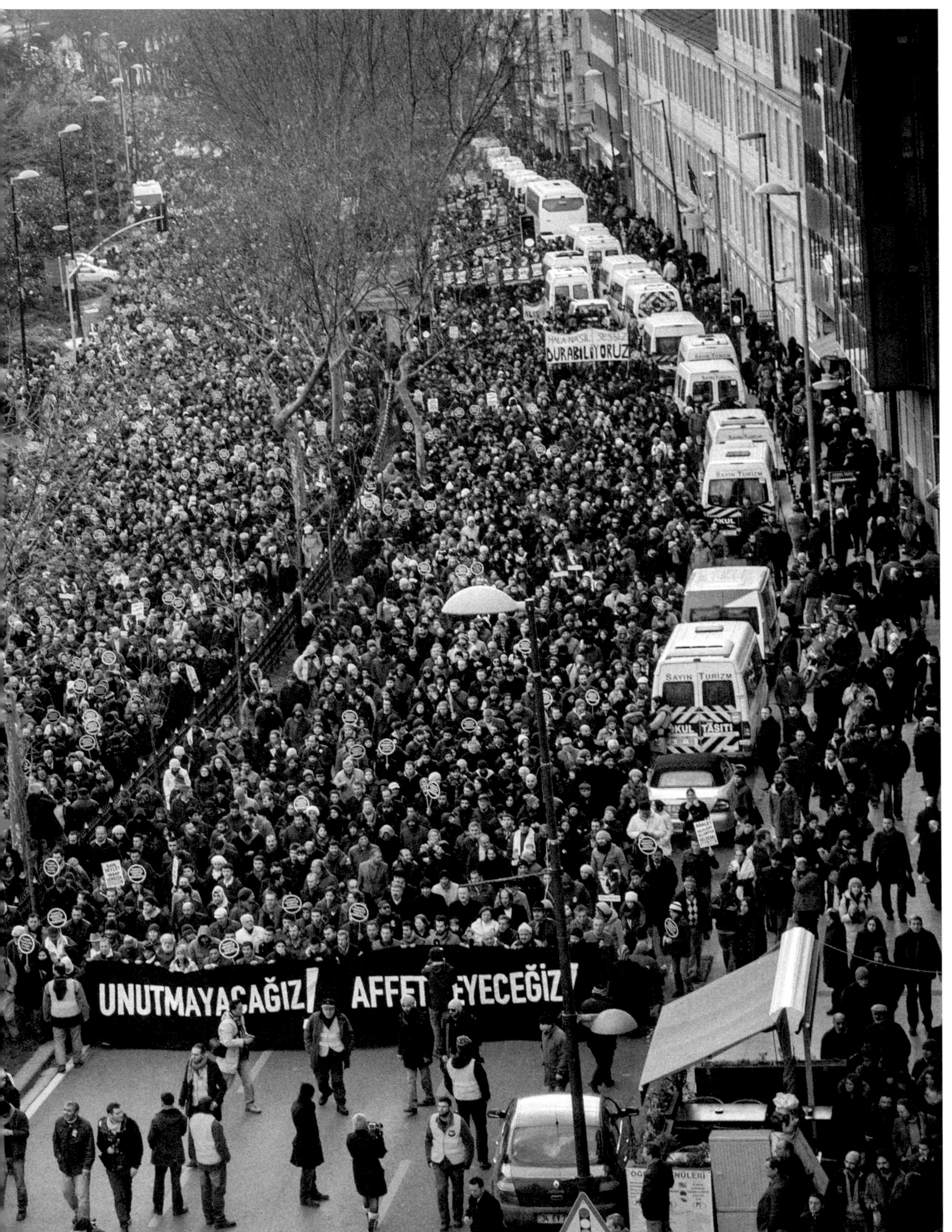
UNUTMAYACAĞIZ
SAYIN TURİZM
OKUL TAŞITI

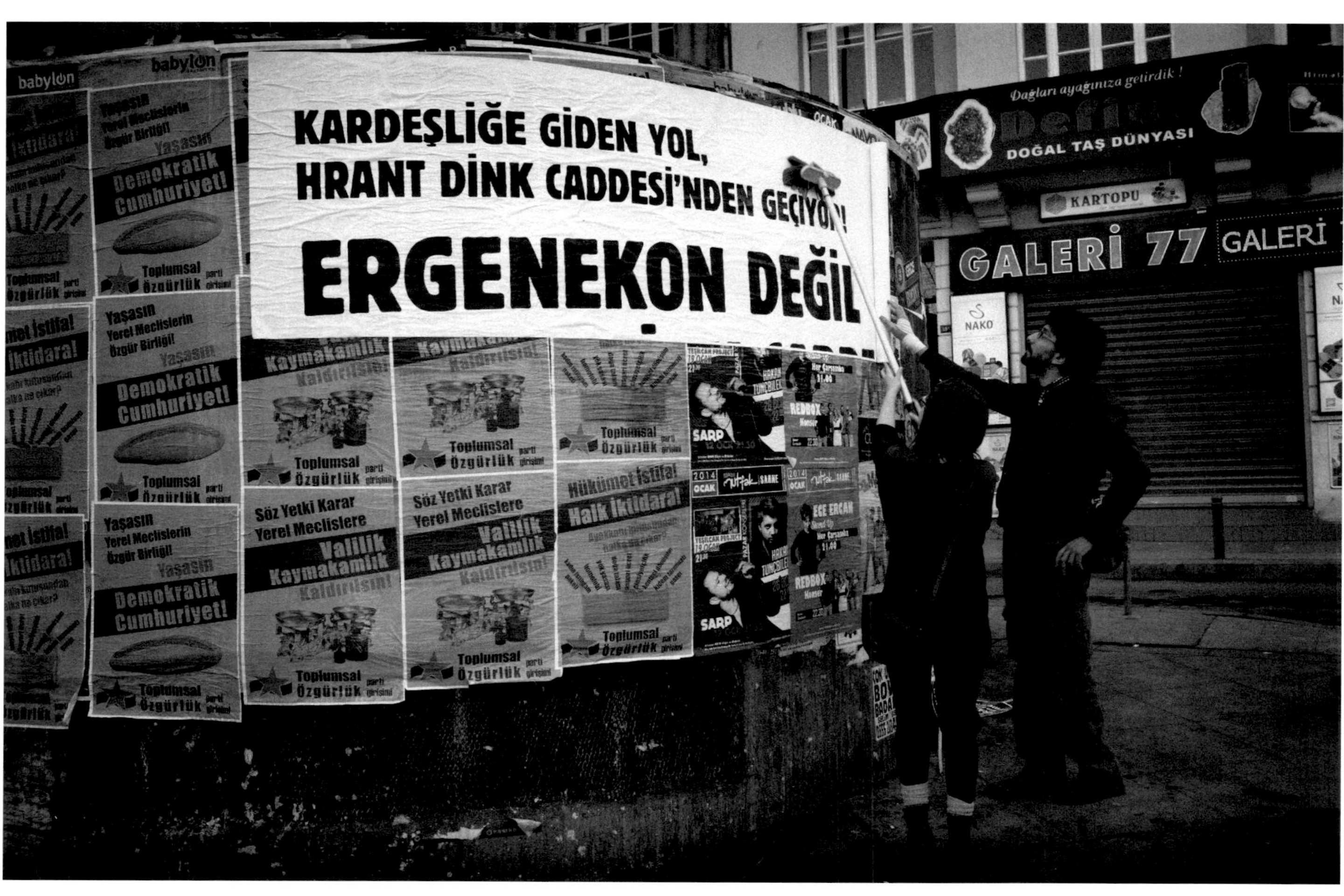

Հրանդ Տինքի տարելիցը։

Hrant Dink ölüm yıl dönümü.

Anniversary of Hrant Dink's death.

L'anniversaire de la mort de Hrant Dink.

Պոլիս / İstanbul, 01.2014

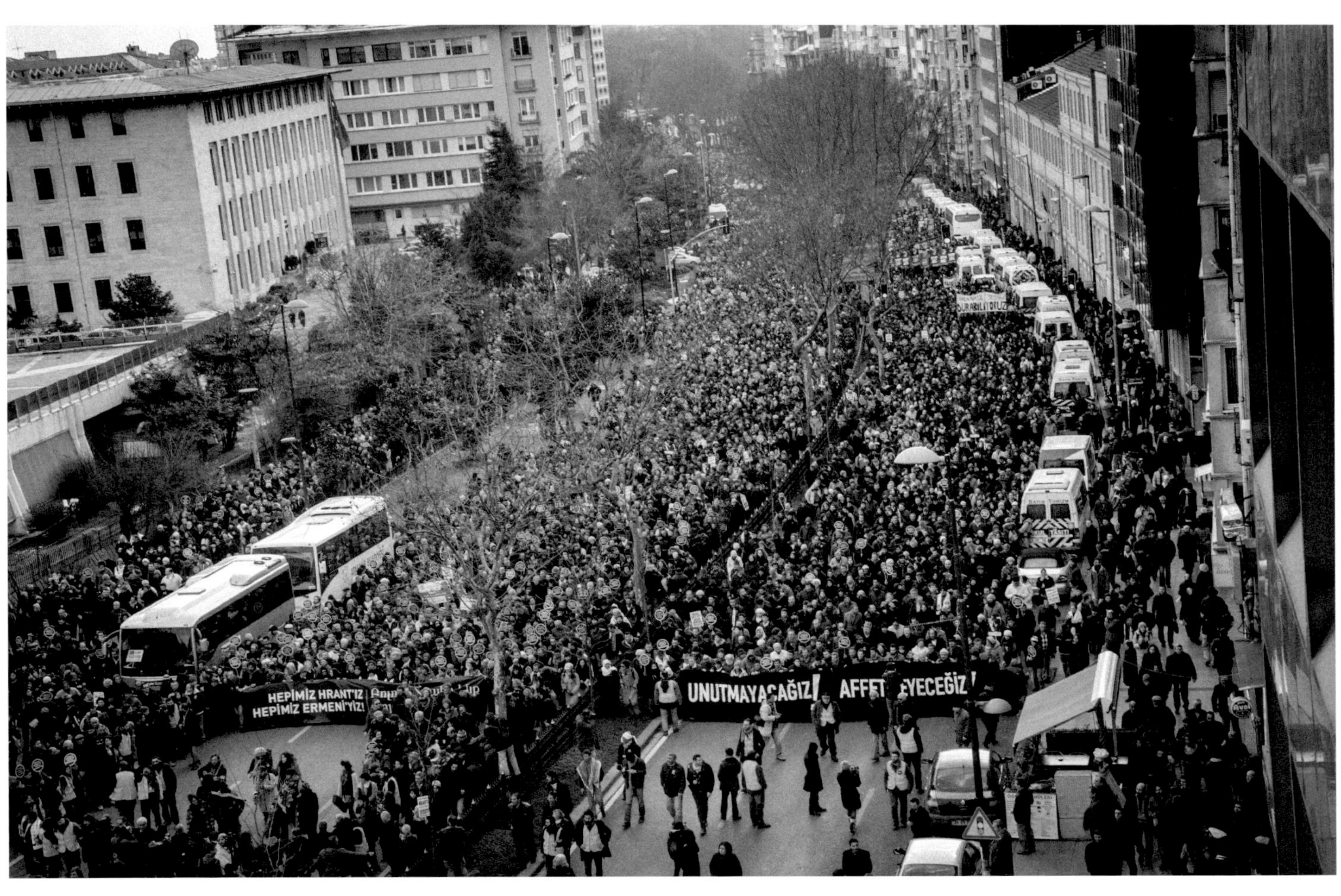

Քայլերթ Թաքսիմէն դէպի «Ակօս»ի խմբագրատունը, Հրանդ Տինքի նահատակութեան 5-րդ տարելիցին:

Hrant Dink ölüm yıl dönümünde, Taksim'den Agos gazetesine yürüyüş.

Procession from Taksim Square to Agos Newspaper on the anniversary of Hrant Dink's death.

L'anniversaire de la mort de Hrant Dink, défilé de Taksim jusqu'au journal Agos.

Պոլիս / İstanbul - 01.2012

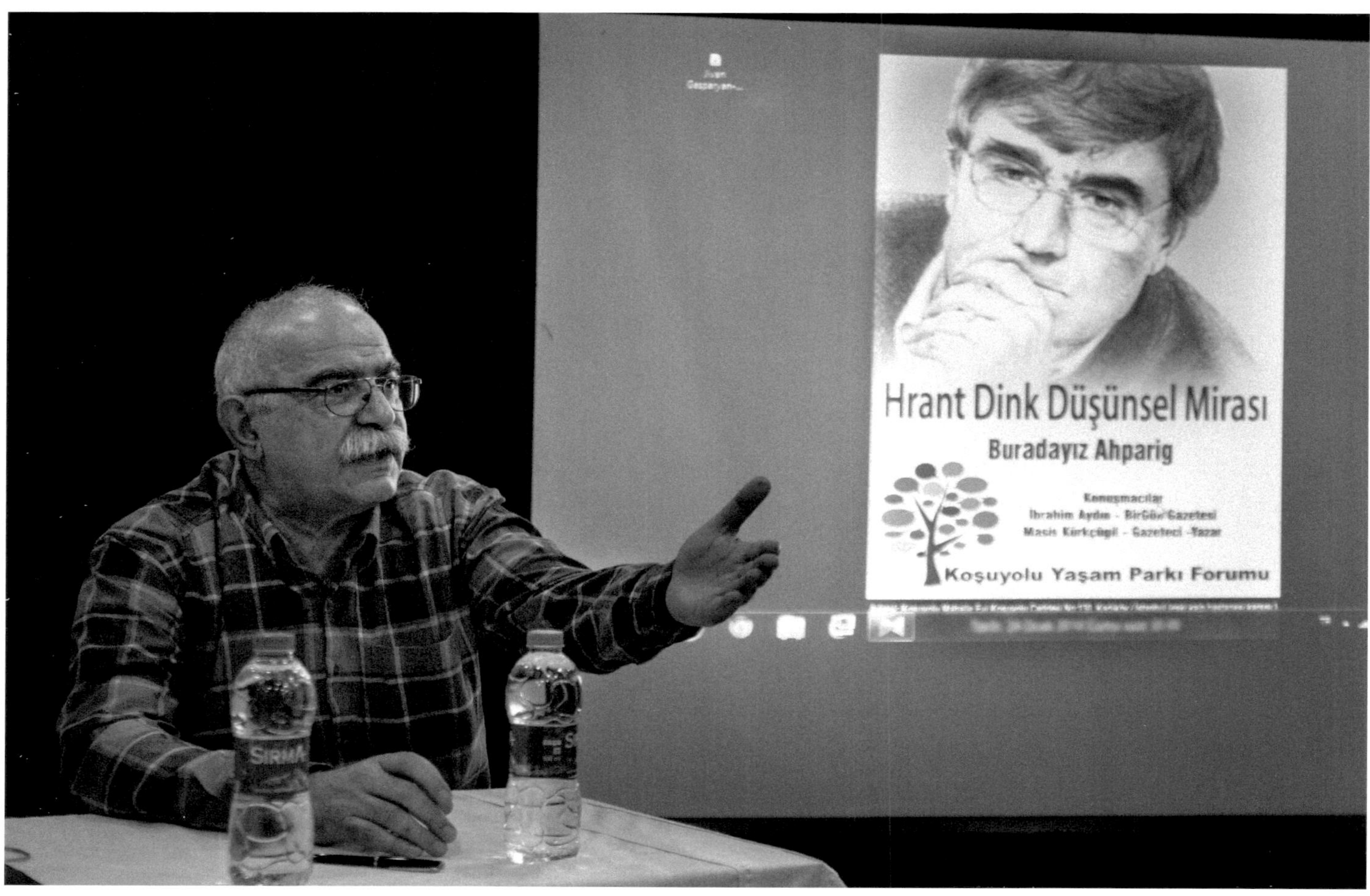

Կը բանախօսէ Մասիս Քիւրքճիւկիլ՝ Քօշուեոլուի «Եաշամ փարքը ֆորում»ին կողմէ կազմակերպուած «Հրանդ Տինքի մտաւոր ժառանգութիւնը» խորագրեալ ասուլիսի ժամանակ:

Koşuyolu Yaşam Parkı Forumu'nun düzenlediği "Hrant Dink Düşünsel Mirası" söyleyişinde konuşmacı olan Masis Kürkçügil.

Masis Kürkçügil, speaker at the "Hrant Dink Intellectual Legacy" forum held at Koşuyolu Yaşam Park.

Masis Kürkçügil, pendant son entretien au Forum du Parc de Vie Koşuyolu, sur "L'héritage de la pensée de Hrant Dink".

Քօշուեոլու, Գատըգիւղ, Պոլիս / Koşuyolu, Kadıköy, İstanbul - 01.2014

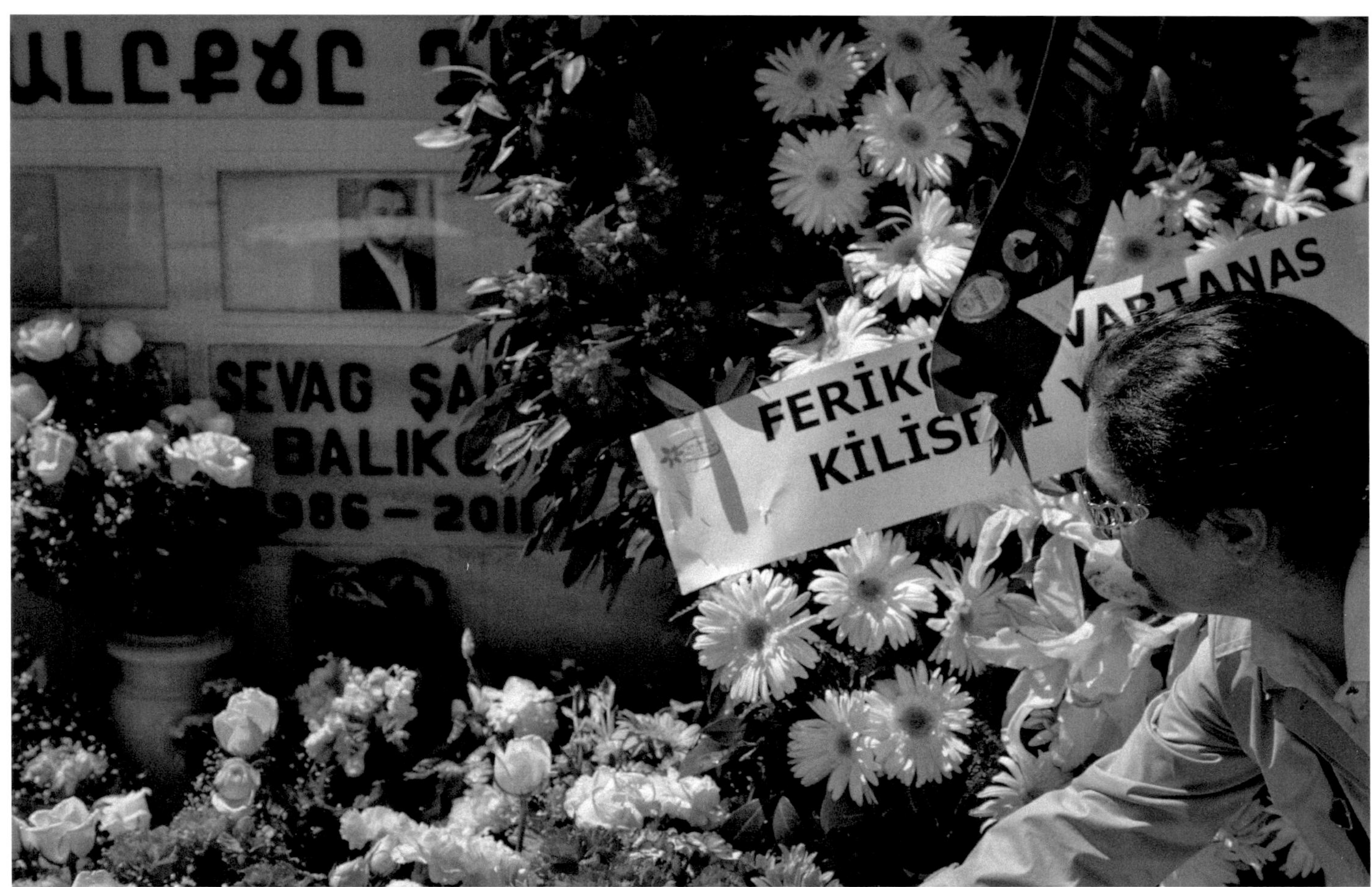

Նահատակութեան տարելից Սեւակ Պալըքճըի, որ 24 Ապրիլ 2011-ին, բանակային ծառայութեան ժամանակ սպաննուած էր զինակից «ընկերոջ»ը կողմէ: Շիշլիի գերազմանատուն:

24 Nisan 2011'de askerlik görevini yaparken, Batman Gümüşgörgü karakolunda "asker arkadaşı" olan bir erin tüfeğinden çıkan kurşunla hayatını kaybeden Sevag Şahin Balıkçı'nın ölüm yıldönümü. Ermeni mezarlığı.

April 24, anniversary of Sevag Şahin Balıkçı's death by 'friendly fire' from a fellow soldier while on duty at the Batman Gümüşgörgü base in 2011. Armenian cemetary.

L'anniversaire de la mort de Sevag Şahin Balıkçı, qui est un soldat tué pendant son service militaire par son "compagnon militaire" au poste de garde militaire de Gümüşgörgü à Batman, le 24 Avril 2011. Le cimetière Arménien.

Շիշլի, Պոլիս / Şişli, İstanbul - 04.2012

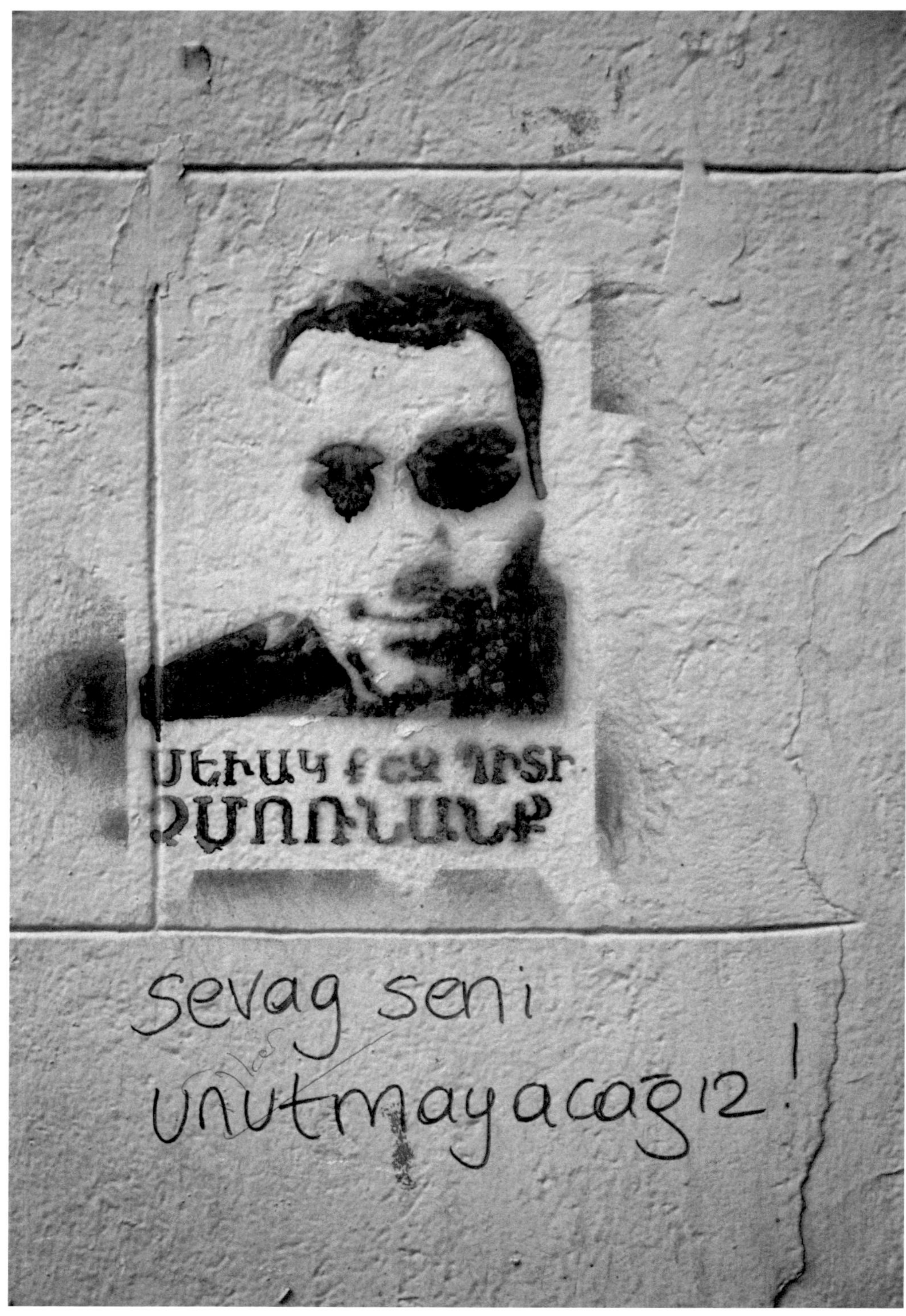

Որմնանկար ի յիշատակ նահատակ Սեւակ Պալըքճըի, որ 24 Ապրիլ 2011-ին, Պաթմանի Կիւմիւշկէօրկիւի պահակատան մէջ, բանակային ծառայութեան ժամանակ սպաննուած էր զինակից «ընկերոջ»ը կողմէ: Քուրթուլուշ:

24 Nisan 2011'de askerlik görevini yaparken, Batman Gümüşgörgü karakolunda "asker arkadaşı" olan bir erin tüfeğinden çıkan kurşunla hayatını kaybeden Sevag Şahin Balıkçı anısına çizilmiş duvar resmi. Kurtulus Caddesi.

Portrait and inscription ("We won't forget you, Sevag") in memory of Sevag Şahin Balıkçı who was killed by 'friendly fire' from a fellow soldier on 24 April 2011 while on duty at the Batman Gümüşgörgü base. Kurtuluş Street.

Un graffiti dessiné en mémoire de Sevag Şahin Balıkçı ("Nous ne t'avons pas oublié, Sevag"), quie est un soldat, tué pendant son service militaire par son "compagnon militaire" au poste de garde militaire de Gümüşgörgü à Batman; e 24 Avril 2011. La rue Kurtuluş.

Շիշլի, Պոլիս / Şişli, İstanbul - 10.2014

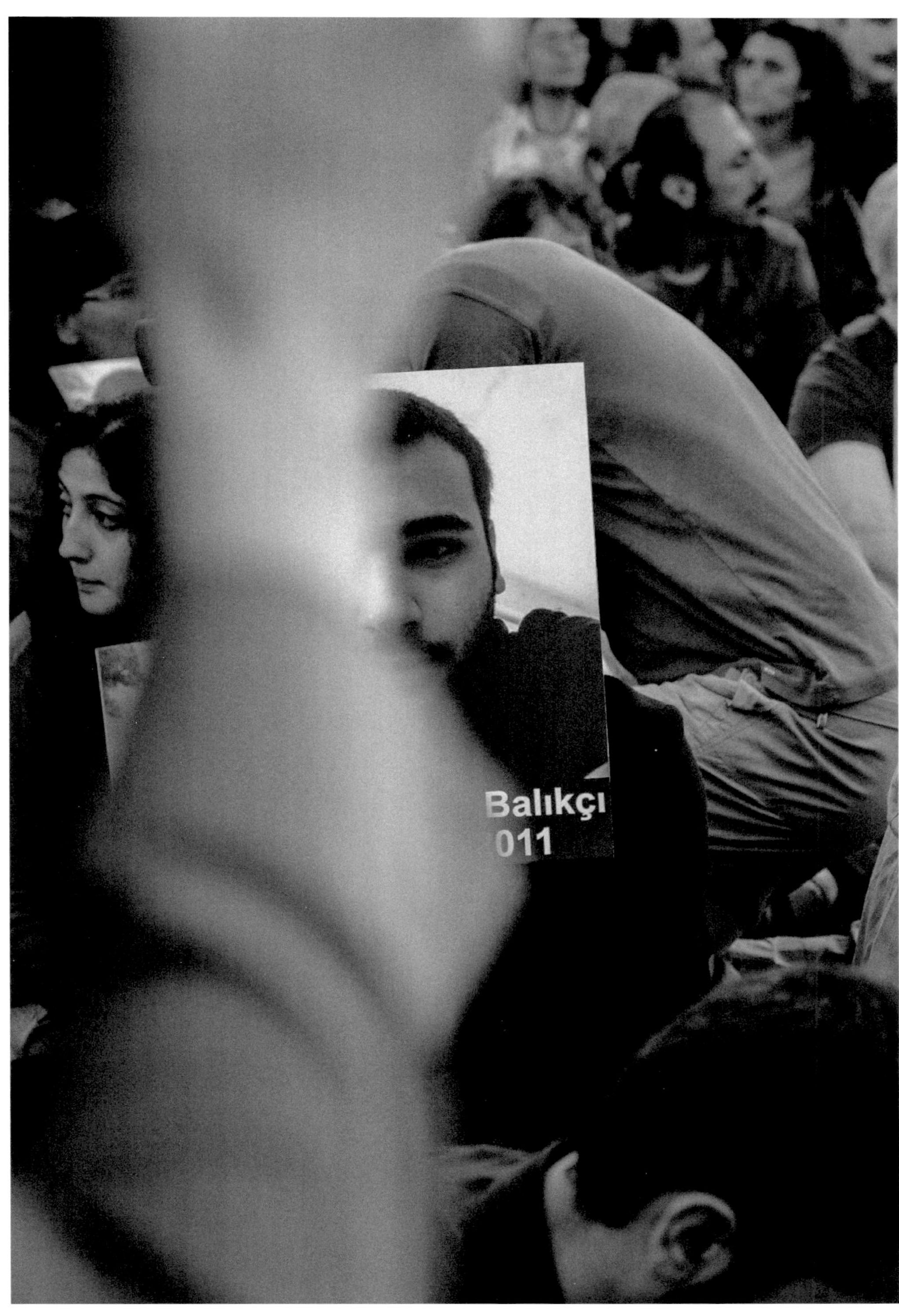

Ապրիլ 24-ի Յայոց ցեղասպանութեան սգատօն:

24 Nisan Ermeni soykırımını anma günü.

April 24, remembrance day for the Armenian genocide.

Comm émoration du génocide Arménien le 24 Avril.

Թաքսիմ, Պոլիս / Taksim, İstanbul - 04.2012

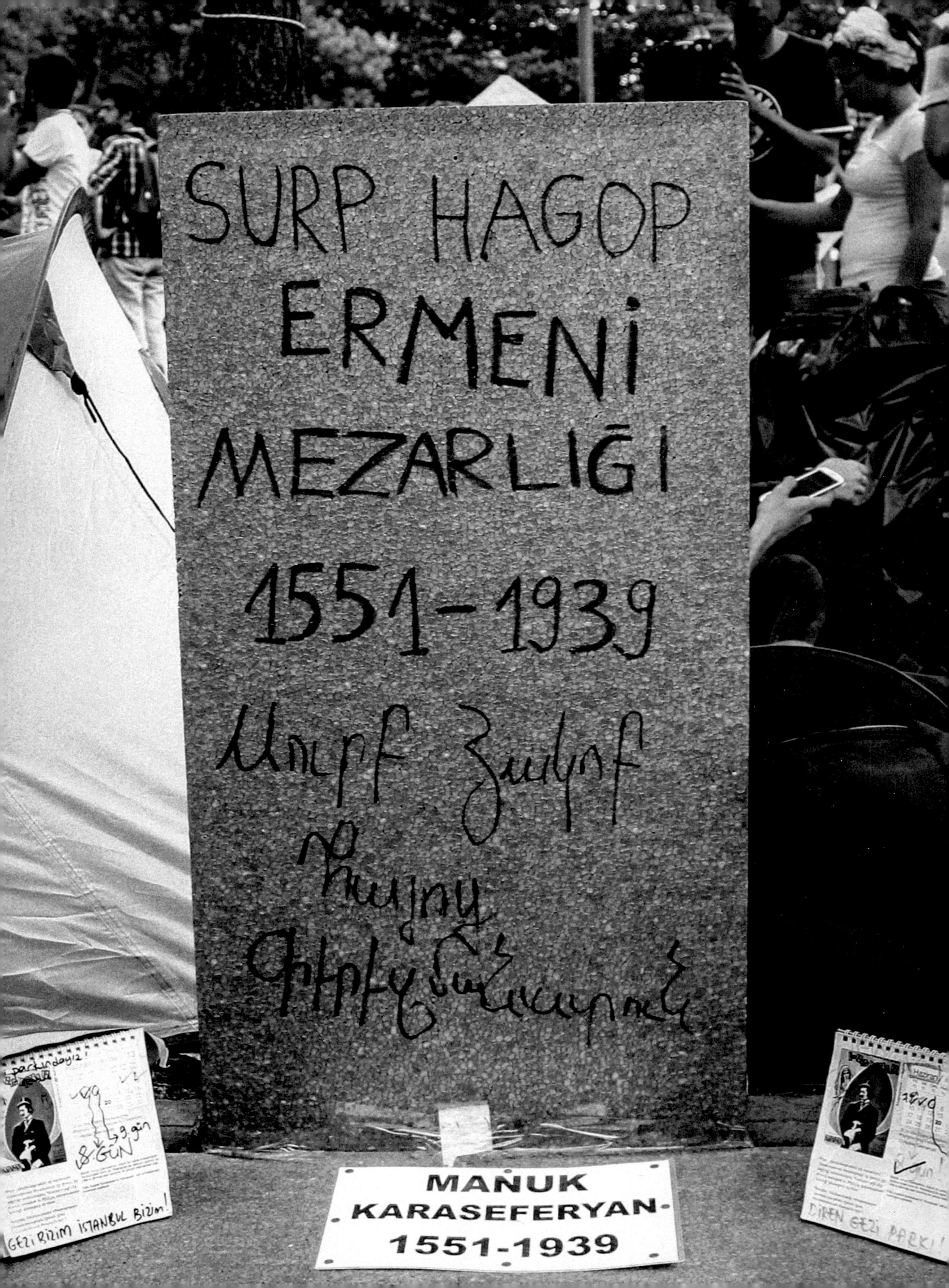

SURP HAGOP
ERMENİ
MEZARLIĞI
1551-1939
Սուրբ Յակոբ
Հայոց
Գերեզմանատուն

MAÑUK
KARASEFERYAN
1551-1939

GEZİ BİZİM İSTANBUL BİZİM!

DİREN GEZİ PARKI!

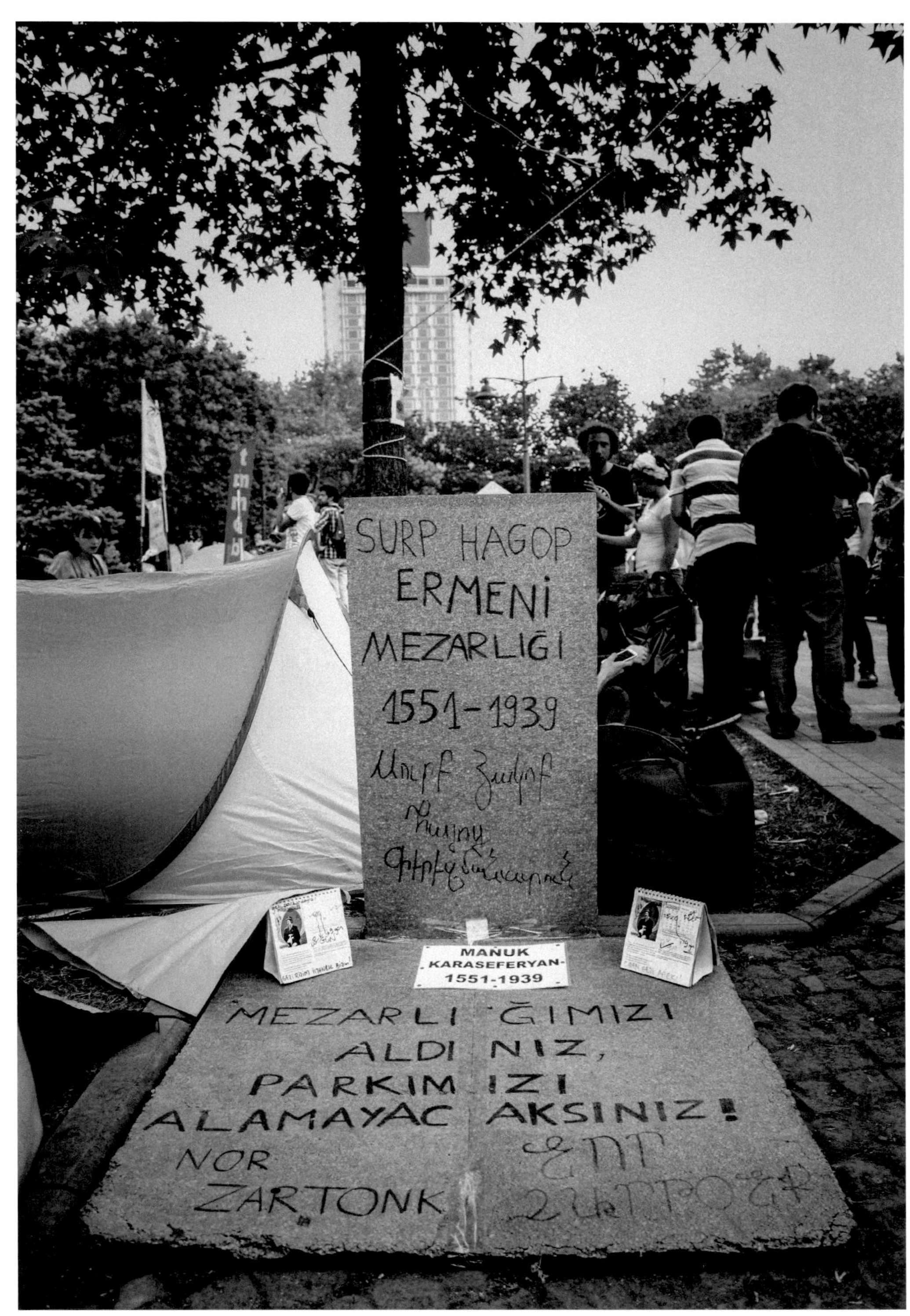

«Կեզի» ճեմապարտէզը ու «Նոր զարթօնք»ի ցոյցը:

Gezi Parkı ve Nor Zartonk eylemi.

The Gezi Park and Nor Zartonk (New Renaissance) protests.

Les protestations au Parc Gezi et Nor Zartonk.

Թաքսիմ, Պոլիս / Taksim, İstanbul - 06.2013

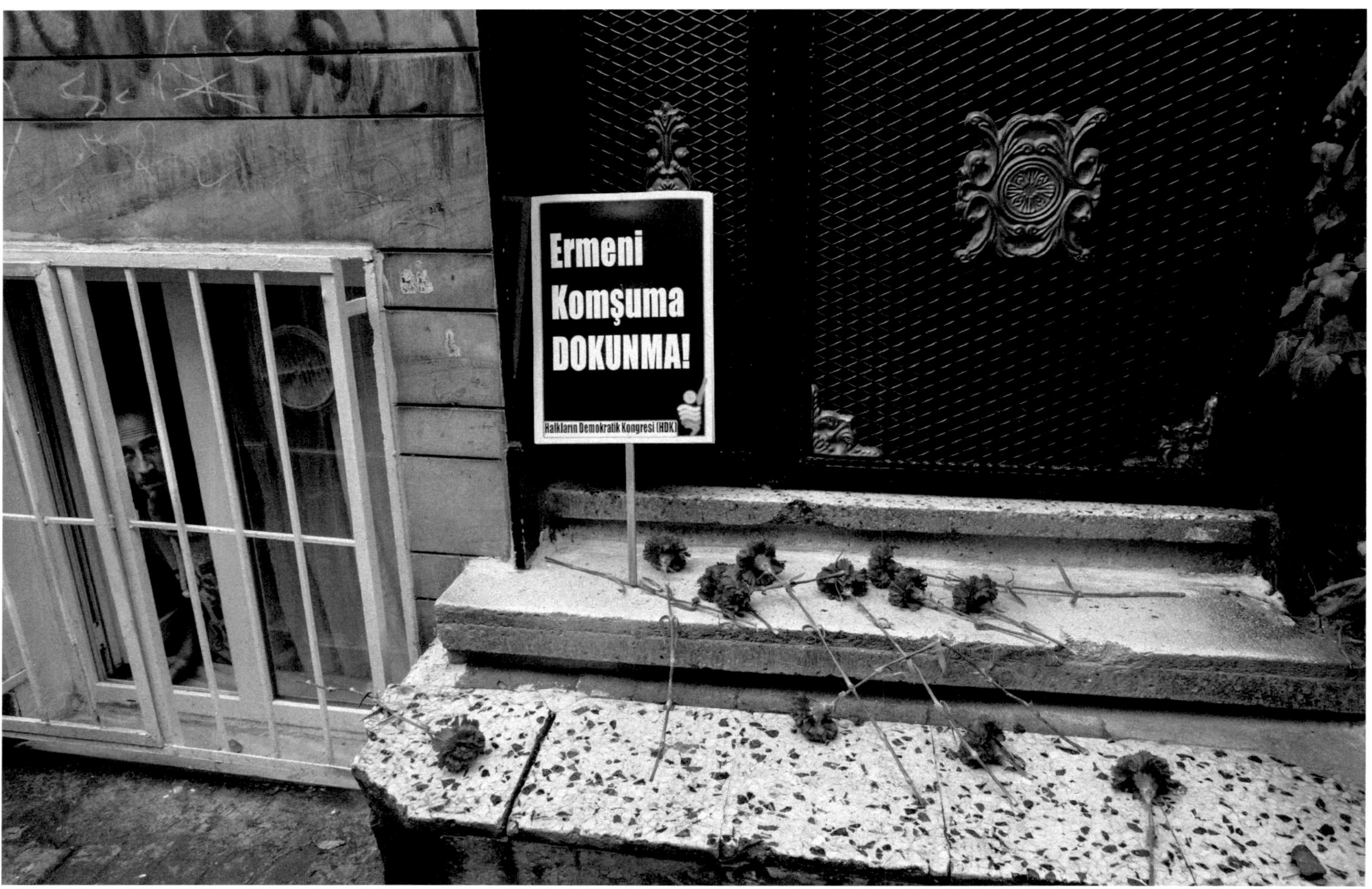

Մարիցա Քիւչիւքի բնակած շէնքին մուտքը: Ան սպաննուած էր Սամաթիոյ բնակիչ տարեց հայերու դէմ կազմակերպուած յարձակումներու հետեւանքով:
Քայլերթ Քոճա Մուսթաֆա Փաշայէն Սամաթիա՝ «Մի՛ հարուածեր հայ դրացիս» կարգախօսով:

Samatya'da yaşayan yaşlı Ermenilere karşı yapılan saldırılardan bir tanesinde hayatını kaybeden Maritza Küçük'ün oturduğu apartman.
Kocamustafapaşa'dan Samatya'ya "Ermeni Komşuma Dokunma" yürüyüşü.

The apartment of Maritza Küçük who lost her life in one of the attacks on elderly Armenians in Samatya. A procession was held from the Kocamustafapaşa to the Samatya, entitled "Don't touch my Armenian Neighbours".

L'immeuble où habitait Maritza Küçük qui a perdu la vie dans une des agressions contre les vieux Arméniens habitant le quartier de Samatya.
Le défilé "Touche pas à mon voisin Arménien!" réalisé de Kocamustafapaşa à Samatya.

Սամաթիա, Պոլիս / Samatya, İstanbul - 01.2013

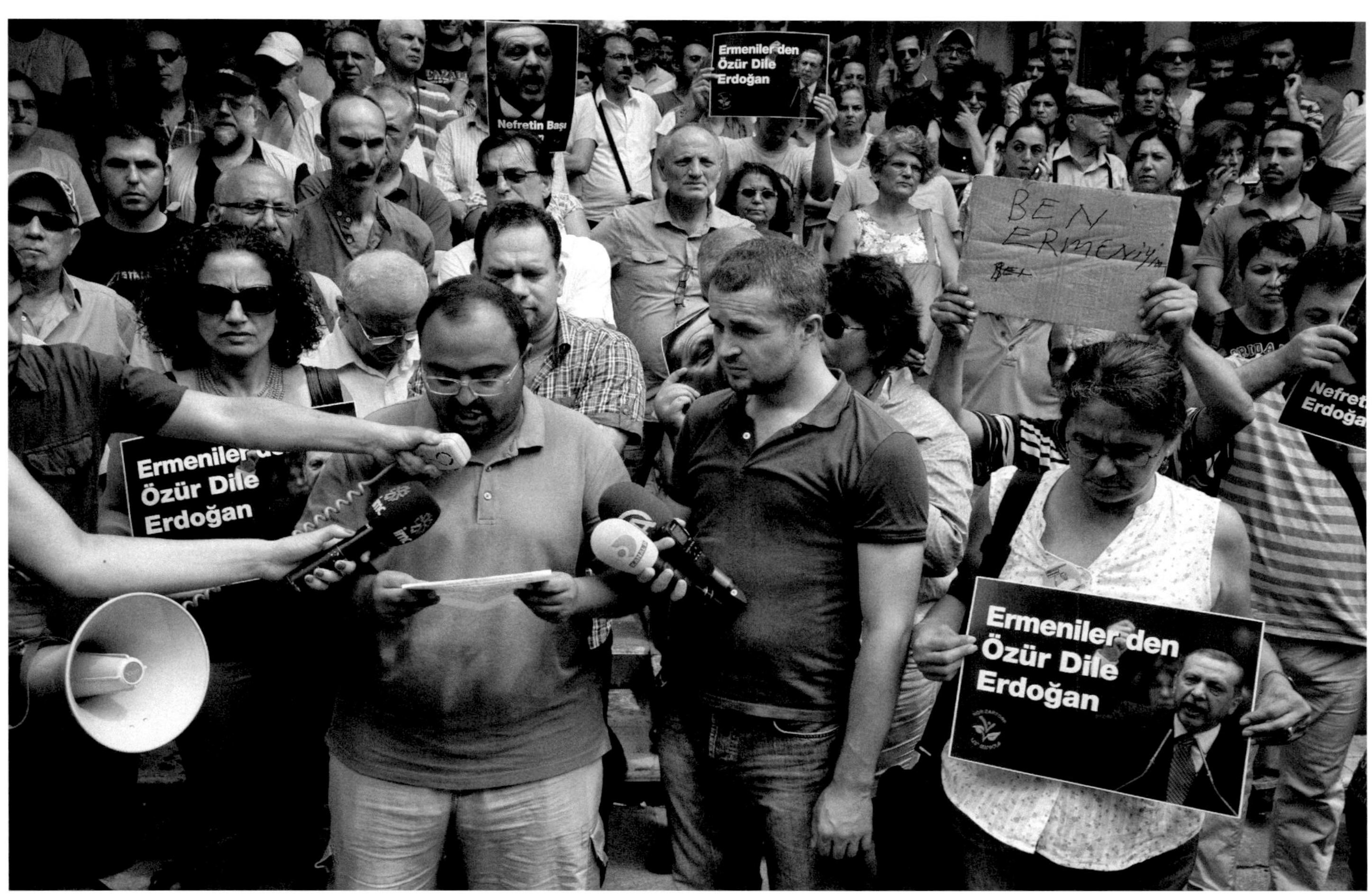

Վարչապետ Ռեճեպ Թայյիփ Էրտողան հաղորդումի մը ընթացքին ըսած էր. «Իմ մասիս ի՞նչեր ըսին: Մէկը ելաւ ու, ներողութի՛ւն, շատ աւելի տգեղ բաներով, ըսաւ որ հայ եմ»: Այս առթիւ «Նոր Զարթօնք»ի առաջնորդութեամբ կազմակերպուեցաւ «Բաւ է այլեւս» ցոյցը:

Dönemin Başbakanı Recep Tayyip Erdoğan'ın, katıldığı bir televizyon programında; " Benim için neler söylediler. Çıktı bir tanesi afedersin çok daha çirkin şeylerle, Ermeni diyen oldu" söyleminin ardından Nor Zartonk öncülüğünde gerçekleştirilen "Artık Yeter" protesto mitingi.

Then-Prime Minister Recep Tayyip Erdoğan declared on a TV program, "They have said all sorts of things about me. One ugly rumor came out that, forgive me for saying this, I am Armenian," after which Nor Zartonk (New Renaissance) took the lead by holding an "Enough Already" protest.

Après un passage télévisé du Premier Ministre Erdoğan, pendant lequel il a dit: "İl y en a même qui m'ont insulté en me traitant d'Arménien", la protestation "Ça suffit!" organisée par l'initiative de Nor Zartonk.

Շիշլի, Պոլիս / Şişli, İstanbul - 08.2014

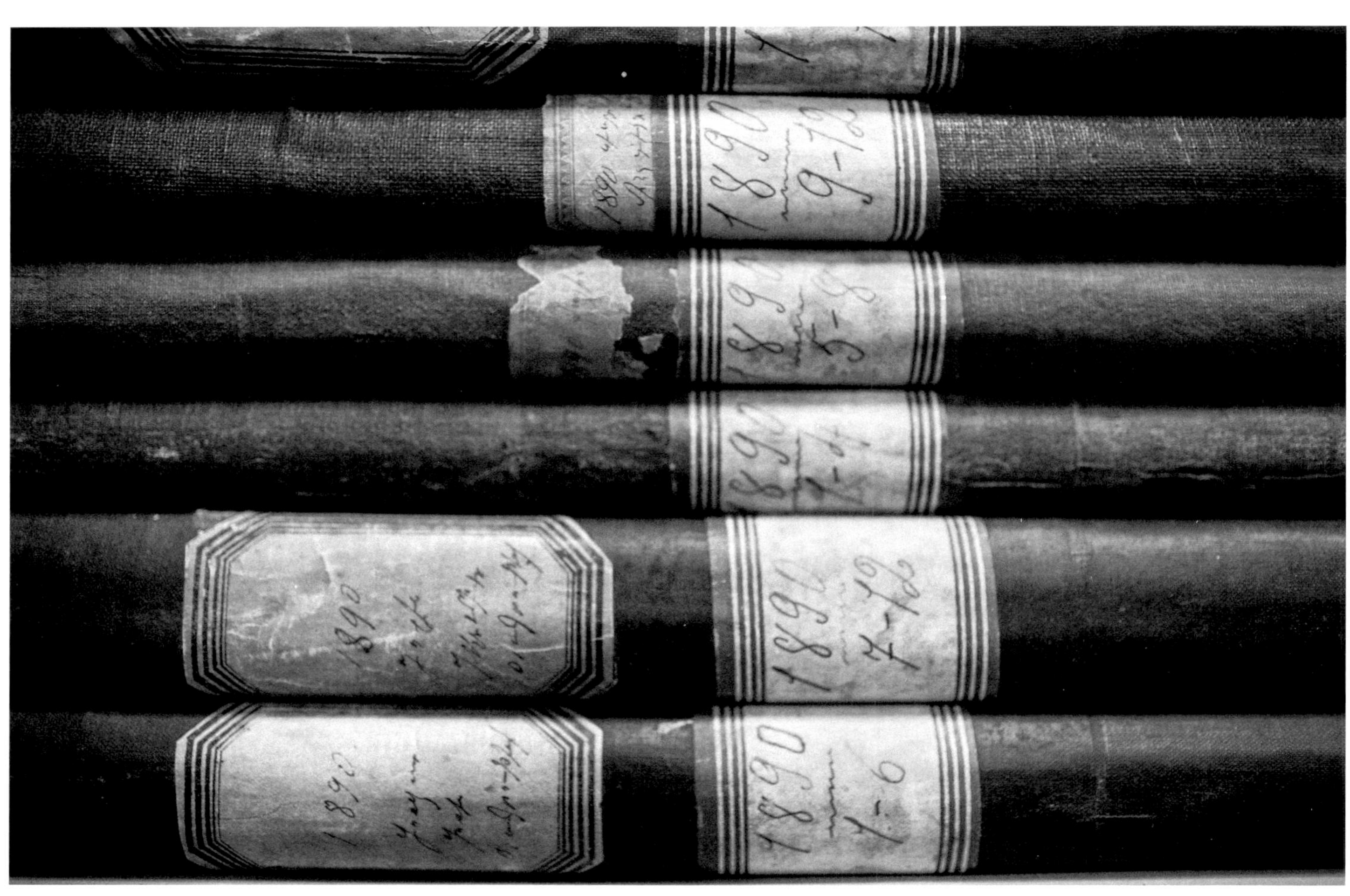

Ս. Փրկիչ Ազգային հիւանդանոցին արխիւը։

Surp Pırgiç Ermeni Hastanesi arşivi.

Saint Prgiç Armenian Hospital archives.

Les archives de l'Hôpital Arménien Saint Sauveur.

Քազլըչեշմէ, Պոլիս / Kazlıçeşme, İstanbul - 12.2014

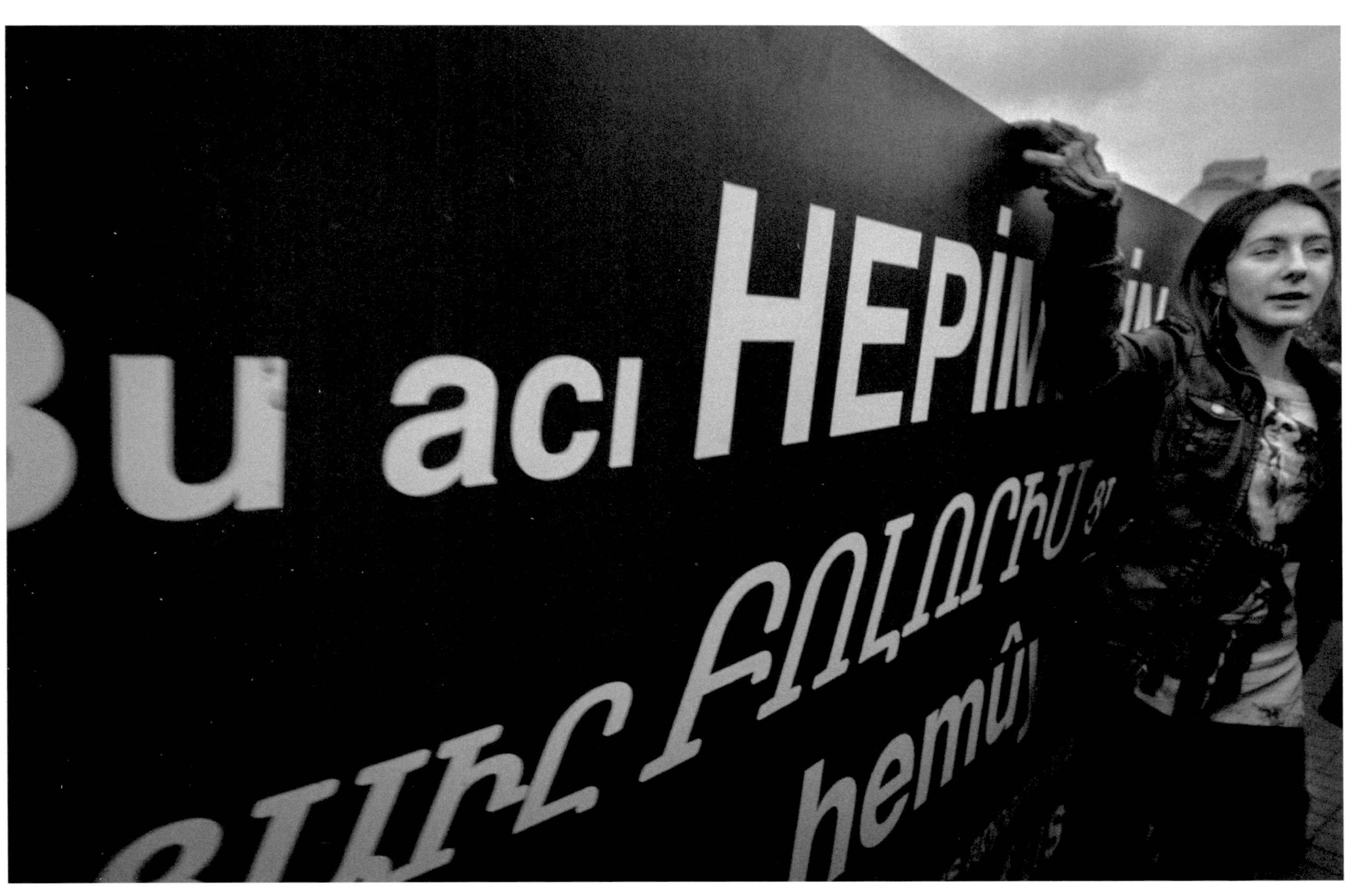

«Ցաւը կը պատկանի բոլորիս», Ապրիլ 24-ի Հայոց ցեղասպանութեան սգատօն:

"Bu acı hepimizin" 24 Nisan Ermeni soykırımını anma günü.

"This pain is all of ours," April 24, remembrance day for the Armenian genocide.

"Cette douleur appartient à nous tous!" Commémoration du génocide Arménien le 24 Avril.

Թաքսիմ, Պոլիս / Taksim, İstanbul - 04.2011

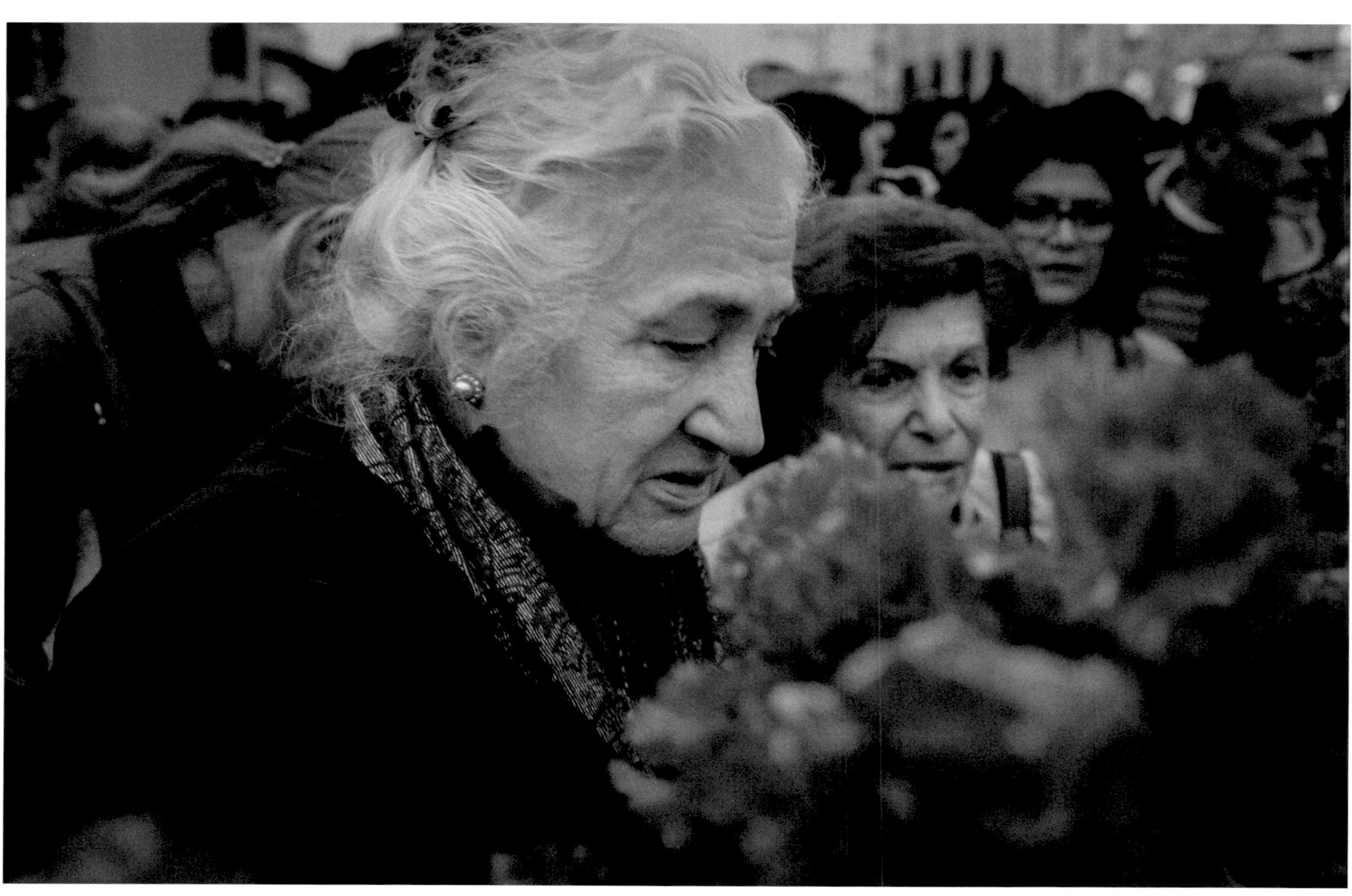

Ապրիլ 24-ի սգատօն՝ կազմակերպուած Ապրիլ 24-ի Հայոց ցեղասպանութեան ոգեկոչման հարթակին կողմէ:

24 Nisan Ermeni Soykırımını Anma Platformu'nun düzenlediği, kurbanları anma günü.

April 24 Armenian Genocide Remembrance Platform hosts a memorial day for victims of the genocide.

Commémoration des victimes organisée par le Plateforme de Commémoration du Génocide Arménien de 24 Avril.

Թաքսիմ, Պոլիս / Taksim, İstanbul - 04.2014

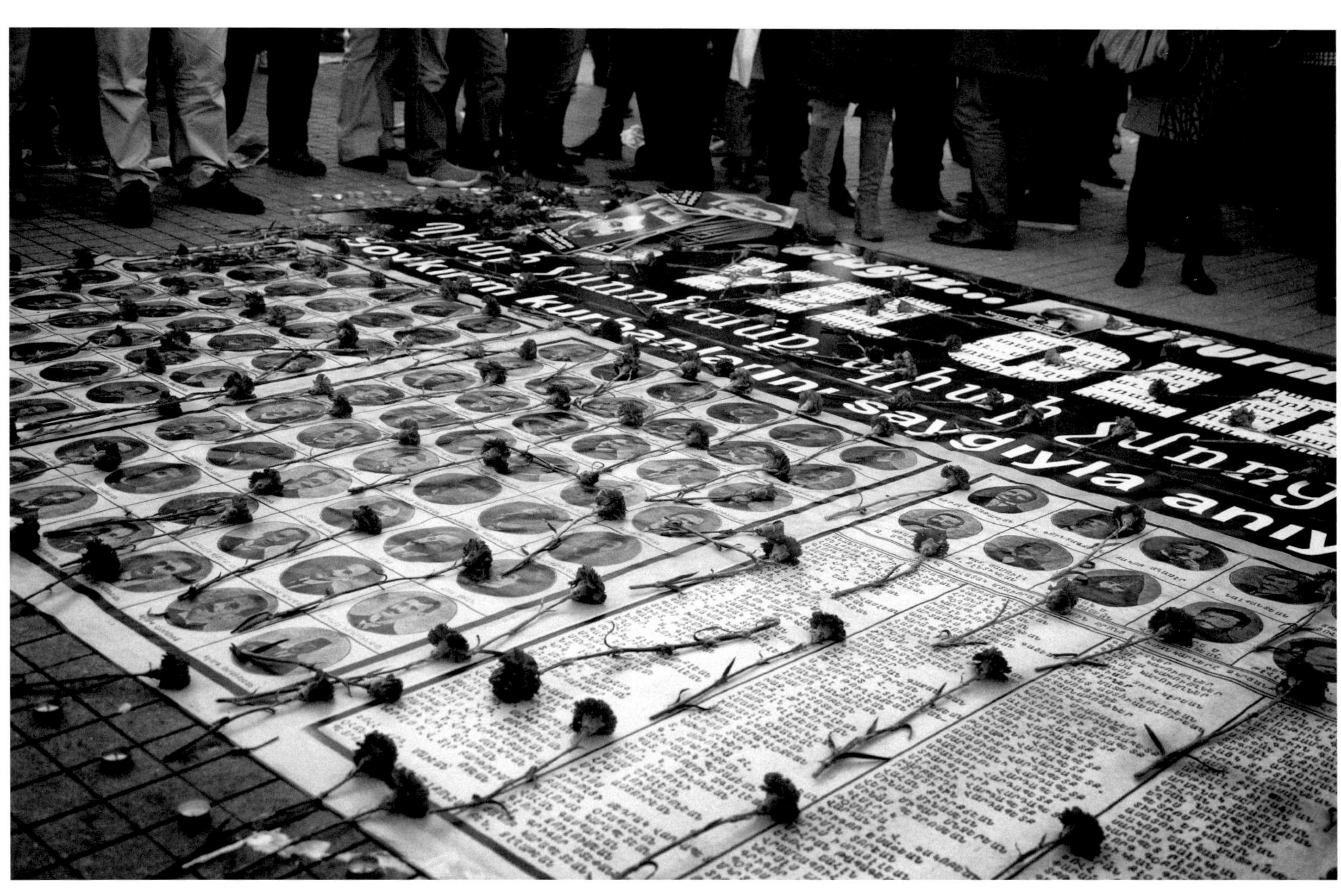

Հայոց ցեղասպանութեան մի շարք նահատակներուն լուսանկարները:

24 Nisan Ermeni soykırımında hayatını kaybeden bazı kişilerin isim ve fotoğrafları.

Names and photographs of some of those lost in the 24 April Armenian genocide.

Les noms et les photos de certaines victimes du Génocide Arménien de 24 Avril.

Թաքսիմ, Պոլիս / Taksim, İstanbul - 04.2013

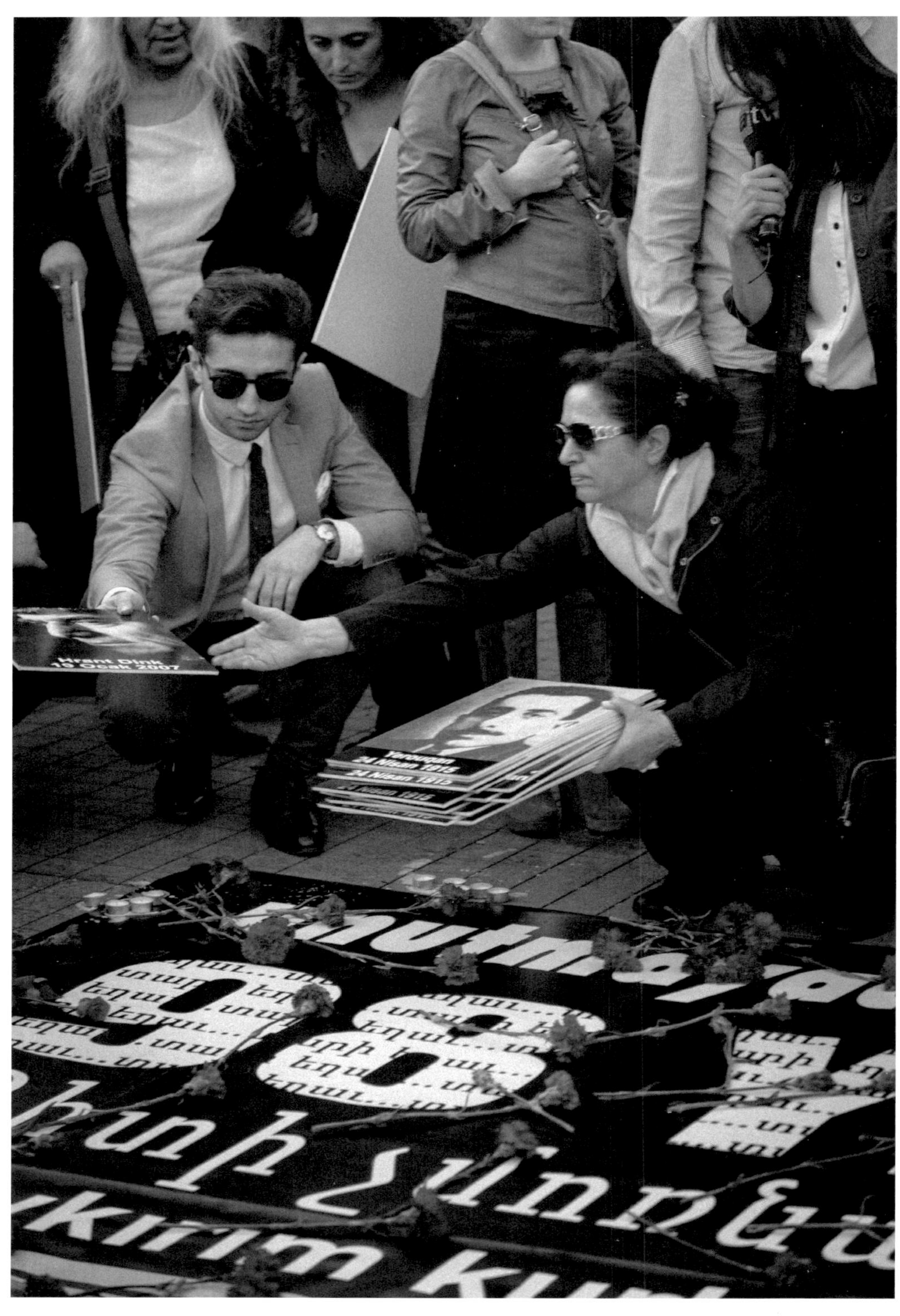

Ռաքէլ Տինք՝ Ապրիլ 24-ի Հայոց ցեղասպանութեան սգատօնին:

Rakel Dink, 24 Nisan Ermeni soykırımını anma gününde.

Rakel Dink on 24 April, remembrance day for the Armenian genocide.

Rakel Dink, le jour de la commémoration du Génocide Arménien de 24 Avril.

Թաքսիմ, Պոլիս / Taksim, İstanbul - 04.2013

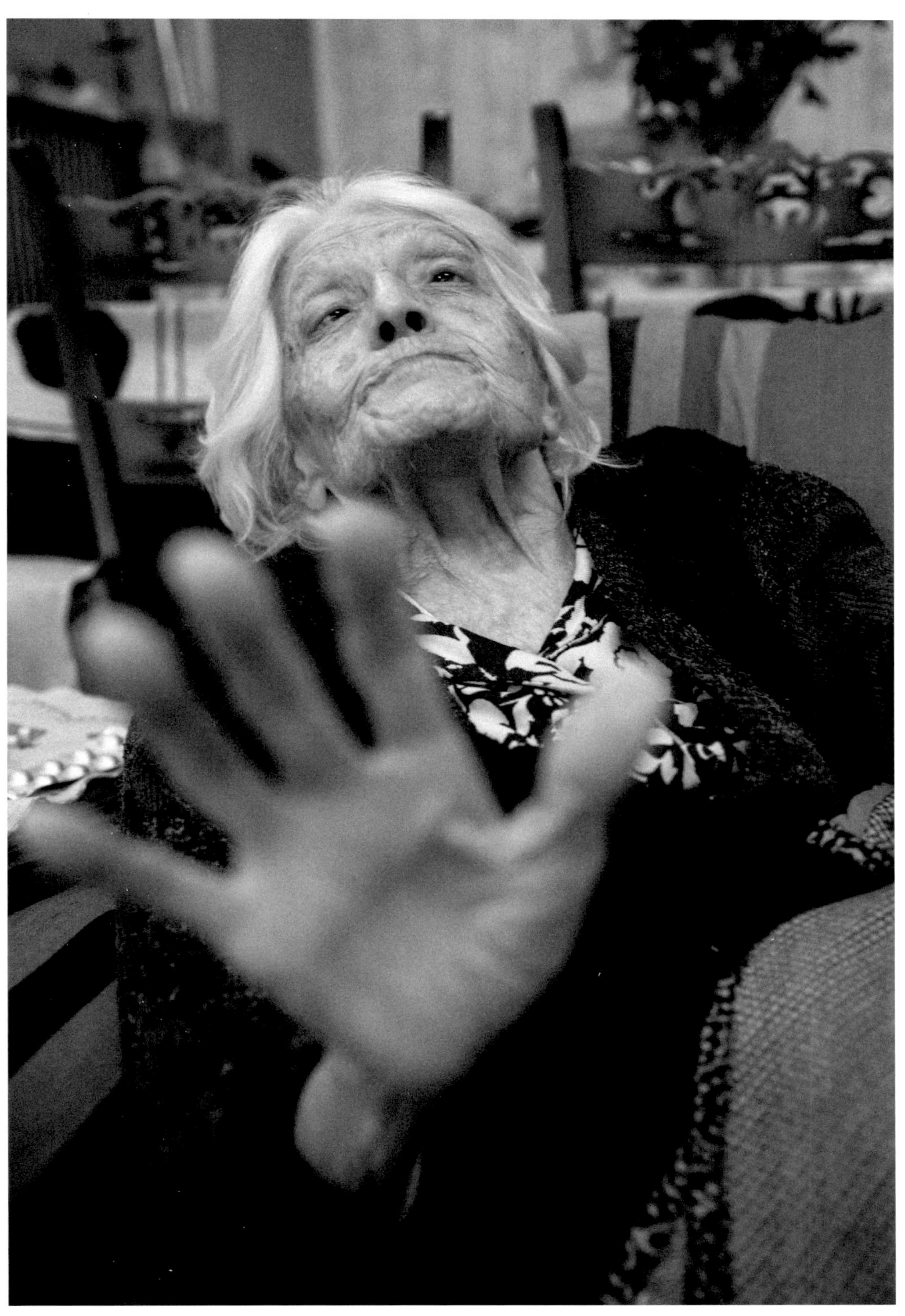

1915-ին ծնեալ Ռեպեքա:

1915 doğumlu Repeka.

Repeka, born in 1915.

Repeka, née en 1915.

Քուրթուլուշ, Պոլիս / Kurtuluş, İstanbul - 11.2014

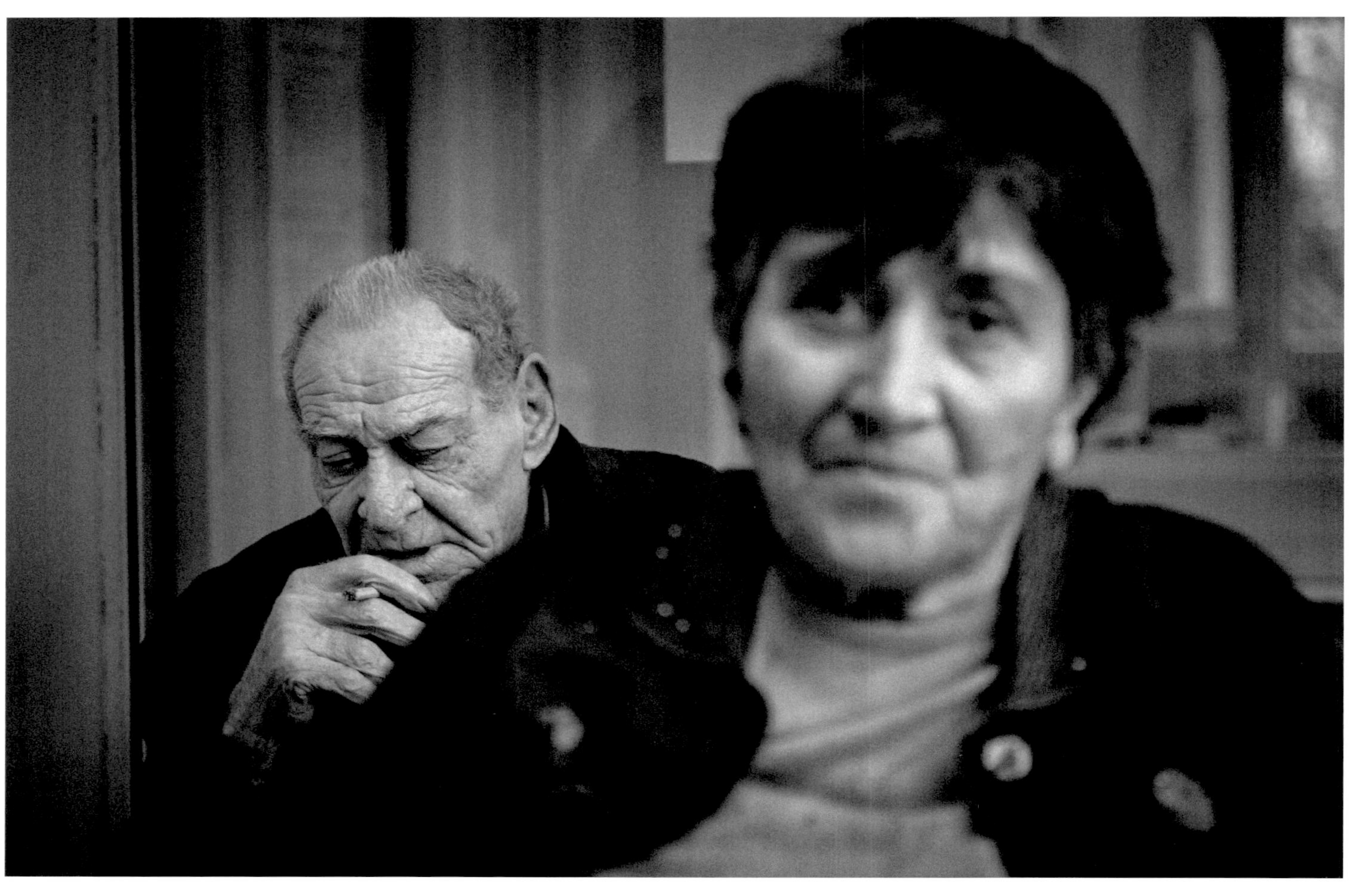

Փարիզ, Ֆրանսա / Paris, Fransa / Paris, France - 02.2010

ՎԵՐՋԱԲԱՆ
SONSÖZ
EPILOGUE
EPILOGUE

ԽՕՍՈՒՆ ԱՆԿԻՒՆ...

Յալուք Չոպանօղլու

Փոխանակ երկրի լուսանկարչական աւանդութեան վրայ մնայուն գործեր յաւելելու, կար շրջան մը, երբ ծանր կը կշռէին «պտտինք, տեսնենք եւ մոռնանք»ի ոճով թեթեւ զբաղումներ: Եղած-չեղածը քննադատելու առընթեր, ընտրեցի նաեւ անհատապէս պատասխանատուութիւն ստանձնելու ճանապարհը: Յետեւաբար, 1990-ականներու աւարտէն սկսեալ փորձեցի աշխատիլ մնայուն գործերու, լուսանկարչական երկարատեւ նախագիծերու արտադրութեան վրայ: Այս շրջագծով, բազմաթիւ համատեղ ու անհատական նախագիծերու մէջ աշխատացայ որպէս կամաւոր խմբագիր, խորհրդատու:

Այս միջոցին ձեռք բերի ընկերներ, որոնց հետ համատեղ աշխատանքը առաջնորդեց մեզ արժէքաւոր նախագիծերու իրականացման եւ բարեկամութիւններու հաստատման: Նուրան Աքքայա մէկն է անոնցմէ եւ իրեն հետ բարեկամութիւնս ունի գրեթէ 10-ամեայ վաղեմութիւն մը: Նուրանին հետ ծանօթացայ լուսանկարչական դասընթացքի մը ժամանակ, զոր որպէս նախագիծ կազմակերպած էի երբեմնի «Ֆոթողրաֆէվի»ին մէջ: Եւ կարծեմ, 6 տարի առաջ ալ որոշեցինք սկզբնաւորել այս նախագիծը, զոր չէինք գիտեր ի՛նչքան պիտի տեւէ եւ ե՛րբ պիտի աւարտի: Մեր նպատակն էր նախ աւարտել այս նախագիծը. յետոյ պիտի որոշէինք՝ կամ գիրք, կամ ցուցահանդէս...

Յիմա երբ ետ կը նայիմ՝ կը տեսնեմ, որ մեր ձեռքին կայ գիրք մը: Ուրա՛խ ենք: Կը հաւատանք, որ ճամբայ մը կտրած ենք: Վկան եմ այն վաստակին ու համբերատար այն աշխատանքին, զոր որպէս հայ անհատ մը, յարգելի Նուրան Աքքայա ի գործ դրաւ վերցնելու համար հայերու եւ երկրի այլ քաղաքացիներու միջեւ գտնուող վարագոյրը: Աշխատանքի եռուն կեանքէ մը աւելցած սուղ ժամանակին, նոյնիսկ զոհելով ընտանիքին յատկացեալ պահերը, Նուրան Աքքայա աշխատեցաւ այս նախագծին համար: «Յայեր» փաստագրական պատկերագրքի նկարահանումներու ընթացքին, հակառակ իր երբեմն ապրած հիասթափութիւններուն կամ հանդիպած խոչընդոտներուն, առանց կորսնցնելու իր խանդավառութիւնն ու հաւատքը, եւ յատկապէս, առանց բարձրաձայնելու իր զոհողութիւններուն մասին, Աքքայա յաջողեցաւ ի կատար ածել աշխատանքը՝ մեծ յամառութեամբ ու եռանդով:

Փաստագրական լուսանկարչական երկարատեւ աշխատանքներու հեղինակները կը մտածեն, որ նման նախագիծերը երբեք պիտի չվերջանան, անոնք միշտ ալ պիտի ունենան թերի կողմ մը եւ կատարեալ պիտի չըլլան: Թերեւս ճիշդ է, մասամբ:
Սակայն երբ նիւթին մօտենամ այս դիտանկիւնէն, կը յիշեմ լուսանկարչութեան պատմութեան մեծ վարպետ Ռոպերթ Ֆրանքի եւ «Պիթ» սերունդի անմոռանալի արձակագիր Ճեք Քերուաքի զրոյցը, ուր անոնք կ'անդրադառնան «ոգիի ու զգացմունքներու՝ արհեստն ու արուեստը գերազանցելուն»: Յամամիտ եմ իրենց: Նուրան ալ աշխատեցաւ այս ուղղութեամբ. նախեւառաջ ուզեց մեզի հետ բաժնել իր լուսանկարած մարդերուն ու վայրերուն ոգին ու զգացմունքները:

Այս լուսանկարներուն բոլորը նկարուեցան «մեր էրկրին մէջ», ինչպէս ամէն առիթով կը սիրեն ըսել այս հողերուն վրայ ապրող մարդիկը: Բացառեալ գրութեանս ուղեկցող նկարը: Լուսանկարը, որ զետեղուած է հատորի աւարտին, Ֆրանսայէն, Փարիզէն լուսանկար մըն է: Նուրան այդ մէկը լուսանկարած է դէպի Ֆրանսա ճանահպարհորդութեան մը ժամանակ: Երբ առաջին անգամ տեսայ տարիներ առաջ Անատոլուէն գաղթած ծերունի ամոլը ներկայացնող այդ լուսանկարը՝ ուրուագծուեցաւ մեր նախագծին մայր գաղափարը: Ալ մեր ձեռքին էր աշխատանքային, ճանապարհային քարտէզ մը, որ ցոյց կու տայ անցեալէն ներկայ հնագոյն ժողովուրդ մը հանդիսացող հայոց հետքերը, ներկայի գոյութիւնը եւ ապագայի հանդէպ իրենց յոյսերը: Այդ լուսանկարի երկու ծեր անձերուն դէմքին արտայայտութիւնը, անասելին, անխօսելին, ետին թողուածները... Ինքնին ուժեղ այս լուսանկարը, որ սեղմուած մնացած է «տեղահանութեան ու ցեղասպանութեան» բանակռիւներու արանքին, մեր ուշադրութիւնը կը սեւեռէր անհետացող մարդուն վրայ: Մենք ալ փորձեցինք լուսանկարչական այս նախագծի կեդրոնին զետեղել զանոնք՝ հայերը, մարդիկը...

DERKENAR...

Haluk Çobanoğlu

Bir dönem, memleketin fotoğraf geleneğinde kalıcı işler üretmek yerine, "gezelim, görelim ve unutalım" babından işler ağırlıklı olarak yer tuttuğundan; olanı, biteni sadece eleştirmenin yanısıra; kişisel olarak, elini taşın altına koyma yolunu da seçtim. Dolayısıyla 1990'ların sonundan beri kendimce "kalıcı" işlerin, uzun soluklu fotoğraf projelerinin üretimi konusunda hep istekli oldum. Bu bağlamda birçok ortak ve kişisel projede gönüllü olarak bir mentor, editör olarak çalıştım.

Zamanla bu kulvarda ortak mesaimizin, değerli projelere ve dostluklara dönüştüğü arkadaşlar edindim. Nuran Akkaya, bu değerli arkadaşlarımdan biri; onunla dostluğumuz, on yıla doğru uzanıyor. Nuran ile zamanın Fotoğrafevi'nde tasarladığım, proje bazlı bir fotoğraf kursunda tanıştık ve sanırım altı yıl önce de, ikimizin de ne kadar süreceğini ve ne zaman biteceğini bilemediği bu projeyi gerçekleştirmeye karar verdik. İkimizin de muradı önce bu projeyi bitirmekti, sonrasına bakacaktık; bir kitap belki bir de sergi...

Şimdi geri dönüp baktığımızda elimizde bir kitap var; sevinçliyiz. Kendimizce epey bir yol aldığımıza inanıyoruz. Kendisi de Ermeni bir birey olan, değerli Nuran Akkaya'nın Ermenilerle memleketin diğer insanları arasındaki tül perdeyi aralamak için verdiği bunca emeğin ve sabırla çalışmasının şahidiyim. Nuran, yoğun bir iş yaşamından geriye kalan kısıtlı zamanını, ailesinin payına düşen zamandan dahi aşırarak, bu proje için çalıştı. Ermeniler fotoğraf belgeselinin çekimleri esnasında kimi zaman engellerle karşılaşıp, hayal kırıklıkları yaşasa da, neşesini ve inancını yitirmeden ve en önemlisi yaptığı fedakarlıklardan hiç mi hiç sözetmeden projeyi büyük bir azimle tamamlamayı başardı.

Uzun sürelere yayılan belgesel fotoğraf çalışmalarının müellifleri olan fotoğrafçılar, fotoğraf projelerinin hiçbir zaman nihayete eremeyeceğini, hep bir yanının eksik kaldığını ve istedikleri kadar mükemmel olmadığını düşünürler. Bu kısmen doğru olabilir.

Fakat meseleye bu açıdan baktığımda; hemen fotoğraf tarihinin büyük ustası Robert Frank ile Beat kuşağının unutulmaz yazarı Jack Kerouac'ın, aynı konuya dair dertleşmelerini ve bu tür işlerde "ruhun ve duyguların; zanaatin, sanatın önünde olmasına" dem vurmalarını hatırlarım.

Bu konuda onlarla aynı fikirdeyim. Nuran da projesi süresince aynı istikamette gayret gösterdi; öncelikle fotoğrafladığı insanların ve mekanların ruhunu, duygularını bizlerle paylaşmak istedi.

Bu belgesel projede yer alan fotoğrafların hepsi, bu topraklarda yaşayan herkesin, her vakit dediği gibi "bizim memlekette" çekildi. Benim yazıma eşlik eden bir tanesi hariç! Kitabın sonunda yer alan fotoğraf Fransa'dan, Paris'ten bir fotoğraf. Nuran, o fotoğrafı, bir Fransa seyahati sırasında çekmişti. Yıllar önce Anadolu'dan göçeden yaşlı bir çifti gösteren bu fotoğrafı ilk gördüğümde projemizin ana fikri kafamda belirmişti. Geçmişten günümüze kadim bir halk olan Ermenilerin izlerini, bugünkü varoluşlarını ve geleceğe dair umutlarını taşıyan; bir iş, bir yol haritası vardı artık elimizde. O fotoğrafta yer alan iki yaşlı insanın yüzlerindeki ifade, konuşulamayanlar, anlatılamayanlar, geride bırakılanlar... Tek başına bile bu kuvvetli fotoğraf "techir ile soykırım" tartışmalarının arasına sıkışıp kalmış; yitip giden insana dikkatimizi çekiyordu. Biz de bu belgesel fotoğraf projesinde, merkeze onları koymaya gayret ettik: Ermenileri, insanları...

POSTSCRIPT...

Haluk Çobanoğlu

At one point, the photographic tradition of this country tended towards book projects of the "Let's travel, see, and forget" type rather than the production of more enduring works; I not only criticized this approach but personally chose an alternate way that was much more difficult and even painful. As a result, in my opinion, since the end of the 1990s, I have always been eager to undertake "enduring" works in the form of long-term photographic production projects. In this context I have worked as a mentor and editor on a number of group and individual projects.

In time and over the course of our mutual efforts, I became friends with these groups and individuals. Nuran Akkaya was one of these valued colleagues; our friendship stretches back close to ten years. I met Nuran at the time of the Fotografevi (Photographhouse) project-based photography course I designed, and I believe it was six years ago that we decided to realize this project, without either of us realizing how long it would take or when it might finish. It was our mutual desire to finish the project first and then figure out what it was; a book, maybe a gallery show...

Now when we turn and look at it, we have a book in our hands; we're elated. We believe we have completed an extensive personal journey. I have witnessed how much effort and work worthy Nuran Akkaya, himself an Armenian, has put into parting the gauze curtain between Armenians and the other people in this country. In the limited remaining time left after Nuran's demanding work life, he labored on this project even as he is quite devoted to his family. Through his unwavering resolve, as he successfully took photographic documentation of Armenians, he overcame the obstacles of time constraints and disappointments faced, he did not lose his faith or good humor, and, most importantly, he never gave voice to the sacrifices he made.

Photographers who take up long-term documentary photography projects find these studies never reach a conclusion, for they are always lacking some aspect or the photographers think the outcome is not as perfect as their aspirations. This may be partially true. However, when I look at the subject from this perspective, I immediately remember the ruminations on the subject of that great master of photographic history, Robert Frank, in conversation with the unforgettable Beat generation writer Jack Kerouac: In this type of work, "your spirit and emotions should lead the craft or art."

I agree with them on this subject. Nuran, too, has followed the same direction over the course of this project; above all, he has shared with us the spirit of the locations and people he has photographed.

All of the photographs found in this documentary project were taken, as all of the people living in this land say all the time, "in our homeland". Except one that is near with my writing! That photograph at the end of the book is from Paris, France. Nuran took that photo during a trip to France. When I saw that photo of an elderly couple who had immigrated from Anatolia years ago, the central idea of our project became clear in my mind. The impressions of the ancient Armenian people from the past to today, those who exist in the present and carry the hopes of the future; now we had an undertaking, a road map, in our hands. The expressions on the faces of the two elderly people in that photograph, those who are unable to speak, unable to tell their story, those left behind...

Even alone, this forceful photograph has been left squeezed between the discussions of "genocide by relocation"; it pulls our attention to the vanished. So we have endeavored to put them at the center of this documentary photographic project: the Armenians, the people...

ÉCRIT À LA MARGE...

Haluk Çobanoğlu

A une époque, des travaux de photographie du genre « on voyage, on voit et on oublie » occupaient une grande place, et manquaient des travaux de longue haleine; personnellement, au lieu de ne faire que critiquer, j'ai choisi de mettre la main dans la pâte. Donc, depuis la fin des années 1990, j'ai toujours été partant pour la production des projets de photographie de « longue haleine ». Et dans ce contexte, j'ai volontairement participé à plusieurs projets collectifs ou individuels comme mentor et éditeur.

Avec le temps, au cours des travaux dans cet esprit, j'ai noué de nombreuses amitiés dans des projets de valeur. Nuran Akkaya est l'un de ces amis depuis plus qu'une décade. J'ai connu Nuran pendant un atelier de photographie basé sur un projet que j'avais conçu à Fotoğrafevi. Et on a décidé il y a six ans de réaliser ce projet dont on ne savait ni la durée ni le terme. Tous les deux, on allait d'abord accomplir le projet ; pour le reste, on allait voir après ; peut-être un livre et une exposition.

Maintenant, on a un livre qui nous réjouit. Nous pensons avoir fait pas mal de chemin. Je suis témoin de tout le travail minutieux de Nuran Akkaya, qui est lui-même Arménien, pour entrouvrir le rideau de tulle entre les Arméniens et le reste de la population dans le pays. Nuran a consacré tout son temps, déjà limité par sa vie professionnelle, et au risque de négliger sa famille, pour travailler sur ce projet. Malgré certains obstacles et déceptions pendant le tournage de ce documentaire photographique intitulé « Arméniens », il n'a jamais perdu sa joie et sa foi, et surtout il n'a pas lésiné sur les sacrifices qu'il faisait. Il a accompli son projet avec une grande détermination.

Des photographes menant des travaux documentaires de longue durée pensent que leurs projets ne seront jamais accomplis, qu'ils manqueront toujours quelque chose et que ce ne sera jamais parfait. Ça peut être partiellement vrai.

Mais lorsque je considère le problème de ce point de vue, je me souviens tout de suite des échanges confidentielles entre Robert Frank, grand maître de l'histoire de la photographie, et Jack Kerouac, écrivain inoubliable de la Beat Generation, et leur référence à la « priorité de l'âme et des sentiments sur l'artisanat et l'art ».

Je suis du même avis sur ce point. Et Nuran a fait des efforts dans ce sens pendant les travaux de son projet ; il a d'abord voulu nous faire partager l'âme et les sentiments des gens et des endroits qu'il photographiait.

Toutes les photographies qui se trouvent dans ce projet documentaire ont été prises dans « notre pays », comme l'appellent tous les habitants de ces terres. Sauf celle qui accompagne mon texte ! La dernière photographie du livre est prise en France, à Paris. Nuran l'avait prise pendant un voyage en France. Quand j'avais vu pour la première fois cette photographie qui montre un couple de vieux ayant émigré de l'Anatolie des années auparavant, l'idée maîtresse de notre projet avait apparu. Nous avions désormais une feuille de route qui portait les traces des Arméniens, de ce peuple ancien, leur existence aujourd'hui et leurs espoirs pour l'avenir. L'expression qu'il y avait sur les visages de ces deux vieilles personnes, les non-dits, l'ineffable, et ce qu'ils ont laissé derrière eux...
Rien que cette photographie puissante attirait notre attention sur l'être humain en voie de disparition, coincé entre les débats de « déportation » ou « génocide ». Et nous avons tenté de les mettre au centre de ce projet de photographie documentaire : les Arméniens, êtres humains...

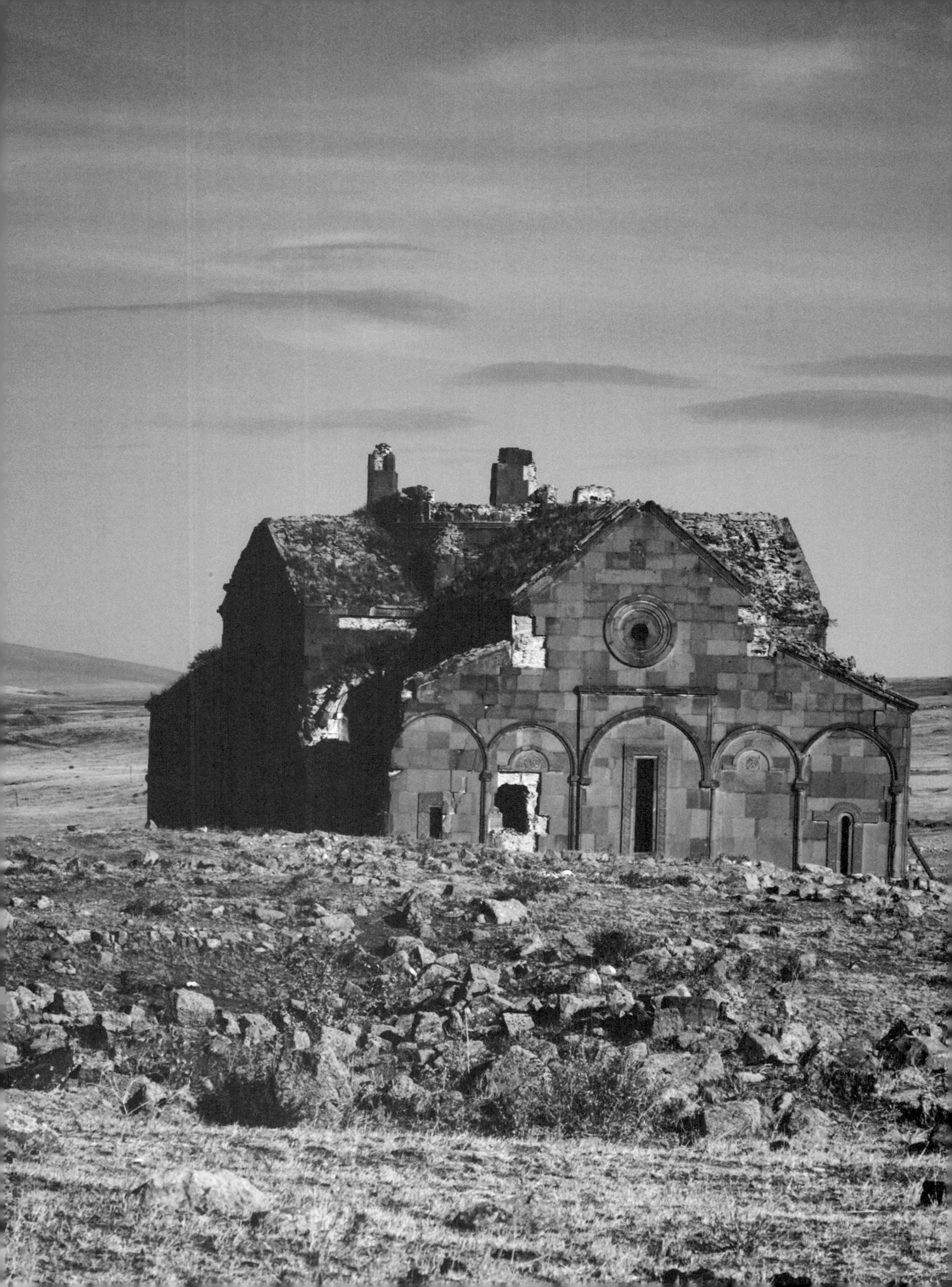

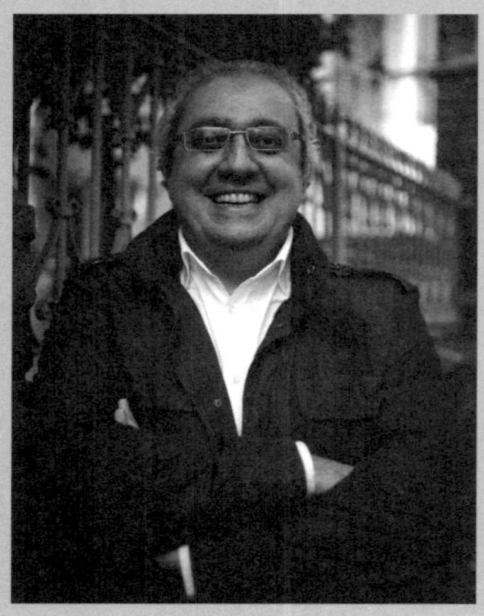

Նուրան Աքքայա
NURAN AKKAYA

1972-ին ծնած է Պոլիս: 1984-էն սկսաւ հետաքրքրուիլ լուսանկարչութեամբ: Յայտաբերեց մութ սենեակը՝ շնորհիւ չեխական ընդլայնող գործիքին, զոր գնած էին երէց եղբայրները: Դպրոցական տարիներուն մասնակցեցաւ հաւաքական ցուցահանդէսներու: 1992-ին աւարտեց «Մարմարա» համալսարանը՝ վկայուելով կենսաբժշկական գործիքներու արհեստագիտութեանց բաժնէն: 2006 եւ 2008 թուականներուն, Յալուք Չօպանօղլուի հետ մասնակցեցաւ «Փաստագրական լուսանկար» աշխատանոցին: Ամուսնացած է եւ ունի որդի մը: Ֆրանսական բժշկական հաստատութեան մը մէջ կը պաշտօնավարէ որպէս թեքնիք սպասարկման բաժնի տնօրէն:

1972 - İstanbul'da doğdu. 1984 - Fotoğrafa merak saldı. Abilerinin satın aldığı Çekoslovak malı agrandizör ile karanlık odayı keşfetti. Lise yıllarında, fotoğrafları karma sergilerde yer aldı. 1992 - Marmara Üniversitesi, Biomedikal Cihaz Teknolojisi bölümünden mezun oldu. 2006 ve 2008 yıllarında, Haluk Çobanoğlu ile "Belgesel Fotoğraf" Atölyesine katıldı. Evli ve bir çocuk babası olup, halen Fransız menşeli medikal bir firmada Teknik Servis Müdürü olarak çalışmakta.

1972 - Born in Istanbul. 1984 - Became interested in photography. Discovered the dark room with a Czechoslovakian enlarger bought by his older brothers. Photographs featured in different exhibitions during years in secondary school. 1992 - Graduated from the Department of Biomedical Instrument Technologies at Marmara University. In 2006 and 2008, joined the "Documentary Photography" Studio with Haluk Çobanoğlu. Now married and the father of one child, the Technical Service Manager for a French medical firm.

1972 - Né à İstanbul. 1984 - Vocation pour la photographie. Il découvre le chambre noire avec l'agrandisseur tchèque que ses grands frères ont acheté. Pendant les années de lycée il participe à des expositions collectives. 1992 - Il a eu son diplôme au département d'Équipement Technologique Biomédical de l'Université de Marmara. En 2006 et en 2008, il a participé à l'Atelier photographique avec Haluk Çobanoğlu. Marié et père d'un enfant, il travaille actuellement comme Directeur de Service Technique dans une firme d'origine Française.

Mayıs / May 2015